제5판

상담이론·실제·연습

상담 심리학

현 정 환

Counseling Psychology

YANGSEOWON
양서원

제5판 서문

상담이라는 세계는 머리로 푸는 세계가 아니라, 마음으로 푸는 세계이다. 또한 한 인간의 개성적 세계와의 만남이라는 체험적 과정을 통해 그 사람의 마음 세계를 탐색해 나가는 긴 여정이기도 하다. 이 긴 여정을 통해서 내담자의 마음을 만나기 위해서는 이론이나 기법이 아니라, 무엇보다도 그 사람의 마음 세계를 탐색하기 위한 노력이 중요하다.

제4판에 이어 나온 본 개정판은 이런 노력을 지원하기 위한 다양한 방법을 싣기 위해 긍정심리학 상담과 연습을 추가적으로 포함시켰다. 긍정심리학은 내담자의 정신질환이나 문제행동의 치료나 개선에 관심을 가졌던 이제까지의 심리학과는 다르게 내담자의 사회적 자원이나 강점을 발견하여 그것을 통해 행복과 삶의 질 향상을 지원하는 데 초점을 맞추고 있다. 심리치료의 하나의 방법으로 내담자의 사회적 자원이나 강점을 찾아서 그것을 통해 문제를 풀어나가는 것도 하나의 효과적인 전략이 될 수 있기에 본 개정판은 상담사의 보다 폭넓은 지원 전략 구상에 도움이 될 것으로 기대한다. 그래서 상담연습 부분도 보강하여 제4판에는 없었던 긍정적 감정을 높이는 방법에 대한 훈련, 자신의 레지리언스(회복력)을 알아볼 수 있는 방법을 실었다.

사실 상담이나 심리치료를 통해서 인간의 마음이나 행동 변화를 확실히 기대하는 것은 환상에 불과한지도 모른다. 인간의 마음은 눈으로 볼 수 없으며, 볼 수 없는 것을 과학적으로 연구한다고 하는 것은 쉽지 않은 일이기 때문이다. 그래서 비록 상담이론이나 심리치료기법이라고 하는 것이 인간의 행동이나 마음의 변화를 기대하면서 만들어진 것이지만 그 세계는 논쟁과 변화의 연속성을 보여주고 있다.

그래서 상담을 공부하는 사람은 상담이론이나 심리치료기법을 배우는 것도 중요하지만, 눈으로 볼 수 없는 내담자의 마음의 세계를 이해하기 위해서 그 사람이 안내하는 마음의 세계로 함께 여행을 떠나는 것이 중요하다. 그 세계는 심리 일반의 이론이나 기법으로는 알 수 없는 그 사람만의 개인적, 주관적 세계이기 때문에 내담자가 던져주는 언어적, 비언어적 메시지 하나하나에 민감하게 수용과 공감적 반응을 통해 접근하게 된다.

본서의 특징은 내담자가 안내하는 그 사람만의 개인적, 주관적 세계로 함께 여행을 떠나기 위해 필요한 준비 사항과 그 훈련과정을 구체적으로 담았다. 또한 상담의 실제와 연습 부분은 상담의 각 단계에서 필요한 상담사의 대응을 구체적인 상담 사례를 들어가면서 실제적인 접근 방식으로 다루었기 때문에 누구라도 본서를 통해 쉽게 자기학습이 가능하도록 하였다. 끝으로 본서가 출판되기까지 여러모로 도움과 수고를 해주신 양서원 관계자님들께 감사의 마음을 전한다.

자, 이제 내담자가 안내하는 마음의 세계로 함께 여행을 떠나보자!

2026년 1월

현 정 환

차 례

제 1 부 상담의 기초

제 2 부 상담 이론과 기법

제 3 부 상담의 진행과정

제 4 부 상담연습

제 5 부 다양한 상담의 형태

Counseling Psychology

제 1 부

상담의 기초

제 1 장 상담의 기본적 이해

1 상담의 기본개념과 이해

1) 상담이란

카운슬링(counseling)이라는 단어는 최근 일반적으로 사용되고 있는 용어이지만, 이 영역의 학문적 역사는 이미 1900년대 미국에서 시작되었다. 카운슬링이라는 행위를 하는 사람을 카운슬러(counselor)라고 부르며, 카운슬러의 도움을 받는 사람을 클라이언트(client) 또는 카운셀리(counselee)라고 부른다. 본서에서는 카운슬링을 '상담'으로, 카운슬러를 '상담사'로, 클라이언트는 '내담자'라는 용어로 번역해서 사용하고자 한다.

상담에 대한 정의는 다양하지만, 일반적으로 다음과 같은 내용을 공통적으로 담고 있다. "상담이란 언어 및 비언어적 커뮤니케이션을 통해 내담자의 행동 변화를 목적으로 한 인간관계이다." 이 정의에서 알 수 있듯이 상담의 궁극적 목표는 내담자의 행동 변화이며, 이를 위해서는 두 사람의 인간관계를 바탕으로 상담사가 내담자의 심리적인 문제나 고민에 대해 전문적인 도움을 주게 된다.

내담자의 문제나 증상의 개선을 위해 도움을 주는 행위를 대개 상담(counseling)이나 심리치료(therapy)라는 용어로 표현하고 있는데, 이 책에서는 이 두 용어를 구분하지 않고 혼용하고자 한다. 그 이유는 상담의 목표인 행동 변화는 '회복되다'와 '성장

하다'의 두 가지 의미를 담고 있어, 상담의 개념은 보다 성숙한 인격적 성장을 지향하는 개발적 상담의 측면만이 아니라, '회복되다'의 표현에서 알 수 있듯이 부적응 행동의 개선이라는 치료적인 측면도 포함하고 있기 때문이다. 사실 오늘날 이 두 용어는 심리적 지원에 대한 이론 및 방법을 나타내는 표현일 뿐, 거의 구분하지 않고 사용하고 있다. 물론 각각은 서로 기원이 다르며 다른 뉘앙스를 주기도 한다.

2) 상담과 심리치료의 차이점

상담 역사의 초창기에는 개별적으로 직업선택을 지원하는 상담, 즉 'vocational counseling'을 상담이라 불렀다. 이후 직업상담의 역할이 확대되면서 진로지도나 학교생활의 적응 등 교육현장에서 학생들에 대한 지원활동에 대해서도 상담이라는 용어를 사용하게 되었다. 카운슬링이라는 용어에는 본래 "인간은 선천적으로 자기실현을 위해 살아가는 힘을 소유하고 있으며 스스로 목표를 정해서 그것을 향해 행동을 할 수 있는 존재"라고 하는 '성장모델'로서의 인간관이 반영되어 있다.

이런 관점에서 보면 상담이라는 개념은 인간의 독자성이나 가능성을 중요하게 생각하고 있으며, 성장 촉진이라든가 개발(開發)적 지원의 뉘앙스가 담겨 있다고 할 수 있다. 그래서 상담활동이라고 하면 대개 내담자의 자기실현 촉진을 목적으로 하면서 개인의 잠재능력이나 가능성을 최대한 발휘하도록 도움을 주는 데 초점을 맞추게 된다.

한편 심리치료는 그 기원이 의학 또는 전통적 임상심리학에 있으며 내담자나 환자의 문제나 증상을 정신적 또는 심리적 장애로 간주하고 이것을 치료하는 것이 전문가의 역할이라는 관점을 갖고 있다. 그래서 심리치료라고 하는 표현에는 '환자'라든가 '치료'라고 하는 용어로 표현될 수 있는 병을 치료한다는 뉘앙스가 포함되어 있어, 정신과의사나 임상심리사가 있는 병원이나 클리닉 등에서 일반적으로 사용하고 있다.

이런 두 용어의 기원이나 뉘앙스의 차이 때문에 인간의 잠재능력을 중요하게 생각하는 인간관이나 교육적 문제를 강조하는 사람은 주로 상담이라는 용어를 사용하는 경향이 강하고, 전문성을 강조하거나 의료관계에서 일을 하고 있는 사람은 심리치료(또는 정신요법이라고도 함)라고 하는 표현을 선호하는 경향이 있다.

하지만 앞에서도 언급하였듯이 상담이라는 활동에도 심리장애에 대한 치료활동이 포함되어 있고, 심리치료라고 하는 표현도 정신장애에 대한 치료에 한정하지 않고 보다 광범위한 활동을 의미하고 있기 때문에 이 두 활동내용에 대한 차이는 점점 사라지고 있다. 사실 상담과 심리치료는 둘 다 인간의 심리적 문제나 대인관계 문제에 대한 지원이라는 공통적 요소가 있기 때문에 이런 의미에서 보면 이 둘을 동일한 것으로 보아도 무리가 없을 것이다. 중요한 것은 어떤 용어를 사용할지라도 상담사나 심리치료사가 상담 내지 심리치료 장면에서 어떤 인간관을 갖고 어떻게 접근하려고 하는가에 있다고 할 수 있다. 본서는 이 두 용어를 구분하지 않고 사용하기로 한다.

3) 상담의 목적

상담은 심리적 문제나 증상을 가진 사람에 대한 심리적 지원이라고 하는 목적을 갖고 있다. 문제나 증상을 갖고 있는 사람, 즉 내담자는 자신의 문제를 해결하고 증상이 사라지기를 바라는 마음에서 상담사에게 도움을 요청한다. 내담자는 현재 상태에서 바람직한 방향으로 변화된 모습을 원하고 있으며, 그 변화를 도와주는 방법이 상담이다. 그러므로 어떤 유형의 상담일지라도 상담의 공통 목적은 상담사와 내담자의 관계에서 내담자에게 건강한 심리적 변화가 일어날 수 있도록 도와주는 데 있다.

상담에서 심리적 문제나 증상의 해결 내지 소멸은 주로 내담자 자신의 행동, 정서, 인지(사고방식), 환경 등의 변화에 의해 달성된다고 본다. 여기서 상담사의 역할은 어디까지나 내담자 본인이 희망하는 자신의 모습이 될 수 있도록 변화를 지원하면서 내담자가 보다 안정된 생활을 하는 데 어려움이 없도록 하는 데 있다.

4) 상담과정의 특징

상담은 기본적으로 두 사람 간의 언어적 및 비언어적 커뮤니케이션을 통해 상호 영향을 미치는 과정이라 볼 수 있으며, 일반적인 대화와는 다음과 같은 점에서 그 특징이 다르다.

첫째, 상담에서의 커뮤니케이션은 내담자가 자신의 문제의식에 따라 자신의 문제를 스스로 이해하고 해결하는 과정에서 상담사가 측면에서 도와주는 것으로 대화의 초점은 항상 내담자에게 맞춰져 있다. 그래서 상담 장면에서는 내담자가 주연이고 상담사는 조연 역할을 하게 된다. 만일 일반적 대화라고 한다면 둘 다 주연 역할을 하면서 자기 자신에 대해서 이야기하고 서로에 대한 생각의 차이나 공통점, 이해(利害)를 둘러싼 입장 표현, 의견 조정 등을 하게 될 것이다.

둘째, 상담사의 역할은 내담자가 자신의 문제를 이해하고 자기 나름대로의 방식으로 해결하는 노력에 대해 측면적으로 지원하는 것이기 때문에 상담사의 기본적 활동은 내담자의 입장, 느낌, 생각을 수용하고, 자신이 이해한 것을 전하는 일이다. 일반적 대화처럼 공통의 관심사에 대해서 의견을 나누는 자리가 아니다.

셋째, 내담자에게 필요로 하는 정보를 제시하거나 설명하는 경우에도 단지 정보 제공만으로 끝나는 것이 아니라, 그것을 내담자가 어떻게 받아들이고 어떤 감정과 사고를 환기시켰는가에 초점을 맞추게 된다. 이것은 곧 두 사람의 이야기 소재가 되기도 한다.

넷째, 문제를 해결하는 사람은 다름 아닌 내담자 자신이며, 상담사가 아니다. 인간은 누구든지 자신의 인생은 자신이 선택하고 창조하며, 그 책임을 지게 된다. 그러므로 상담에서는 내담자의 자율성과 주체성을 최대한 존중하는 태도를 취해야 하며, 격려, 동정, 위로, 질책이나 꾸중 등 내담자의 주체성을 손상시키는 대응은 바람직하지 않다고 할 수 있다.

다섯째, 상담은 타인의 개인적 문제에 개입하는 과정이기 때문에 긴 시간 동안 상대방에 대한 세심한 관심이 요구되는 일이다. 그리고 상담과정이 효과적으로 진행되도록 다양한 이론과 방법들을 사용하게 되는데, 이론과 기법의 선택은 상담과정에서 결정하는 것이 바람직하다.

여섯째, 상담세계에는 다양한 이론적 입장과 기법이 있지만, 무엇보다 중요하고 기본적인 것은 두 사람 간의 따뜻하고 친밀한 관계, 상호 신뢰와 존경, 그리고 감정과 사고과정의 절대적 존중이다.

2 상담사의 조건

내담자의 바람직한 인격 변화를 지원하는 상담사의 조건으로 로저스(Rogers, C. R., 1957)가 제안한 카운슬링의 기본적 태도에 관한 조건은 오늘날 이론적 입장을 넘어서 널리 수용되고 있다. 상담이 지향하고 있는 심리적 성장을 기대하기 위해서는 상처받기 쉽고 심리적으로 불안한 상태인 내담자가 일정한 조건을 갖춘 상담사와 심리적 접촉을 경험하는 것이 중요하다. 이를 위해 로저스가 제안하고 있는 상담사의 중요한 3가지 조건을 제시하면 다음과 같다.

1) 수용(acceptance)

우리는 자신을 진정으로 이해해 주고 수용해 주는 사람 앞에서는 자신의 내면세계를 개방하면서 자신의 다양한 감정을 여과 없이 그대로 표출하게 된다. 인간주의 심리학자인 로저스는 자신의 저서에서 상담사의 수용적 태도를 'Unconditional Positive Regard'라고 표현했는데, 여기에는 '인간은 누구나 자신의 소중한 인생을 보내고 있으며, 이것을 타인이 간섭하거나 평가해서는 안 된다'는 인식이 기본적으로 깔려 있다. 즉, 한 인간의 존엄성에 대한 배려 내지 존중에 대한 감각을 말하고 있다. 상담에서 상대방에 대한 이런 인식이나 감각이 없으면 자신의 가치관이나 평가기준으로 상대방을 바라보기 때문에 내담자에 대한 진정한 수용을 할 수 없다. 이런 상담사에게서는 온화함이나 다정다감함, 부드러움을 느낄 수 없으며, 또한 내담자는 그런 상담사 앞에서는 자신의 모습이 부끄러워지거나 경계하게 되면서 자기개방(self-disclosure)을 주저하게 될 것이다.

미국의 어떤 주에서는 상담사 자격취득시험의 최종 단계에서 훈련강사가 확인하는 내용 가운데 '인간의 존엄성'에 대한 감각과 관련된 질문을 던진다. 훈련강사는 다른 훈련강사 한 사람 한 사람에게 "당신의 가족이나 내담자를 이 사람(훈련원생)에게 맡길 수 있습니까?"라는 질문을 던진다. 이때 만일 훈련강사들 중에서 한 명이라도 "NO(즉, 맡길 수 없다)"라는 대답을 하게 되면 그 훈련원생은 상담사 자격증을 취득할 수 없게 된다. "당신의 가족이나 내담자를 이 사람에게 맡길 수 있습니까?"라는 질문은 곧 그 사람이 얼마나 한 인간의 존엄에 대한 존중이라고 하는 감각을 갖고 있는가를 알 수 있는 방법이기 때문이다. 또한 이 질문은 상담이론이나 기법의 문제가 아닌, 상담사의 직업윤리나 인간관과 관련된 문제라고도 할 수 있기 때문에 상담사의 자질 평가에도 중요하다고 할 수 있다.

한편, 로저스는 그의 카운슬링 이론에서 상대방에 대한 진정한 수용이 가능하려면 다음과 같은 기본적인 인간관 및 마음자세가 필요하다고 하였다.

① 상대방을 독자적인 생각이나 감정을 가진 자이며 자신과는 다른 한 인간으로서 인정한다.
② 상대방이 다양한 단점이나 결점이 있더라도 성장 가능성을 가진 인간으로서 인정한다.
③ 상대방의 모습에 대한 선악의 판단이나 평가를 하지 않으며, 상대방을 있는 그대로 인정한다.

이러한 인간관을 갖고 수용적 태도로 대하기 위해서는 다음과 같은 노력이 요구된다.
첫째, 자신의 이야기보다 내담자의 이야기에 주의를 기울여서 경청한다.

둘째, 상대방이 자신의 생각이나 감정, 요구를 보다 자유롭게 표현할 수 있도록 도움을 준다.

셋째, 상대방이 어떤 부정적인 감정이나 요구를 표출할지라도 놀라거나 비판하지 말고 열린 마음이나 유연한 마음으로 받아들인다. 단지, 반사회적인 내용인 경우 그 감정은 수용할지라도 그것을 행동으로 표현하는 것에 대해서는 수용해서는 안 될 것이다.

이 세 가지 대응 가운데 특히 어려운 것은 세 번째 대응이다. 상담사가 상대방의 어떠한 감정이나 충동이 자신에게 수용되기 어려운가를 아는 것은 성숙한 경청자가 되기 위한 필요한 조건이다. 상대방의 증오나 분노, 불안 등의 부정적인 감정을 수용하기 위해서는 먼저 자기 자신도 이러한 부정적 감정을 가질 수 있다는 사실을 이해해야 한다. 그럴 때 그러한 감정을 가진 상대방을 자연스럽게 수용할 수 있을 것이다. 이것은 타인에 대한 진정한 수용은 자기수용이 전제될 때 비로소 가능하다는 것을 의미한다. '자기수용'이란 자신의 외모나 능력을 수용하는 것을 의미하는 것이 아니라, 자기다운 모습을 그대로 받아들이고 자신의 개성이나 가치관을 소중히 여기는 태도를 말한다. 자기 자신이 자기다워지고 그러한 자신에 대해 자신감을 갖게 된다면 자기와 다른 인간의 존재를 있는 그대로 받아들이고 인정하게 된다. 자기수용이 가능한 상담사는 내담자에 대한 수용도 가능해지면서 그 사람의 생각이나 모습도 있는 그대로 받아들일 수 있게 된다. 이런 상담사는 내담자의 생각이나 판단을 함부로 비판하거나 행동을 제한하지 않는다.

여기서 '수용'의 개념에 대해 한 예를 들어 설명해 보자. 한 아이가 선생님에게 "엄마는 내 말을 전혀 안 들어 줘요"라고 불평을 늘어놓는다. 이에 대해 선생님이 "그럴리가 있나. 말은 안 하셔도 엄마 마음은 그렇지 않아요. 그렇게 말해선 안 돼요. 나중에 커서 엄마가 되면 알 수 있어요"라고 반응한다면 이것은 아이의 이야기를 진지하게 들어준 것이 아니라 부정하는 것이 된다. 이런 반응은 수용적 태도라고 할 수 없다. 이런 식으로 대응한다면 상대방은 이야기하고 싶은 마음이 사라져 버리거나 그 다음 말을 이어가기가 쉽지 않다.

만일 선생님이 "그래, 네 말이 맞아. 엄마가 네 말을 전혀 들어주지 않구나"라고 아이의 이야기를 완전히 찬성하는 것처럼 표현한다면 이것 또한 여기서 말하는 수용의 의미는 아니다. 수용이란 아이의 이야기에 대해 동의하는 반응이 아니라, "엄마가 내 이야기를 전혀 들어주지 않는다"는 아이의 이야기에 대해 그대로 잘 알아들었다는 것을 언어나 비언어적인 방법으로 전달하는 것을 의미한다.

2) 진실성(genuineness)

상담사에게 필요한 제2의 조건은 거짓이 없고 순수하고 진실한 모습이다. 로저스는 이런 모습을 '진실성'이라는 용어로 표현하였다. 로저스는 상담사의 조건으로 '진실성'의 모습을 중요하게 생각하면서 이 모습을 '투명성', '진심' 또는 '자기일치' 등 다양하게 표현하였다. 이런 표현들은 모두 "자기 자신의 있는 그대로의 모습을 소중히 여긴다"는 의미를 담고 있다. 자신을 숨기거나 필요 이상으로 잘 보이려고 하는 것이 아니라, 있는 그대로의 모습을 보이면서 어떤 틀에 구속받지 않는 상담사이길 바란다는 것을 의미한다.

우리는 자신도 모르게 나이, 지위, 성별 등의 틀에 구속되어 생각하고 표현하는 경우가 종종 있다. 만일 상담사가 상담사라고 하는 역할이나 틀에 얽매여 있다면 상담사적 행세는 가능할지 모르나 상담사의 행동으로서는 바람직하지 않다. 상담사이기 때문에 이렇게 해야 한다든가, 이렇게 해서는 안 된다는 틀에 얽매인다면 상대방과의 진실한 관계를 형성하기가 쉽지 않다. 상담사는 상담사임과 동시에 자신의 있는 그대로의 모습으로 상대방을 대하는 순수성과 자유, 그리고 자연스러움을 갖추는 것이 중요하다.

자신의 있는 그대로의 모습으로 대한다고 하는 것은 어떠한 결점도 없는 완벽해야 한다는 것을 의미하지 않는다. 불완전함이나 결점을 포함해서 자신의 있는 그대로를 인정하고 표현하는 것을 의미한다. 자신이 이상적인 모습을 하고 있기 때문에 자유롭고 무엇이든지 할 수 있다는 것이 아니라, 부끄럽다는 생각이 들어도 그런 자신의 모습 그대로 있을 수 있다고 하는 것이 '진실성(genuineness)'의 핵심이라고 할 수 있다.

로저스는 진실성을 상담사의 '자기일치'의 모습으로 여기면서 [그림 1-1]과 같이 두 개의 원을 그려서 설명하고 있다. 인간의 자기상 또는 마음은 두 개의 겹쳐지는 원의 모양과 같다. 인간은 대개 '이상의 자기'와 '현실의 자기'를 갖고 있다. '이렇게 되고 싶다. 이렇게 되어야 한다'라고 하는 이상의 자기와 '그렇지 않다. 그렇게 될 수 없다'라고 하는 현실의 자기가 있다. 그런데 이 두 개의 자기가 너무 간격이 벌어져서 겹쳐지는 부분이 적어지면 문제나 고민이 생긴다. '이렇게 하고 싶다. 이렇게 해야 한다'라고 생각하고 있지만, 현실의 자기모습은 그러한 부분이 적기 때문이다. 내담자는 이 두 개의 원이 겹쳐지는 부분이 적은 자기불일치의 상태에서 상담실을 찾아오게 되며 상담사는 두 개의 원이 겹쳐지는 부분이 커지도록 도움을 주어야 한다.

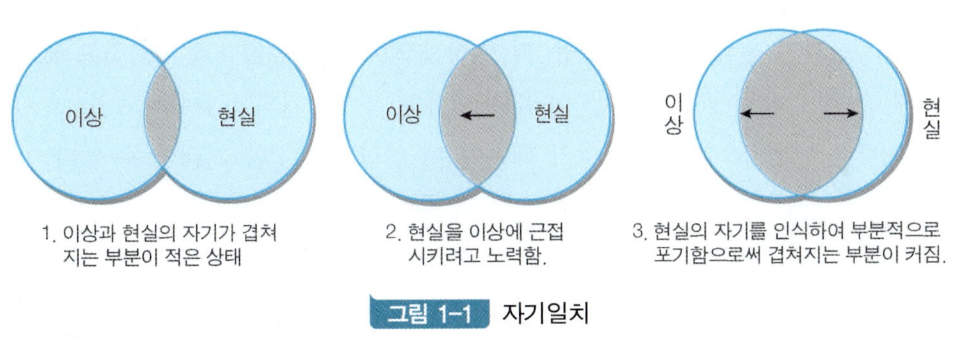

그림 1-1 자기일치

우리는 어릴 때부터 부모나 교사의 교육이나 지도에 의해 이상적 목표가 설정되고 그것을 향해 노력하는 것이 인생의 목표라고 생각해 왔고, 또한 그것을 실현하는 것을 가장 가치 있는 모습으로 여겨 왔다. 그러나 청년기를 지나면서 이상적 삶을 향해 나아가는 모습만이 아니라, 동시에 이상을 현실에 맞추어 나가는 노력도 하게 된다. 이런 과정에서 두 개의 원이 겹쳐지는 부분이 커지면서, 즉 이상과 현실이 겹쳐지는 부분이 많아지면서 고민이나 문제가 줄어드는 상태가 된다.

반드시 A대학을 들어가야겠다는 목표를 갖고 재수, 삼수까지 하면서 그 대학에만 들어가려고 하는 것은 현실을 이상에 맞추는 경우이며, 반대로 자신의 실력에 맞는 대학을 선택하는 행동을 취한다면 이것은 이상을 현실에 맞추는 경우가 된다. 인간의 일생은 어떻게 보면 이상과 현실의 차이를 인식하면서 그 차이를 줄이기 위해 끝없이 노력하는 과정이라고도 할 수 있다. 그러나 현실의 자기상과 이상의 자기상이 일치하지 않고 그 간격이 너무 크면 다양한 심리적인 문제가 발생한다.

그렇다고 두 개의 자기상이 완전히 일치하는 모습도 심리적으로 건강한 모습이라고 할 수 없다. 두 개의 원이 완전히 일치하는 경우를 생각해 보자. 자신의 이상적인 모습이 완전히 실현되는 경우, 아니면 반대로 이상을 완전히 포기하여 현실에 일치시켜 버리는 경우를 생각해 볼 수 있다. 만일 전자의 경우라고 한다면 인간은 이상적인 자기상을 유지하기 위해 끝없이 고군분투해야만 하며, 만일 이런 식의 노력을 앞으로도 계속해야만 한다면 그 사람은 얼마 안 가서 정신적으로 지치게 될 것이다. 한편 후자의 경우라고 한다면 현실의 자기모습은 더 이상 노력해도 소용없다고 생각하고 있는 상태이며, 이런 상태는 곧 그 무엇도 노력하지 않는 자포자기의 모습이라고 할 수 있다. 이런 사람은 어떤 노력도 하지 않기 때문에 더 이상의 발전을 기대할 수 없다.

그러므로 바람직한 인간의 모습은 이상과 현실 사이에서 한편으로는 이상을 향해 노력하기도 하고, 한편으로는 실현 불가능한 이상을 포기하고 현실을 받아들이며 살아가는 것이 보다 현실적이며 건강한 모습이라고 할 수 있다.

사실 로저스가 말하는 '자기일치'란 이상과 현실의 자기가 일치하는 것을 의미하는 것이 아니라, 일치하지 않는 것을 있는 그대로 인정하고 받아들이는 것을 의미한다. 즉, 자기일치란 이상과 현실이 완전히 일치하는 것을 말하는 것이 아니라, 한편으로는 현실의 자기가 이상에 가까워지도록 노력도 하지만, 한편으로는 이상을 현실로 낮추는 노력도 함께 하는 모습이다. 이런 과정을 하나하나씩 밟아 나가는 것이 바람직한 자기일치의 모습이며, 로저스는 이런 모습을 '진실성'이라고 표현하였다.

'자신이 하고 싶다고 생각하는 것'을 이룸으로써 느끼는 성취감이나 충실감과 함께 '자신이 불가능하다고 생각하는 것'은 하지 않는다는 과감한 결단을 통해 느끼는 후

련한 기분 등은 대인관계에서는 특히 중요하다. 인간의 훌륭한 면은 자신이 되고 싶어도 될 수 없고, 하고 싶어도 할 수 없을 때, 그것을 솔직히 인정하면서 한편으로는 하고 싶은 것 또는 해야만 하는 일에 몰두하는 모습이라고 할 수 있다.

로저스는 상담사의 자질로써 이런 자기일치의 모습을 매우 중요하게 보면서 자기일치를 위해 노력하는 모습이 가장 진실하고 순수한 모습이며, 이것을 포기한다면 인간으로서도 상담사로서도 의미가 없어진다고 보았다. 그러므로 여기서 말하는 자기일치란 자신의 불일치 모습을 인정하고 수용하는 것을 말하며, 동시에 자기일치를 위해 노력하는 모습이다. 자신의 불일치를 인정하고 수용할 줄 아는 상담사는 상담 장면에서 내담자의 결점을 이해하고 수용할 수 있게 된다.

3) 공감적 이해(empathic understanding)

상담사의 조건 가운데 또 하나의 중요한 문제는 상담사의 공감적 이해이다. 로저스는 자신의 저서(Rogers, C. R., 1975)에서 공감에 대해서 다음과 같이 정의하고 있다. "공감이란, 닫혀져 있는 타인의 지각의 세계에 들어가서 그 세계를 깊이 있게 충분히 아는 것이다. 그것은 시시각각 지속적으로 변하고 있는 타인의 내면에서 느끼고 있는 의미(felt meaning)나 두려움, 분노, 상냥함, 갈등 등의 심리현상에 대해 한 순간이라도 게을리하지 않고 민감하게 주목하는 것을 말한다. 일시적으로 타인의 삶에 들어가 보는 것이지만, 결코 선악의 판단을 해서는 안 된다. … (중략) … 즉 그 사람의 내면세계에 있어 믿음직한 동반자라고 말해도 좋다."

로저스는 내담자에 대한 이런 공감적 이해가 내담자의 자기이해를 촉진시키는 효과가 있다고 보았다. 내담자의 자기이해는 자신의 내적 리얼리티를 인식하고, 그것을 소중히 여기면서 자신감을 갖게 하기 때문에 내담자의 문제 해결에 도움이 된다. 여기서 내담자의 내적 리얼리티(실존)를 상담사가 어느 정도까지 이해할 수 있는가라는 문제는 중요하며, 유의해야 할 점은 그 이해가 "공감적이면서 동감적인 이해가 아니다"라는 사실이다.

동감(同感)이란 상대방의 기분이나 감정에 몰입되어 동일한 기분을 느끼는 것을 말한다. 하지만 공감(共感)은 상대방의 기분을 실감하면서 자신의 내면적 세계에서 상대방의 기분을 이해하지만 거기에 몰입이나 흡수되지 않는 상태를 말한다. '이 사람은 지금 이렇게 느끼고 있다'고 이해하는 것은 공감이며, '이 사람이 느끼고 있는 것과 내가 느끼고 있는 것은 같다'라고 하는 것은 동감의 상태이다. 공감과 동감의 개념 차이에 대해서 추운 겨울에 차가운 강물에서 냉수마찰을 하는 사람의 경우를 예를 들어 설명해 보자. 냉수마찰을 하는 사람처럼 강물에 들어가서 "어~ 정말 차갑군"이라고 동일하게 느껴 보는 것은 '동감'의 상태이며, 비록 강물에 들어가지는 않았지만 그 사람의 표정이나 표현을 통해 "정말 차갑겠구나"라고 하는 것을 마음으로 이해한다면 이것은 공감적 이해의 모습이라고 말할 수 있다. 이처럼 공감적 이해라고 하는 것은 상대방의 기분이나 감정이 이해가 되는 것이지, 동일한 상태로 느껴지는 것을 의미하지 않는다.

또 한 사례를 들어 설명해 보자. 한 정신분열증 환자가 상담실을 찾아왔다. 정신분열증이나 중증의 강박신경증 환자들 가운데 환청의 문제로 고통을 호소하는 경우가 많다. 이 정신분열증 환자는 상담사에게 다음과 같은 문제를 호소하고 있다. "지난주 지하철을 타고 집으로 가고 있었는데, 내 옆에 앉아 있던 두 명의 청년이 나에 대한 이야기를 하고 있었습니다. 안면이 전혀 없는 이 두 명의 청년은 어떻게 나에 대한 이야기를 할 수 있는지 이해가 되지 않았습니다. 그것도 나를 모욕하는 이야기를 하고 있었습니다. 너무 화가 나서 계속 이야기를 들을 수가 없었습니다. 그래서 저는 집에까지 가지 못하고 도중에 내려버렸습니다." 이에 대해 상담사는 그 환자에게 "당신에게 환청이 들렸군요"라고 이야기할 수도 있을 것이다. 사실 이 판단은 정확하며 실제 그 환자가 들은 것은 환청임에 틀림없다. 하지만 이 내담자의 이야기에 대한 공감적 이해란, 그 사람에게는 그 소리가 환청이 아니라 현실의 실제적 소리로서 경험한 사실, 그리고 그로 인해 힘들어 하고 불안해하는 상황이었음을 이해하고 받아들이는 자세를 말한다.

로저스는 공감적 이해의 과정이 곧 치료과정이기도 하다는 주장을 하고 있다. 사실 심리적인 문제로 고민하고 있는 사람들은 무엇보다도 자신을 이해해 주기를 바라는 마음이 간절하다. 그래서 상담을 통하여 자기 자신의 모습을 있는 그대로 인정받았다는 감각을 갖게 되면 이로 인해 자신의 행동 변화로 이어지는 사례가 적지 않게 보고되고 있다.

내담자에 대한 정확한 공감적 이해를 하기 위해서는 내담자의 이야기에 대한 경청만이 아니라, 세심한 관찰도 요구된다. 즉 '경청과 관찰'이 중요하다. 그러나 인간이란 대개 아무리 열심히 경청과 관찰을 한다고 할지라도 상대방의 감정이나 생각을 완전히 이해한다는 것은 거의 불가능하다. 그래서 상담 장면에서는 내담자에 대해 공감적 이해가 되는 부분도 있고, 이해가 되지 않는 부분도 발생한다. 이때 상담사의 중요한 자세란 상담사가 이것을 솔직하게 인정하고 표현하는 자세이다. 자신이 이해할 수 있는 부분과 이해할 수 없는 부분을 명확히 하게 되면 내담자의 보충적 설명을 들을 수 있게 되고, 이를 통해 상담사의 공감적 이해의 부분은 더욱 확장될 수 있기 때문이다. 그러므로 상담사의 바람직한 공감적 이해란 내담자에 대한 완전한 공감적 이해를 말하는 것이 아니라, 공감되는 부분과 공감되지 않는 부분을 명확히 하는 것도 포함하고 있다.

상담사의 수용적 태도는 내담자의 자기개방을 유도하는 데 효과적이라고 말한다면, 상담사의 공감적 이해는 내담자가 자신을 바라보면서 자기이해와 수용, 즉 내담자의 자기통찰을 유도하는 데 효과적인 대응법이라 할 수 있다.

연습 ➡ 제4부 제1장에서 수용과 공감 이해하기를 연습해 보자.

제 2 장 상담사의 훈련과정

1 훈련과정의 기본구조

상담사가 되기 위한 훈련과정의 기본구조는 다음과 같이 크게 세 가지로 나눌 수 있다.

첫째, 인간 심리에 대한 이해
둘째, 심리적 지원방법에 대한 학습
셋째, 상담사의 심리상담 훈련과 자기이해

실제 상담 장면에서는 첫째와 둘째는 각각 독립적이지 않고 상호 보완적이다. 즉, 내담자에 대해 이해하는 것이 바로 내담자에 대한 심리적 지원이 될 수 있으며, 내담자에 대한 심리적 지원이나 치료가 내담자 이해를 돕기도 한다.

1) 인간 심리에 대한 이해

심리적인 문제나 증상을 호소하는 내담자의 인지, 정서, 행동의 변화를 지원하기 위해서는 먼저 내담자에 대한 심리적 이해가 필요하다. 인간 심리에 대한 기본적인 이해 및 인간의 다양한 정신병리 현상을 이해하기 위해서는 먼저 성격심리, 학습심리, 사회심리, 발달심리, 인지심리, 생리심리, 신경심리, 지각심리 등의 기초심리학에 대한 학습이 필요하며, 임상심리, 이상심리, 정신건강, 발달장애 등과 관련된 학문의 학습도 필수적이다. 또한 인간의 심리는 그 사회의 문화적 환경과도 밀접한 관계가 있기 때문에 가족, 사회, 직업, 문화, 교육 등에 관한 학문영역에 대한 이해도 요구된다.

2) 상담(치료)기법의 습득

상담 장면에서 먼저 내담자의 심리에 대한 이해를 하게 되면, 그 다음 단계에서는 내담자가 호소하고 있는 문제나 증상의 해결을 위한 전략을 세워서 제공해야 한다. 그러므로 상담사의 훈련과정에는 내담자를 도와주는 방법, 즉 상담(치료)기법의 습득을 위한 학습이 요구된다. 여기에서는 두 가지 측면에서의 학습이 필요하다. 하나는 내담자의 문제나 증상을 정확히 이해하기 위해 사용되는 심리검사법에 대한 이해와 활용에 관한 학습, 또 하나는 내담자의 문제나 증상의 개선을 지원하기 위한 상담이론 및 기법에 관한 학습이다.

오늘날 심리상담(치료)의 세계에 소개되고 있는 상담이론이나 기법에는 그 종류가 수백 가지나 되는 것으로 알려져 있다. 그래서 상담을 처음 공부하는 사람의 입장에서는 무엇부터 먼저 배워야 할지 몰라 당황하기도 한다. 그런데 여기에서 주의해야 할 점은 자신이 처음 접한 상담기법에 너무 매력을 느낀 나머지 다른 상담이론이나 기법을 배제하는 태도이다.

심리치료 세계의 정설(定說)은 수백 가지나 되는 상담이론이나 기법 가운데 가장 효과적인 기법이라고 하는 것은 존재하지 않으며, 모든 이론이나 기법은 한계점을 갖고 있다는 사실이다. 또한 어떤 상담이론일지라도 각각 서로 다른 문화적 배경을 갖고 있다는 사실도 잊어서는 안 된다. 그러므로 상담사례에 따라서 다양한 심리치료기법을 적절하게 절충 · 병행 · 보완하는 방법으로 내담자를 지원해 나가는 상담사의 유연성과 통합능력이 요구된다고 할 수 있다.

3) 상담사의 심리상담 훈련과 자기이해

인간 심리에 대한 이해와 상담기법에 대한 것을 학습한 이후에는 실제 상담사례를 통해서 상담훈련을 받는 과정을 거치게 된다. 상담훈련이란 다양한 상담이론이나 심리치료기법의 각 영역에서 전문가로서 활동하고 있는 지도자(소위 supervisor라고 함) 밑에서 상담체험과 지도를 받는 것을 말한다. 상담훈련에서 상담을 위한 정보 수집과 활용에 관한 방법, 상담연습, 다양한 상담사례의 경험을 쌓아 나간다.

한편 상담사가 되기 위해서는 상담사 자신의 자기이해와 수용이라는 문제도 매우 중요하다. 상담의 세계는 신체적 문제를 다루는 병원 의사와 달리, 마음의 문제를 다루기 때문에 상담사의 인격적인 문제가 항상 관여하고 있다. 상담은 두 사람의 마음과 마음의 만남이며, 그 만남을 통해서 내담자의 마음과 행동의 변화를 지원해 나가기 때문에 상담이론이나 기법의 문제 이전에 내담자의 심리에 대한 정확한 이해와 존중, 그리고 수용이라는 문제가 중심 역할을 하게 된다. 이 문제는 상담사 자신이 얼마나 자신을 정확히 이해하고 수용할 수 있는가 하는 문제와 깊은 관련이 있다. 상담사의 자기이해를 위한 훈련과정에는 교육분석, 집단체험, 자기상담 등이 있다.

2 상담사의 자기이해를 위한 훈련과정

1) 교육분석

'교육분석'이란 정신분석학에 나오는 용어로서 정신분석가가 되기 위해 피훈련자가 받는 정신분석을 말한다. 정신분석적 심리치료를 하는 정신분석가가 되기 위해서는 자기 자신도 교육분석을 통해 자기이해를 하는 경험이 필요하다. 타인의 고민이나 복잡한 인간관계의 문제 등의 해결을 위해 도와주는 사람은 자기 자신이 문제를 갖고 있어서는 객관적이면서 이성적으로 타인의 문제를 풀어나갈 수 없다.

물론 사람은 누구나 문제나 고민으로부터 자유로울 수 없다. 그러나 자신이 갖고 있는 문제나 버릇, 약점을 정확히 파악하면서 타인과 관계를 맺는 사람과 그것을 모른 채 타인과 관계를 맺는 사람과의 사이에는 차이가 있다. 후자의 경우, 무의식 가운데 타인에게 피해를 주고 있음에도 불구하고 본인은 타인에게 도움을 주고 있다고 착각해 버리는 문제가 발생할 수 있다. 자기 자신을 깊이 있게 이해하고, 그런 자신을 수용할 수 있을 때 비로소 상대방에게 효과적인 도움을 줄 수 있다.

상담사가 되고자 하는 사람 가운데는 자신도 이전에 이런저런 문제로 고민한 적이 있었다든지, 비슷한 문제에 부딪혔을 때 해결을 경험한 적이 있기 때문에 그런 자신의 경험을 토대로 타인에게 도움을 주고 싶다고 생각하는 사람이 있다. 문제를 해결했다는 측면에서는 상담과정과 동일한 경험을 했다고는 할 수 있지만, 상담사에게는 이것만으로 부족하다. 물론 내담자와 동일한 문제를 경험한 적이 있는 상담사는 그런 문제를 경험한 적이 없는 상담사보다 내담자의 마음을 더 진지하게 이해해 줄 수 있다는 점에서는 유리하고 보다 효과적인 해결책을 내놓을 수 있을지도 모른다.

그러나 여기에도 문제가 있다. 만일 내담자와 동일하거나 유사한 경험을 한 상담사가 그런 경험이 없는 상담사보다 효과적으로 상담을 해 줄 수 있다면 이혼문제에 대한 상담은 이혼을 경험한 상담사가 하는 것이 바람직하며, 자녀문제에 대한 상담은 자녀양육 경험이 있는 여성 상담사가 하는 것이 바람직하다는 이야기가 된다. 이런 논리가 타당하다면 상담사는 가능한 모든 것을 경험해야 한다는 이야기가 된다. 그러나 이것은 현실적으로 불가능하며, 또한 상담사가 내담자와 유사한 경험을 했다고 할지라도 그 문제의 배경은 각각 다르기 때문에 유사한 경험은 오히려 타인의 경험을 자신의 관점에서 일방적으로 판단하고 이해해 버리는 오류를 범할 수 있다.

바람직한 것은 상담사가 자기 자신의 성장이나 문제해결 과정을 생각하면서 스스로 그런 것들을 체험적으로 극복하는 교육분석이나 자기분석을 통하여 문제해결의 과정이나 그 중요성을 실감해 보는 것이다. 상담사로서 중요한 것은 동일한 문제나 유사한 문제에 대한 경험이 아니라, 인간의 고민이나 문제의 해결과정을 체험하는 것이다. 그래서 상담사 훈련 가운데는 자기이해를 위한 프로그램도 포함되며, 최종적으로는 집중적 자기이해와 상담과정을 체험하기 위하여 교육분석을 받는 것이 효과적이다.

2) 집단체험

상담사가 되기 위한 사람을 대상으로 한 훈련 가운데 소집단 체험이 있다. 이를 소위 '만남의 집단(encounter group)'이라 부르며, 대개 10명 이내의 사람들이 모여 적어도 8시간 정도 길게는 1주일 정도 집단 내에서 상호 언어적 교류를 지속하게 된다. 언어적 교류의 시간이 8시간이든 1주일이든 사전에 정해진 주제나 화제는 없다.

집단구성원이 서로 자유롭게 이야기를 나누는 가운데 각자가 보다 자유로워지면서 솔직하게 자신을 있는 그대로 느끼고 있는 것이나 생각하고 있는 것을 나눈다. 이런 가운데 자기 자신의 내면세계에 대해서도 터놓고 이야기할 수 있는 상황이 되어 간다. 이런 소집단에 의한 교류의 목적은 그 장면에서 사람들의 솔직한 모습을 경험하고 구성원들과의 관계를 형성하는 가운데 자기 자신이 상대방에게 어떠한 모습으로 비치는가, 어떠한 영향을 미치고 있는가 등, 자기 자신을 보다 깊이 있게 이해하는 경험을 하도록 하는 데 있다. 이처럼 소집단 체험을 통해서 자신의 욕구, 감정, 가치관, 행동스타일 등을 좀 더 객관적이면서 깊이 있게 알게 된다. 이 방법은 혼자서 자기이해를 위해 노력하는 것보다 훨씬 효과적이다.

(1) Encounter Group

Encounter group을 통한 상담은 집단에서의 집중적인 경험을 통해 집단에 참가한 구성원들의 성장이나 인간관계의 개선과 발전을 지향하는 데에 그 목적이 있다. 1940년대 상담사 양성을 위한 집중적 집단상담을 경험하고, 그 효과를 발견한 로저스는 1960년대에 들어서서 적극적으로 여기에 관여하였다. 개인상담은 대개 심리적으로 건강하지 못한 사람을 대상으로 하지만, encounter group은 심리적으로 건강한 사람을 대상으로 하고 있다는 것이 특징이다.

집단은 대개 10~15명 정도의 구성원과 1~2명의 리더(집단의 촉진적 기능을 맡은 사람)로 구성한다. 기간은 조용한 환경을 갖춘 시설에서 3~6일간 진행한다. 구성원이 모여 이야기하는 하나의 단위를 섹션(section)이라 부르며, 이 하나의 섹션을 2시간에서 4시간 정도로 하여, 하루에 2~4회 정도 운영한다. 리더는 다음과 같은 철학이나 태도를 갖는다. 자신은 집단의 잠재력과 구성원의 잠재력을 발휘시키고 촉진시키는 능력을 갖고 있다고 믿는다. 그리고 자신은 집단에 자신의 어떤 목적을 개입시키지 않고, 그 집단이 나아가고자 하는 방향을 이해하고, 그 방향대로 나아가기를 기대한다. 또한 집단이 스스로 자연스럽게 움직이는 것이지, 자신이 집단을 어떤 방향으로 움직이고 있다고 생각하지 않는다. 자신의 기능은 집단의 촉진적 기능뿐만 아니라, 집단의 참여자로서의 역할도 한다. 로저스는 이런 집단에서 실제 무엇이 일어나는지를 다음과 같이 15개의 항목으로 나누어서 기술하고 있다.

① 탐색 : 첫 만남에서 리더가 먼저 "여기서는 자유롭게 이야기할 수 있으며, 자신은 이 진행에 직접적으로 관여하지 않는다"라고 말한다. 그러면 잠시 당혹과 침묵이 흐르면서 점차 사교적인 대화 등을 하게 된다. 집단구성원은 집단의 목적도, 서로에 대한 것도 알 수 없는 상황에 직면하게 된다.

② 개인적 표현 또는 탐색에 대한 저항 : 구성원 가운데는 개인적으로 자기표현을 하는 사람도 있지만, 반면 이에 대해 불안을 느끼며 저항하는 사람도 있다.

③ 과거의 감정 회고 : 감정의 표현이 이야기의 중심이 되지만, 이것은 '지금, 여기에서'의 내용이 아니라, '그때, 거기에서' 일어난 이야기이다.

④ 부정적 감정의 표현 : "당신은 우리와 어울리지 않는다", "당신 같은 사람한테서는 지도를 받고 싶지 않다"라고 하는 비판이 처음으로 '지금, 여기에서'의 감정으로 나타난다.

⑤ 개인적으로 의미 있는 일에 대한 표현과 탐색 : 부정적 감정에 대한 수용으로부터 신뢰감이 형성된다. 이런 분위기 가운데서 구성원들은 점차 자신의 내면을 나타내기 시작한다.

⑥ 집단 내에서의 순간적 대인감정의 표현 : "당신이 말을 하지 않고 가만히 있으면 왠지 위협받고 있다는 느낌이 듭니다", "당신의 부드러움과 미소는 매력적입니다"라는 대인감정을 표현한다.

⑦ 집단 내의 치유력으로 발전: 자신의 고민을 계속적으로 이야기하는 사람에 대해 다른 구성원이 도와준다.

⑧ 자기수용과 변화: 자신의 내면을 털어놓는 경험으로부터 구성원은 자기 자신을 수용하게 된다.

⑨ 가면의 박탈: 자기 자신에 대해서 이야기하려고 하지 않는 사람이나 사교적 가면을 쓰고 있는 사람에 대해서 다른 구성원이 감정을 감추지 않도록 또는 가면을 벗도록 요구하게 된다.

⑩ 피드백: 자유스런 감정의 교류를 경험하는 가운데 구성원은 자신이 다른 사람에게 어떻게 비추어지고 있는지를 알게 된다.

⑪ 직면: 피드백으로는 너무 소극적이기 때문에 오히려 직면이나 부딪히는 것이 더 나을 때도 있다.

⑫ 집단 섹션이 아닌 장면에서의 지원 표현: 집단 밖에서의 접촉에서 한 구성원이 다른 구성원을 도와주게 된다.

⑬ 기본적 만남: 일상적 경험보다도 훨씬 밀접하고 직접적인 관계가 형성된다. 잘 되지 않을 것이라고 생각했던 구성원과도 이런 관계가 형성될 수 있다.

⑭ 긍정적 감정과 친밀성의 표현: 구성원들은 보다 친밀한 관계를 갖게 되면서 서로에 대해 긍정적 감정을 느낀다.

⑮ 집단 내에서의 행동 변화: 다양한 행동의 변화가 일어난다. 동작이나 목소리도 변한다. 행동은 일반적으로 기교적이지 않으며, 자발적으로 변한다.

집단경험에 의한 인격 변화는 오래 지속되지 않거나 자신의 고민이 해결되지 않은 채 끝나버리는 경우도 있지만, 대개는 encounter group의 효과를 인정하고 있다.

(2) 조하리 창에 의한 훈련기법

소집단 활동의 하나로서 '네 가지 마음의 창'에 대한 것을 소개하면 [그림 1-2]와 같다. 이것은 이 이론을 제안한 두 명의 심리학자, 조셉(Joseph)과 하리(Harry)의 이름을 합성하여 '조하리 창'이라 부르고 있으며, 대인관계 가운데서 자신을 이해하는 실마리를 찾는 데 효과적이다. 왼쪽과 오른쪽은 자신의 입장에서 알고 있는 부분과 모르는 부분으로 나누어지고, 위쪽과 아래쪽은 타인이 알고 있는 부분과 모르는 부분으로 나누어진다. 그러므로 A의 부분은 자신도 알고 있고 남도 알고 있는 경우, B의 부분은 자신은 모르지만 타인에게 알려져 있는 경우, C의 부분은 자신은 알고 있지만 타인이 모르는 경우, D의 부분은 자신도 타인도 모르는 경우를 나타내고 있다.

A의 영역은 자신도 타인도 알고 있는 면이다. 예를 들어, 노래를 잘하는 사람이 그 사실을 자신도 그렇게 느끼고 있으며, 타인도 그렇게 생각하고 있는 경우이다. 이 영역은 서로 인정하고 알고 있는 부분이기 때문에 개방된 영역이며, 자유롭게 표현할 수 있는 영역이기도 하다. 누군가 자신에게 "노래를 잘하시는군요"라고 말할지라도 본인은 그것을 자연스럽게 받아들이게 된다. 이처럼 상호 개방된 영역이 크면 클수록 타인과의 관계는 자유로워진다.

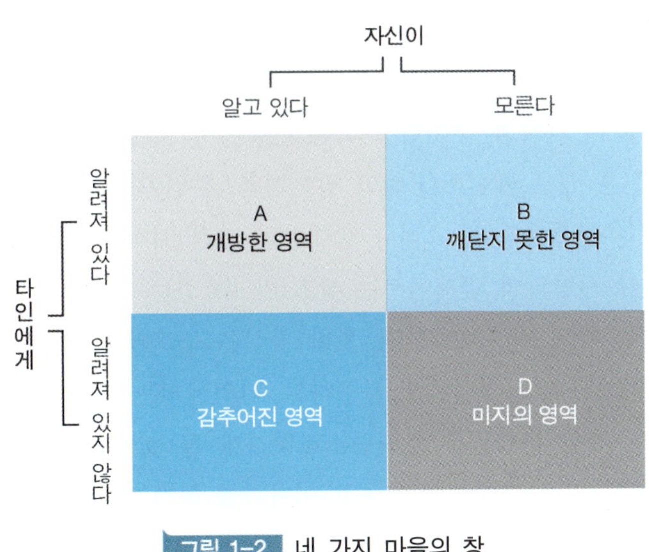

그림 1-2 네 가지 마음의 창

B의 영역은 자신은 모르지만 상대방이 알고 있는 부분이다. 이 영역에 속하는 한 예를 들어 보자. 나는 이야기를 할 때 손을 자주 움직이는 버릇이 있다. 그동안 자신은 잘 몰랐으나 상대방으로부터 그 이야기를 듣고 난 후 자신의 행동을 관찰해 보니, 역시 이야기를 하는 동안에는 자신도 모르게 손을 많이 움직이고 있다는 사실을 알게 된 것이다. 누군가가 마음속으로 "저 사람은 이기주의자다"라고 생각하고 있지만, 본인은 그렇게 생각하고 있지 않는 경우도 이 영역에 속한다. B의 영역은 상대방은 알고 있지만 자신이 모르거나 느끼지 못하고 있는 영역이기 때문에 타인의 이야기를 들어 보는 것이 중요하다.

C의 영역은 자신은 알고 있지만 상대방이 모르는 영역에 해당된다. 간단히 말하면 '감추어진 영역'이라고 말할 수 있다. 자신의 모습 가운데 타인에게 보여 주거나 알리기 싫은 부정적인 측면은 여기에 속한다. 슬픈 감정을 느끼고 있지만 절대로 눈물을 보이지 않거나 속으로 참으면서 겉으로는 태연한 척하는 모습을 보인다면 이 영역에 속하는 경우가 될 것이다.

마지막으로 D의 영역은 자신도 모르고 타인도 모르는 부분이다. 이것은 미지(未知)의 영역이며, 무의식이나 억압된 부분이라고도 할 수 있다.

인간의 마음을 '네 가지의 창'이라고 하는 관점에서 보게 되면 B와 C의 영역은 문제가 된다. "당신은 매우 예민하다"라고 말하지만, 본인이 그것을 받아들일 수 없다면 서로의 관계는 불편해진다. 그러나 상대방의 그런 지적에 대해 본인이 인정하고 수용하게 되면 그 사람과의 관계에서는 상호 알 수 있는 영역, 즉 A의 영역이 커지기 때문에 상호 교류도 자유로워진다. 또한 자신은 조그마한 일에도 쉽게 예민하게 반응한다는 사실을 느끼고 있음에도 불구하고, 타인에게는 결코 그런 모습을 보이지 않으려고 한다면 자신의 행동은 부자연스러워지게 될 것이다. 그러나 이런 자신의 모습을 상대방에게 있는 그대로 털어놓고 이야기를 하게 되면 그 사람 앞에서 그만큼 자연스러워지게 될 것이다.

이처럼 서로 알고 있는 영역이 넓으면 넓을수록 심리적 상태는 편해지게 된다. 그러기 위해서는 타인으로부터 여러 가지 이야기를 경청하기도 하지만, 동시에 자신도 이렇다고 하는 자기개방을 과감하게 해나가야 한다. 이런 과정에 의해 자유로운 영역이 넓어지게 되는 것이다. 그리고 이런 자유로운 영역이 확장되면 매우 흥미로운 현상이 일어난다. 그것은 D의 영역이 점점 작아진다는 것이다. 이것은 곧 무의식이나 억압된 영역이 타인과의 관계 속에서 점점 밝혀지게 된다는 것을 의미한다. 이것을 '의식화'라고 말하는데, 새로운 깨달음이 자연스럽게 싹트게 되는 현상이다. 자유로운 영역이 보다 넓어지게 되면서 자기 자신을 더욱 잘 알게 되고, "이 정도면 되지 않을까? 이런 식으로 자기 나름대로 어쨌든 살아 보자"라는 다짐과 자신감을 갖게 된다. 그러면 이제까지 보이지 않았던 자기 자신이 보이게 되면서 의식 아래에 있었던 부분이 자유롭게 의식의 세계로 부상하게 된다. 자기발견이라고 하는 것은 이러한 과정에 의해 일어나는 현상이라고 생각해도 좋을 것이다.

3) 자기상담

(1) 자기상담의 필요성

상담 장면에는 개인적 문제를 해결하기 위해 도움을 청하는 내담자와 이런 내담자의 문제를 이해하고 해결과정에서 도움을 주는 상담사가 있다. 내담자와 상담사는 각각의 역할을 이해하면서 일정한 시간과 장소에서 언어적·비언어적 커뮤니케이션의 관계를 맺는다. 이것이 상담의 기본이다. 그런데 '자기상담'에서는 이 두 사람이 동일 인물이다.

'자기상담(self-counseling)'이란 다양한 문제나 고민, 증상 등을 가진 사람에게 행하는 심리적·전문적 도움을 자기 자신에게 행하는 것을 말한다. 우리가 상담을 받거나 상담공부를 하면 자신이나 타인, 그리고 주변 환경에 대해 이해의 폭을 넓히게 되면서 타인과의 관계나 생활 가운데 일어나는 여러 상황에 효과적으로 적응해 나갈 수 있는 것처럼 자기상담이란 자기 자신을 이해하고 수용하면서 일상생활에서 자신과의 좋은 관계를 맺기 위해 노력하는 것을 의미한다.

일상생활에서 문제나 고민이 없는 사람은 없을 것이다. 문제의 심각성이나 긴박성의 정도는 각자 다르지만, 인간은 누구나 자신에게 직면한 문제를 해결하기 위해 이런저런 노력을 하게 된다. 즉, 자기상담을 하게 되는 것이다. 우리는 자신과의 좋은 관계를 맺게 되면 문제나 고민이 줄어들게 되고, 만일 문제나 고민이 있다고 할지라도 자기 나름대로 효과적으로 대처할 수 있게 된다. 이처럼 자기상담이란 자신과 좋은 관계를 맺는 것, 즉 자신과 잘 사귀는 것을 말하고 있으며 이를 위해서는 가능한 자신을 있는 그대로 이해하고 수용하는 태도가 필요하다.

자신과 좋은 관계를 맺는 원리는 타인과의 관계형성의 원리와 크게 다르지 않다. 타인과 사귀려면 먼저 상대방에게 접근하여 그 사람을 파악해야 한다. 그리고 만남에서 그 사람이 최대한 자연스럽고 심리적으로 안정된 상태에서 만날 수 있도록 하기 위해서 최대한 긴장감이나 위협을 느끼지 않도록 온화하고 부드럽게 대하며, 또한 그 사람을 소중히 여기는 태도가 필요하다. 이런 접근에는 기본적으로 그 사람의 특성에 대한 이해가 바탕이 되어야 한다.

이 원리는 자신과의 만남에서도 동일하다. 자신과 좋은 관계를 맺기 위해서 먼저 자신에게 접근하여 자기를 정확히 알기 위해 노력하는 것이 무엇보다 중요하다. 그런데 우리 인간은 자기 자신을 알려고 하는 것에 소극적이거나 주저하는 경향이 있다. 아마 자기 자신을 알게 되면 자신의 싫은 부분이나 좋지 못한 부분을 인식해야 하기 때문에 그것이 두려워서인지도 모른다. 특히 상대방에 대해 좋고 싫음의 감정이나 선악으로 판단하고 이해하려는 경향이 강한 사람은 자기 자신에 대해서도 그런 관점에서 바라보는 경향이 있으며, 그러다 보면 자기 자신에게도 엄격한 기준을 적용하게 된다. 이런 사람은 자기 자신을 알려고 하는 것에 대해 두려움을 갖고 있을지도 모른다. 물론 타인에 대해서는 엄격한 기준으로 바라보면서도 자기 자신에 대해서는 관대한 기준으로 바라보는 사람도 있을 것이다. 이런 사람은 자기 자신을 있는 그대로 이해하거나 정확하게 평가했다고 볼 수 없으며 자기 자신과의 바람직한 관계를 형성하고 있다고도 말할 수 없다.

나 자신을 충분히 알기도 전에 자신에 대한 좋고 싫음이나 선악의 관점에서 바라보게 되면 자신의 싫은 부분이나 나쁜 부분을 배제해 버리거나 무시하기 쉬워 자기 자신의 전체적인 모습과의 관계형성이 어려워진다. 아무리 배제하거나 무시하려고 할지라도 그 부분은 자신의 일부로써 여전히 남아 있으며 결코 사라지지 않는다. 만일 타인으로부터 싫어하는 부분을 지적당했을 때 심한 상처를 받거나 위축된다면 그것은 무의식 가운데 그 부분에 대해 신경을 쓰고 있다는 것이며, 자신을 있는 그대로 받아들이거나 자기다운 자신의 모습을 이해하거나 받아들이기를 게을리했다는 것이 된다. 이것은 곧 아직까지 자기 자신과의 건강한 만남을 경험하지 못했다는 이야기가 된다. 싫든 좋든 자신의 다양한 측면을 잘 모르면 이런 자신과의 사귐은 힘들며, 자신을 어떻게 바꾸거나 어떻게 수용하면 좋을지 알 수 없다. 상대방을 잘 모르면 그 사람과의 사귐은 표면적인 수준에 머물게 되면서 친밀감이나 그 사람을 소중히 여기는 마음을 갖기 어려운 것처럼 자기 자신을 잘 모르면 자신과의 좋은 관계형성이 쉽지 않아 자기성장이 힘들어진다.

만일 자기 자신을 알려고 하지 않는다면 타인의 비판이나 주장에 쉽게 좌우되거나 자신의 선입견이나 편견 등으로 자신을 판단해 버릴 수 있다. 자신을 안다는 것은 자신의 좋은 부분도 싫은 부분도 모두 포함해서 전체적으로 안다는 것을 말하며, 그런 자신을 소중히 여기는 마음을 느끼는 것도 포함한다. 자기 자신과의 바람직한 만남은 먼저 자신을 있는 그대로 이해하고 받아들이며 그런 가운데 자기다움을 발견하고 표현하는 것이라고 할 수 있다. 자기 자신이란 좋아도 좋지 않아도 자기 자신일 수밖에 없으며 그런 자기 자신을 수용하지 않고서는 자신과의 만남도, 자신을 성장시키는 것도 힘들 수밖에 없기 때문이다. 자기 자신을 정확히 알기 위해서는 자신을 대상화시켜서 보는 것이 중요하다. 자기 자신을 대상화한다는 것은 자신을 또 한 사람의 자신으로 본다는 것을 의미한다. 여기에는 다음 세 가지 측면에 대한 이해가 필요하다.

① 자기 감정에 대한 이해

인간은 각자 나름대로의 개성적인 기분이나 감정을 갖고 있어 동일한 자극에 대한 느낌은 각각 다를 수밖에 없다. 예를 들어 어디선가 큰 폭발음이 들렸을 때 어떤 사람은 시끄럽다고 화를 내거나 짜증을 내지만, 어떤 사람은 무섭다고 위축되거나 걱정을 하고, 어떤 사람은 무슨 소리인지 호기심을 보이는 등 다양한 반응이 나타날 것이다. 이런 다양한 반응은 그 사람다운 표현이며 그 사람의 특성을 나타내고 있다. 여기에는 좋은 반응, 나쁜 반응은 없다. 자기 자신은 이럴 때 이러한 기분을 느낀다고 하는 사실을 정확히 알고 수용하는 것은 자기다움을 아는 첫걸음이 된다.

그런데 감정을 정확히 파악하는 것은 감정적인 상태가 되는 것과는 다르다. 감정을 정확히 파악하지 않으면 감정에 휘말려 감정에 따라 행동하기 쉽다. 이것이 바로 감정적인 상태이다. 감정을 파악한다는 것은 그 감정을 갖고 있는 자신을 받아들이고 그 감정을 맛보는 것을 말한다. 이런 상태에서는 자신의 감정을 어떻게 표현하면 이해시키기 쉬운가를 생각할 여유도 갖게 되면서 가장 적합한 단어를 찾거나 표현하는 노력도 하게 된다. 감정의 파악과 표현에는 유일무이한 자기 자신이 있으므로 그런 자신을 이해시키는 것이 자기다움을 이해시키는 것과 관련된다.

② 자기 관점에 대한 이해

자기 자신을 알기 위한 제2의 열쇠는 자신의 관점이나 사고방식을 아는 것이다. 인간은 세상에 태어나서 다양한 사람, 즉 태어난 곳, 가족, 학교, 지역사회, 국가 등에 속한 사람들의 관점이나 사고방식, 지식 등을 생각하거나 받아들이면서 자신의 관점과 사고방식을 만들어 나간다. 관점이나 사고방식은 후천적으로 사회의 영향을 받으면서 형성되어 나가는 부분이다. 그리고 이것은 어떤 상황이나 일에 대한 자신의 감정이나 반응의 표현방식에도 영향을 준다. 그러므로 이런 관점이나 사고방식을 어디에서부터 어떻게 해서 이어지는지를 검토해 보는 것은 자기 자신을 알기 위한 필요불가결한 작업이다.

상담의 세계에서는 내담자가 자기 자신의 세계를 발견하고 그 가운데 살아가도록 지원하지만, 현실세계에서는 자신에게 맞지 않는 관점이나 사고방식을 강요받으면서 살아가야 하는 경우가 적지 않다. 타인으로부터 강요받거나 자신에게 맞지 않는 관점이나 사고방식으로 살아가야 한다면 문제나 고민은 끝없이 생기게 될 것이다.

한편 살아가기 힘들 때 또는 자기답지 않다고 생각될 때 자신의 관점이나 생각을 검토해 볼 필요가 있으며, 이를 위해서는 자신과는 다른 생각이나 관점을 갖고 있는 사람들을 만나서 그들의 생각이나 관점을 알려고 하는 자세가 필요하다. 특히 이때 중요한 것은 자신과 다른 관점이나 사고방식을 배제하지 않고 열심히 경청하는 자세이다. 이를 통해 자신의 관점이나 생각의 폭을 넓히고 보다 자기다운 관점이나 생각을 얻는 계기가 만들어진다. 예를 들어 세상에는 정확한 답이나 진실이 분명히 존재할 것이라고 생각하는 사람은 자신과 다른 생각이나 의견을 가진 사람을 만났을 때 자신이 옳은지 아니면 상대방이 옳은지를 생각하면서 자신감을 잃거나 상대방이 틀렸다는 것을 증명하고 싶어 한다. 그러나 반대로 타인의 관점이나 사고방식은 환경 등의 사회적 영향을 받은 것이며 결국 사람은 자기 자신이 만든 색안경으로 세상을 바라볼 수밖에 없다는 사실을 아는 사람은 언제라도 타인의 의견이나 생각에 대해 열린 마음으로 다가가게 되면서 자신과 다른 생각이나 의견을 두려워하거나 비난하지 않게 될 것이다.

③ 자기 언행에 대한 이해

자신을 아는 제3의 열쇠는 자신의 언행(言行)을 깨닫는 것이다. 자신의 언행에 대한 지각은 자신의 언행을 타인이 어떻게 받아들이는가를 기다리는 마음으로 지켜보면서 그것을 소중히 여기는 자세로부터 시작된다. 그리고 자신이 의도한 것이 이해되지 않거나 기대와는 다른 반응이 돌아왔을 때는 당황하거나 위축되거나 상대방에게 책임을 전가시키는 것이 아니라 자신의 어떤 언행이 어떻게 수용되었는지, 자신의 언어와 행동은 일치하였는지, 망설임이나 모순도 분명히 전달했는지 등을 확인하는 것이 중요하다. 서로 다른 세계를 갖고 있는 인간이 상호 이해한다는 것은 결코 그 과정이 간단하지 않으며 서로 진지하게 노력하는 자세가 필요하다. 이 과정은 자신의 기분이나 감정을 파악함과 동시에 자신의 관점이나 사고방식을 아는 것과도 관련되어 있다.

이상으로 자기 자신과 잘 사귀기 위해 필요한 자기이해의 세 가지 측면에 대해서 설명하였다. 그 무엇보다 소중한 자기 자신을 이해한다는 것은 자신의 있는 그대로의 모습을 수용하는 것을 말하며, 이런 모습은 자기성장을 촉진시킨다. 이것이 바로 '자기상담'이라고 할 수 있으며 무리 없이 한평생 자기 자신과 긍정적인 관계 속에서 살아갈 수 있게 된다.

연습 ➡ 제4부 제2장에서 자기이해하기를 연습해 보자.

(2) 자기상담의 효과

① 긍정적 감정의 촉진

자기상담에 의해 자신의 현실모습을 직시하게 되면 때로는 힘들게 생각될 때도 있을 것이다. 그러나 무리 없는 자연스러운 자기상담이라고 한다면 자기수용이 촉진되면서 자기 자신에 대한 긍정적 시각이 강화된다. 이런 긍정적 감정은 어려운 상황이나 과제에 대해서 긴장을 완화시키는 효과가 있다.

② 부정적 감정의 완화

자기 자신을 진지하게 바라보게 되면 자신의 부족한 점이나 생각하기 싫은 경험이 되살아나면서 일시적으로 부정적인 감정이 생길 수도 있지만, 현실을 직시함으로써 자기 자신의 다양한 모습을 받아들이게 되고 나아가 결국 부정적 감정이 완화된다.

③ 자기탐색의 촉진

자기 안에 존재하는 욕구나 관심만이 아니라, 자기 안에 있는 불안이나 분노에도 눈을 돌리게 함으로써 보다 유연하고 깊이 있게 자신의 경험을 돌아보게 한다.

④ **자기성장력의 촉진**

생활 가운데서의 경험을 있는 그대로 받아들이고, 동시에 자기과제를 의식화하고 자기목표에 의해 자기행동을 하게 되면서 보다 주도적이면서 생산적으로 살아갈 수 있는 역량이 배양된다.

⑤ **회복력의 강화**

마음의 상처를 받을 만한 상황에 부딪힐지라도 그것이 최소화되면서 또한 회복의 속도도 빠르게 진행된다. 상담사의 도움을 받을 때도 이에 의한 성장 가능성은 강화될 것이다.

3 상담사의 윤리문제

상담은 내담자의 기본적 인권을 존중하고 개인의 가치와 존엄성에 대한 경외심을 느낄 수 있는 대응을 해야 한다. 상담의 여정은 내담자가 고통과 번민에서 방황하다가 자기다움을 획득해 나가는 자기발견의 길을 열어 주는 과정이다. 상담사가 내담자의 이런 방황의 여행에 동반자가 되어 새로운 길을 함께 발견해 가는 과정에서 상담사의 윤리적 문제는 매우 중요한 역할을 한다.

상담에서 윤리기준을 설정하는 목적은 상담으로 인해 생길 수 있는 심리적·신체적·물질적 피해로부터 내담자를 보호하고 동시에 상담사의 수준을 일정한 질적 수준으로 유지하는 데 있다. 그러므로 상담사가 되기 위한 소정의 교육과 훈련을 받은 자는 상담사자격증 취득과 함께 이에 수반되는 윤리강령을 지켜야 할 의무가 있다. 다음에 제시하는 윤리강령은 일반적으로 상담사가 지켜야 할 최저 수준의 윤리이며, 그 기본원칙은 최고 수준까지 요구되는 상담사의 윤리적 행동을 기대하고 있다.

1) 공정성

상담의 공정성이란 상담의 내용과 질이 내담자나 상담료에 따라서 다르지 않아야 하며 항상 정직하고 일관성이 유지되어야 한다는 것을 의미한다. 가족이나 친척, 친구, 자신과 이해(利害)관계가 있는 사람에 대한 상담인 경우에는 이런 공정성을 유지하기가 쉽지 않기 때문에 다른 상담사를 소개하는 것이 바람직하다.

또 하나는 상담의 장소나 시간도 누구에게나 일정해야 하며, 상담의 목적에 맞게 공정해야 한다. 상담은 단순한 잡담이 아니며 분명한 목적이 있는 만남이다. 그런데 예를 들어 상담실이 아니고 커피숍에서 상담을 한다고 생각해 보자. 이 경우 산만한 분위기가 조성될 수 있어 서로가 상담에 집중하지 못할 수도 있다. 또는 상담사의 집으로 내담자를 불러서 상담을 하는 경우 공사(公私)의 구분을 어렵게 만들 수도 있다. 내담자에 따라서는 평소와 다른 공간에서 상담을 하는 경우 불안한 모습을 보이기도 한다.

상담에서 시간을 지키는 것도 중요하다. 대개 개인상담의 시간은 회당 50분에서 1시간 정도이지만, 시간을 그날그날에 따라서 마음대로 연장하거나 단축하는 것은 바람직하지 않다. 물론 예외도 있을 수 있겠지만, 시종(始終) 시간을 느슨하게 해두면 상담이나 치료에 악영향을 미칠 수도 있다. 예를 들어 내담자는 이것을 수단으로 이용하여 집에 돌아가는 것이 싫어서 상담실에서 시간을 보내려고 상담사가 관심을 끌 만한 이야기를 하는 경우도 있다. 만일 이렇게 되면 그날의 이야기는 마무리되지 않고, 내담자의 의도에 휘말리는 상담이 되어 버린다. 특히 정신분석에서 말하는 전이나 저항이 개입되는 경우, 시간은 다양한 방법으로 이용되면서 상담사를 힘들게 하여 서로에게 도움이 되지 않는 결과가 초래되기도 한다.

2) 상담사로서의 능력과 훈련

상담사는 자신이 받은 훈련과 경험에 기초한 기술이나 치료법으로 내담자를 지원해 나가지만, 동시에 자신의 능력이나 기술의 한계범위를 인식해야 한다. 상담사는 능력 이상으로 도움을 줄 수 있다는 과장된 표현을 해서는 안 되며, 항상 상담지식이나 기술의 습득을 위해 부단한 노력을 해나가야 한다.

상담사로서 지각해야 할 중요한 자세는 항상 최고의 서비스를 제공하기 위하여 전문적인 지식과 기술의 함양을 위해 부단히 노력해야 하며, 동시에 능력 이상의 역할을 하지 않는다는 것이다. 즉, 훈련과 경험을 최고 수준으로 유지하기 위해 노력하면서 자신의 능력의 한계를 정확히 아는 것이 중요하다.

상담의 세계에서 상담사라는 자격을 한 번 취득했다고 해서 그것이 일생 유효한 효력을 갖는 것은 결코 아니다. 때문에 상담사라는 직업은 상담사로서의 역할을 그만둘 때까지 끝없는 훈련과정이 요구된다. 만일 자신의 능력으로는 도저히 감당할 수 없는 내담자를 만났을 때는 경험이 풍부한 다른 상담사로부터 지도를 받거나 해당 내담자에게 가장 적절하다고 판단되는 상담사를 소개해 주어야 한다. 이렇게 함으로써 내담자는 보다 질 높은 상담서비스를 받을 수 있게 된다.

3) 상담사의 인간성

상담 장면에서 상담사의 인간성은 다음과 같이 그 영향력이 매우 크다.

① 타인과의 대화에서 충고나 지시 등을 자주 하는 습관이 있는 상담사는 내담자의 주체성을 손상시킬 수 있다.

② 내담자의 의존심리에 대해 관대하고 허용적인 상담사는 내담자의 자율성이 억제되면서 내담자의 의존심리를 더욱 강화시켜 버리는 위험성이 있다.

③ 상담사는 자신의 미해결 문제로 인해 본의 아니게 상대방의 모습을 투사하면서 내담자에게 부정적인 영향을 미치게 되는 경우가 있다.

④ 상담사가 너무 완벽성을 추구하는 성향을 갖고 있는 경우, 내담자의 문제행동이나 증상의 개선에 대한 욕구가 너무 강한 나머지 내담자에 대한 과도한 책임감을 갖게 되거나 능력 이상으로 무리하게 접근하는 경향이 생길 수 있다. 내

담자에게 무리하게 자신의 생각이나 지시를 강요하는 경우, 내담자를 더욱 혼란스럽게 할 수도 있다.

4) 내담자의 의사존중

의료기관에서는 의사가 환자에게 어떠한 치료방법들이 있는지에 대해 설명하면서 각 치료법의 장점, 부작용, 앞으로 예상되는 상태에 대해서 설명하여 환자가 자신이 받는 치료에 대해 충분히 이해하고 납득하도록 한다. 물론 의사는 의료에 관한 전문지식과 경험이 풍부하기 때문에 그 환자의 건강과 복지에 가장 효과적인 치료방법을 제시하겠지만, 최근에는 환자가 자신의 치료법을 결정할 수 있는 권리를 존중해야 한다는 의견도 나오고 있다.

상담세계는 의료기관 이상으로 내담자의 의사에 대한 존중이 요구된다. 상담사는 내담자가 이해할 수 있는 언어로 상담이란 무엇인지를 설명하고 내담자의 이해를 구해야 한다. 상담을 시작하는 것은 내담자의 자유의지이며 결코 누군가의 강요에 의한 것이 아니라는 사실, 또한 본인의 의사에 따라 자유롭게 상담관계를 중단할 수 있다는 것을 이야기한다. 참고로 미국의 경우는 다음과 같은 항목이 설명에 포함되어 있다.

① 치료과정의 설명
② 상담사의 학력, 전문지식, 자격에 대한 설명
③ 치료비 등의 비용에 대한 설명
④ 상담에 소요되는 대략적인 시간에 대한 설명
⑤ 담당상담사가 다른 동료 상담사들과 상담방법에 대하여 논의할 수 있다는 사실
⑥ 보험료가 적용되지 않는 진단을 할 때, 그 진단의 실시에 대한 동의 여부
⑦ 녹음이나 녹화에 대한 동의 여부
⑧ 상담 이외의 방법 등에 대한 설명

이와 같이 상담에서는 내담자의 의사존중을 매우 중요하게 생각하고 있다. 그 이유는 윤리적인 측면만이 아니라 자신의 치료는 자기가 결정한다는 태도가 상담과정에 긍정적인 영향을 미치기 때문이다.

5) 내담자의 권리와 비밀엄수

상담 장면에서 내담자는 상담사에게 대개 극히 개인적이며 남에게 알리고 싶지 않은 문제에 대해서 이야기한다. 이는 상담사가 자신의 비밀을 지켜 줄 것이라고 하는 믿음이 있기 때문이다. 상담 사실이나 상담내용을 비밀로 한다는 것은 상담의 윤리상의 문제이며 당연한 전제이기도 하다.

그러나 상담에서의 비밀보장이란 그 누구에게도 이야기를 하지 않는다는 것을 의미하는 것은 아니기 때문에 상담 초기에 다음과 같은 사항을 내담자에게 확인한다. 먼저 본 상담 사실을 누가 알고 있는지에 대해서 확인하고 내담자와의 연락방법이나 연락처에 대해서 구체적으로 이야기를 해놓는다. 만일 상담사 측에서 연락할 필요가 있는 경우, 예를 들어 상담사가 건강상의 문제로 또는 긴급한 일로 인해 연락을 해야 할 경우, 기본적으로 내담자에게 연락을 취하지만 그 외 어떤 방법이 있는지, 가족이나 직장 동료에게 알리지 않도록 해야 할 필요가 있는지, 이럴 경우 어떤 연락방법이 있는지에 대해서 이야기해 둔다.

비밀보장에도 예외가 있다. 물론 예외에 대해서도 사전에 내담자의 동의를 얻어야 한다. 예를 들어 내담자를 위해서 도움을 줄 수 있는 관계자, 의사나 다른 상담사와의 연대가 필요한 경우에는 상담에서 나온 이야기 가운데 필요한 내용을 이야기할 수 있으며, 상담사가 상담훈련을 받고 있는 중에는 지도 선생님(supervisor)에게 상담내용을 이야기할 수도 있다는 사실, 그리고 내담자 또는 내담자와 관계되는 사람들에게 위기상황이 발생하면 적절한 사람에게 연락을 취하여 도움을 받을 수 있다는 사실을 설명하면서 이해를 구한다. 예를 들어 자해나 타인에 대한 공격의 가능성이 있는 경우, 특히 학대의 위험성이 있는 경우는 본인의 승낙을 얻어 관계자에 대한 전달의 필요성을 설명한다.

이상으로 상담사가 엄수해야 할 윤리문제에 대해서 언급하였는데, 여기서 참고로 미국의 가족상담의 윤리규정에 대해서 소개하면 다음과 같다.

① 내담자에 대한 책임 : 상담사는 내담자의 인권을 존중하고 복지 증진에 대한 책임이 있다.

② 비밀엄수 : 상담사는 내담자의 개인비밀을 존중하고 보호한다.

③ 능력 : 상담사는 높은 수준의 상담능력을 유지한다.

④ 학생이나 고용되어 있는 사람에 대한 의무 : 상담사는 상담을 배우고 있는 학생이나 고용된 사람에 대한 신뢰와 의존관계를 악용해서는 안 된다.

⑤ 인간을 대상으로 한 연구나 조사에서의 책임 : 연구나 조사에 참가한 사람의 인격을 존중하고 그들의 복지에 피해를 주지 않도록 충분히 배려해야 한다. 법률을 엄수하고 높은 수준의 직업윤리를 유지하며 연구나 조사에서 얻은 개인정보를 발표할 때는 비밀보호의 문제를 충분히 배려한다.

⑥ 상담이라는 직업의 책임 : 동료 상담사의 권리나 인격을 존중하며 상담이라고 하는 직업의 발전에 기여해야 한다.

⑦ 금전관계 : 상담의 보수는 공정하고 적절해야 한다.

⑧ 홍보 : 상담사에 대한 홍보내용은 내담자의 입장에서 공정하고 적절하게 선택할 수 있는 정보이어야 한다.

제 3 장 상담을 위한 심리검사

1 심리평가

1) 심리평가의 의의

'심리평가'란 상대방의 마음과 행동을 이해하기 위한 평가를 말한다. 심리평가의 필요성에 대해서는 학자들 간에 대립되는 의견이 있으며, 특히 상담분야에서는 심리평가를 해서는 안 된다는 의견이 적지 않다. 심리평가 반대론자의 주장은 이렇다. 심리평가는 내담자를 사물처럼 대상화하는 것과 같기 때문에 상담사로서 해야 할 일이 아니다. 평가정보는 상담사의 눈을 흐리게 하여 진정한 공감적 이해를 하는 데 방해가 된다. 또한 심리평가를 함으로써 상담사가 심리적 우위에 있는 관계가 될 수 있으며, 때문에 내담자는 수동적이 될 수 있다. 이런 주장의 배경에는 기본적으로 내담자를 함부로 판단해서는 안 되며, 또한 개성적인 인간을 자동차 검사처럼 문제 탐색의 관점에서 접근해서는 안 된다는 견해가 깔려 있다.

그러나 한편으로는 내담자의 세계와 문제에 대해 보다 객관적이고 전체적인 이해를 위해 최대한 많은 정보 수집이 필요하며, 이런 차원에서 심리평가도 그 의의가 있다고 보는 견해가 있다.

와이너(Weiner, I. B., 1975)는 심리평가의 의의에 대해서 '내담자에게 최적의 심리적 지원을 하기 위해 무엇이 가장 바람직한가를 명확히 하기 위한 것'이라고 말하였는데, 이런 효과를 기대할 수 있는 심리평가라고 한다면 의미가 있다. 그러므로 심리평가는 궁극적으로 '내담자의 문제를 탐색하는 데 초점을 두는 것이 아니라, 상담과정에서 내담자의 성격이나 생활환경 등에 대한 파악을 통해서 문제의 배경을 이해하고 필요한 지원에 대한 목표와 방법을 탐색하는 작업'으로 이해되어야 한다.

의학에서는 진단(diagnosis)이라고 하는 단어를 사용하고 있는데, 이 단어는 둘(dia) 사이를 식별한다(gnosis)고 하는 의미가 있다. 의학에서는 병과 건강, 정상과 이상을 식별하는 작업, 즉 진단을 하지만 심리학에서는 예를 들어 '이 사람은 조금 내향적이며 신경증적 경향이 강하다'와 같이 인간의 특징을 다면적이면서 양적으로 측정하는 것이 기본이다. 그러므로 상담에서의 내담자 평가란 각각의 항목에 대한 심리평가를 말하는 것이 아니라, 내담자의 다면적 정보를 종합적으로 판단하는 것을 말한다.

2) 심리평가의 방법

내담자의 심리를 이해하기 위한 평가방법으로는 '면접에 의한 심리평가', '관찰에 의한 심리평가', '심리검사에 의한 심리평가'가 있다.

(1) 면접에 의한 심리평가

심리평가를 목적으로 하는 면접은 일반적으로 상담 장면을 통해서 내담자의 문제에 대한 경향성과 그 배경에 대해서 파악한다. 평가를 제1의 목적으로 하는 면접에서는 빈틈없이 적절한 정보를 수집하기 위해 무엇을 어떻게 물을 것인가라고 하는 질문항목과 질문방법을 명확히 정해 둔 구조화된 면접을 진행하게 된다. 이를 위해 질문형식은 개방질문보다는 폐쇄된 질문의 형태를 많이 띠게 된다. 그러나 상담의 초기 장면에서 이루어지는 면접이기 때문에 내담자와의 신뢰관계 형성이 무엇보다 중요하며, 이를 위한 세심한 주의가 필요하다. 또한 상담과정에서도 평가가 이루어지며, 이때의 면접법은 상담의 자연스런 흐름 가운데 필요한 내용에 대해서 질문해 나가는 반구조화된 면접의 형태를 띠게 된다.

(2) 관찰에 의한 심리평가

관찰법의 의의는 내담자 또는 대상자의 심리를 행동관찰을 통해 이해하고, 이를 토대로 지원전략을 세우는 데 있다. 예를 들어 플레이 룸(play room)에서 아이의 행동을 관찰하여 아이의 놀이모습을 통해서 문제행동의 이해와 지도(치료)의 실마리를 얻는다. 이처럼 영유아나 아동의 행동을 관찰 · 분석하여, 여기서 나온 자료를 토대로 지도(치료)의 방향을 잡는다. 상담 장면에서도 상담사가 내담자의 행동을 관찰하면서 상담을 해나가는데 이것도 넓은 의미에서 보면 관찰에 의한 심리평가의 하나라고 할 수 있다.

(3) 심리검사에 의한 심리평가

심리검사란 검사항목과 그것을 측정하기 위한 도구를 사용하여 일정한 절차에 따라 실시하고, 그 결과를 일정한 기준에 따라 평가 · 판단하는 방법이다.

2 심리검사의 기초

1) 심리검사법의 이해

심리검사(psychological test)란 지능, 학습능력, 적성, 성격 등에 대한 개인의 심리적 능력이나 특성을 측정하는 과정의 총칭을 말한다. 그래서 심리검사는 상담이나 심리치료의 세계에서는 인간이해에 대한 진단적 방법으로 폭넓게 사용되고 있다. 상대방에 대한 상담학적 이해라고 하는 것은 공감적인 태도로 개별적인 이해를 해나가야 하며, 상담 장면이나 가족상담에서 주로 이야기가 되는 내용은 내담자가 호소하는 문제나 그와 관련된 이제까지의 경과, 가족관계 등 본인이나 가족이 현재 직면하고 있는 문제가 주로 언급된다.

그런데 상담 장면에서 얻은 정보는 부분적이며 불명확한 점이 적지 않다. 그래서 상담 장면에서 파악하기 힘든 정보를 얻기 위해, 그리고 상대방을 보다 전체적·구조적으로 이해하기 위해 상담에 의한 접근과는 다른 각도에서의 접근을 하게 되는데, 이때 일반적으로 심리검사를 도입하게 된다. 임상적 만남의 초기 단계에서 심리검사를 실시하여 이를 통해 심리진단이나 임상적 인간 이해, 이후의 전망이나 대응 방향의 결정에 필요한 정보를 얻게 된다. 이 밖에도 내담자의 상태가 많이 변화되었다고 판단되거나 상담의 종결시점 등, 내담자의 상태가 하나의 전환점에 도달했다고 판단될 때, 상담사의 판단에 따라 실시하기도 한다.

그러나 심리검사는 상담사의 존립 근간(根幹)과 관련된 극히 중대하고 미묘한 문제를 포함하고 있기 때문에 심리검사 실시 시에는 유의사항을 충분히 고려해야 하며 함부로 사용해서는 안 된다. 최근 심리검사도구의 보급 증대와 함께 심리검사에 대한 비판도 커지고 있다. 그 한 예가 검사도구의 사용법에 대한 논쟁이다. 대개 검사도구의 탄생 배경에는 인간을 분류하기 위한 목적도 있기 때문에 심리검사의 결과를 토대로 어떤 분류기준에 따라 내담자를 일방적으로 진단해 버리는 경우가 많다. 상담사는 이런 문제가 발생하지 않도록 검사도구의 활용에 있어 충분히 유의해야 할 것이다.

상담사들 가운데 심리검사가 진단이 아니라, 궁극적으로 인간이해를 목적으로 하고 있다는 사실을 의외로 모르고 사용하는 경우가 많다. 상담사는 검사결과가 어떻게 해서 나왔으며, 이것을 앞으로 어떻게 활용할 것인가 하는 것을 항상 염두에 두어야 한다. 그리고 심리검사 결과를 맹신하는 자세도 바람직하지 않다. 또한 아무리 좋은 검사도구라고 할지라도 그 결과만으로 그 사람의 인격 전체를 판단하는 것도 바람직하지 않다. 상담사는 기본적으로 심리검사의 결과에만 의존해서는 안 되며, 내담자의 행동이나 언어, 태도, 타인으로부터 얻은 정보 등을 통해서도 내담자에 대한 이해를 위한 노력을 병행해 나가야 한다.

2) 심리검사도구의 이해

오늘날 검사도구는 그 종류가 수천 가지나 되고 사용법도 매우 다양하다. 뿐만 아니라 보다 정확한 측정과 이해를 위해 끝없이 새로운 해석법도 연구되는 등 하루하루가 다르게 발전해 가고 있다. 그러므로 검사를 실시하는 입장에 있는 상담사나 심리치료사는 새로운 검사도구와 그 배경이 되고 있는 이론에 대해 학습하고 훈련을 받는 과정이 필요하다.

심리검사도구가 지능이나 성격 등 인간의 내면세계를 파악할 수 있는 도구로써 인정받기 위해서는 높은 수준의 '타당성'과 '신뢰성' 확보가 중요하다. 투사법과 같이 특수한 가설에 의해 만들어져 검사자의 전문적인 지식과 경험이 절대적으로 필요한 검사도구도 있는데, 이 경우는 각각의 검사도구가 갖고 있는 타당성과 신뢰성의 한계를 이해하면서 사용해야 한다. 검사도구의 '타당성(validity)'이란 검사도구가 검사하고자 하는 '심적 과정'을 정확히 측정하고 있는가에 관한 문제이다. 예를 들어, 성격검사도구라고 한다면 그 검사도구가 성격을 정확히 알 수 있는 질문으로 구성되어 있는가라는 문제를 말한다. 한편, 심리검사도구의 '신뢰성(reliability)'이란 동일한 검사도구를 반복해서 측정하더라도 거의 동일한 결과를 얻을 수 있는가라는 문제이다. 만일 동일한 검사도구임에도 불구하고 검사를 실시할 때마다 그 결과가 달라진다면 그 검사도구는 신뢰할 수 없을 것이다.

3) 심리검사자의 태도

심리검사의 전문가로서 요구되는 태도는 다음과 같다. 먼저 심리검사자는 검사법에 대한 충분한 지식과 기술을 익혀야 한다. 각종 심리검사는 그 실시방법이 간단한 것부터 복잡한 것까지 매우 다양하기 때문에 검사도구의 실시방법에 대한 충분한 숙지가 필요하며, 또한 반응의 분석법이나 결과해석의 방법에 대한 이해도 중요하다. 심리검사는 각각 나름대로의 이론적 배경을 갖고 있어, 이에 대한 이해가 선결되어야 한다. 예를 들어 지능검사에서 일반지능을 지능으로 생각하고 있는지, 아니면 지능을 다면적인 것으로 생각하여 그 균형을 보려고 하는 것인지 등, 지능검사도구에도 그 배경에 깔려 있는 이론적 차이에 따라 해석이 달라진다. 성격검사의 경우는 더욱 복잡하다. 성격검사는 그 검사도구의 배경에 깔려 있는 성격이론을 이해하고 성격의 어느 측면을 측정하려고 하는지, 또한 얻은 결과는 어떠한 의미를 갖고 있는지에 대한 것까지 고려하여 분석해야 한다.

그러므로 검사 실시에 앞서 먼저 이러한 것을 이해하고 검사도구를 선택해야 한다. 또한 검사도구는 모두 나름대로의 한계점을 갖고 있기 때문에 하나의 검사도구만으로 내담자를 평가하는 것이 아니라, 다른 검사도구도 함께 사용하는 것이 바람직하다. 한 명의 내담자에 대해 다양한 검사를 병행해서 실시하는 것을 '검사 배터리'라고 하며, 내담자에 대한 다면적 이해를 위해서는 필요한 방법이다. 그러나 검사를 많이 실시한다고 해서 반드시 좋은 것만은 아니다. 내담자에게 쓸데없는 부담을 주지 않도록 하기 위해서는 꼭 필요한 검사만을 실시하는 것이 중요하다. 대개는 검사자가 숙지하고 있는 성격검사를 중심으로 실시하면서, 그 검사의 결점을 보완하는 형태로 다른 검사를 실시하는 경우가 일반적이다. 이때 생길 수 있는 문제점은 검사도구에 따라 검사결과가 다를 수 있다는 것이다. 예를 들어, 질문지법에서 얻은 성격 경향성과 투사법에서 얻은 성격 경향성이 상반되게 나타날 수도 있다. 일반적으로 질문지법은 성격의 표층부분을 측정하는 반면, 투사법은 내담자의 보다 심층적인 부분을 측정하는 측면이 있기 때문에 각각의 검사결과를 통합할 때는 이러한 점을 이해해야 한다.

3 심리검사의 종류

심리검사는 각종 기준에 따라 다양하게 분류할 수 있지만, 대개는 '무엇을 측정할 것인가?'라고 하는 측정내용에 따른 분류가 일반적이다. 그 내용을 살펴보면 심리검사는 크게 지능검사, 발달검사, 적성검사, 성격검사로 나뉜다. 성격검사법으로는 질문지법, 투사법, 작업검사법 등이 있다. 이들 검사법의 주요 내용을 살펴보면 다음과 같다.

1) 지능검사

20세기에 들어서서 지능의 개인차에 관한 연구가 활발하게 이루어지면서 지능을 측정하는 척도에 관한 연구도 왕성하게 전개되었다. 지능에 대한 정의는 학자에 따라 조금씩 다르지만, 대개는 추상적 사고력, 새로운 장면의 적응력, 학습능력 등 보다 포괄적인 개념으로 정의하고 있다.

지능검사는 실시방법에 따라 집단식과 개별식으로 나누며, 집단식은 현재 종류가 100가지 이상이나 된다. 개별식은 단지 지능의 정도만이 아니라 지능의 구조나 질적 특징에 대해서, 나아가 투사적 측면에 대해서도 주목함으로써 성격이나 자아의 특성을 명확히 할 수 있다. 이처럼 지능검사는 단지 지능의 정도를 아는 것으로 끝나는 것이 아니라, 궁극적으로 그 사람의 발달상의 장애나 자기실현의 저해요소를 발견하고 그 사람이 외부 세계에 대해 주체적으로 적응해 나갈 수 있도록 자기 변화의 과정을 지원하는 데 목적이 있다.

지능검사도구를 세상에 처음으로 소개한 사람은 프랑스의 비네(Binet, A.)이다. 그는 시몬(Simon, T.)의 협력을 받아 1905년에 세계에서 최초로 지능검사도구, 비네-시몬 지능검사도구(Binet-Simon Scale of Intelligence)를 개발하였다. 이 지능검사도구는 그 이후 널리 보급되면서 각국의 언어로 번역되고 개정되는 과정을 통해 현재 다양한 지능검사가 생겨나고 활용되고 있다. 일반적으로 널리 활용되고 있는 지능검사 가운데 대표적인 것을 소개하면 다음과 같다.

(1) 비네식 지능검사

비네(Binet, A.)는 '지능'이 기억이라든가 변별과 같은 개개의 정신기능으로 나타나는 것이 아닌 어떤 사실을 이해하고 판단하는 등의 정신기능, 소위 일반지능을 측정하고자 하였다. 이 지능검사는 일반지능을 '방향성(일정한 방향으로 지속하려고 함)', '목적성(목적의 달성을 위한 움직임)', '자기비판성(자신의 반응결과에 대하여 적절하게 자기비판을 함)'의 세 가지 측면을 심적 능력으로 보고, 이 세 가지 측면이 지적 활동을 할 때 어떻게 관련되는가를 파악하여 개인의 지적 수준을 측정하고자 하였다. 검사문제는 단어지식, 문장완성, 기억, 도덕판단 등 다양한 질문으로 구성되어 있다.

이후 터먼(Terman, L. M., 1916)은 이 지능검사의 결과에 대하여 정신연령(Mental age)과 생물학적 연령과의 대비를 다음과 같은 공식으로 산출해서 지능지수(IQ: Intelligence Quotient)라고 하는 지표를 고안해 냈다.

$$\text{지능지수(IQ)} = \frac{\text{정신연령}}{\text{생물학적 연령(생활연령)}} \times 100$$

이 공식은 IQ를 산출하는 방법으로서는 가장 널리 사용되고 있다. 이 공식에 의하면 생물학적 연령에 해당되는 수준의 문제를 전부 해결하였을 때 그 연령에 필요로 하는 지적 수준을 만족시킨 것으로 이해해서 지수는 100이 된다. 그는 이후 비네-시몬(Binet-Simon) 지능검사도구를 미국의 아동과 성인에게 적용할 수 있도록 스탠퍼드-비네(Stanford-Binet) 검사도구를 개발하기도 하였다. 이 도구는 1937년, 1960년에 각각 개정과정을 거쳤으며, 1972년에는 1960년의 버전을 새롭게 표준화한 스탠퍼드-비네 검사 4판이 개발되었다. 우리나라에는 고대-비네 검사가 있으며, 이것은 1970년 고려대학교 행동과학연구소가 1937년판 스탠퍼드-비네 검사 2판을 모체로 개발한 것이다.

(2) 웩슬러식 지능검사

미국의 웩슬러(Wechsler, D.) 박사는 "지능이란 각 개인이 목적적으로 행동하고, 합리적으로 사고하며, 나아가 효율적으로 자신의 환경을 이해하고 적응할 수 있는 총합적 또는 총체적 능력"이라고 하는 지능관을 토대로 지능에 대한 다차원적이고 총체적인 평가를 할 수 있는 검사도구를 개발하였다. 비네식 검사도구는 전체적 지능을 측정하고자 하는 측면이 있지만, 웩슬러식은 분석적 개별적 지능도 볼 수 있다는 특징을 갖고 있다.

웩슬러는 지능을 단순히 지적 요인만이 아니라, 동기나 유인(誘因) 등 성격적 요인도 관여하는 총합적 능력으로 보았으며, 11가지의 하위 검사항목으로 구성된 동작성 검사와 언어성 검사에 의해 지능을 구조적으로 파악하는 방법을 작성하였다. 이러한 노력으로 지능수준만이 아니라, 다양한 임상적 증후군에 대한 대응도 가능해졌다. 검사결과는 언어성 지능지수, 동작성 지능지수, 전체검사 지능지수로 표시된다.

웩슬러식에 의해 나온 IQ는 동일 연령집단 내에서 피조사자의 상대적 위치를 편차치로 나타내는 편차지능지수(D · IQ)이며, 비네와 함께 널리 사용되고 있다. 이 검사법에는 성인용(WAIS), 아동용(WISC), 유아용(WPPSI)이 있으며, 전체적 구성은 거의 동일하다. 우리나라에도 이 세 가지 검사가 모두 표준화된 한국판으로 개발되어 있다.

2) 발달검사

발달검사는 발달과정에 있는 아동의 지능만이 아니라, 감각 · 운동기능을 포함한 정신발달의 과정을 총합적으로 파악해서 발달평가를 하거나 아동의 보호나 교육을 위해 도움을 주는 데 그 목적이 있다. 여기에는 미국의 게젤(Gesell, A. L.)이나 독일의 뷜러(Bühler, C. B.) 등에 의해 개발된 것이 있으며, 이것들은 비네식 지능검사방법을 발전시킨 형태이다. 검사방법은 아동에 대한 행동관찰만이 아니라, 어머니 등을 대상으로 한 면접 등을 통해 아동에 관련된 자료를 수집하고 이를 토대로 아동의 발달상태를 평가한다. 발달검사의 종류에는 베일리(Bayley)의 영아발달검사, 아프가(Apgar)척도, 밀러(Miller)의 유아용 평가검사, 프레톤(Freton)에 의해 제작된 취학 전 아동발달척도, 아오야나기(青柳, 2013) 등이 개발한 동아시아 아동발달척도 등 영유아용 정신발달검사가 개발되어 소개되고 있다. 우리나라에는 이화여자대학교 교육심리연구소가 개발한 것으로 만 4~7세 아동을 대상으로 정신능력을 측정할 수 있는 아동 지능검사도구가 있다.

3) 적성검사

적성검사에는 직업에 관한 적성을 검사하는 직업적성검사, 진학에 관한 적성을 검사하는 진학적성검사가 있다. 지능검사가 일반적 능력의 측정에 초점이 맞추어져 있다면, 적성검사는 주로 어느 특정의 활동을 효과적으로 수행할 수 있는 특수능력을 측정하는 데 초점이 맞추어져 있다. 직업흥미검사도 여기에 속한다.

4) 성격검사

(1) 질문지법

성격을 검사하기 위한 질문지법(Questionnaire)은 인격목록법(Personality Inventory)이라고도 한다. 이것은 자기보고에 의해 인격 특성의 구조를 측정하는 기법이며 상담이나 심리치료의 보조자료로써 널리 사용되고 있다. 이 검사법은 주관적인 자기보고에 의존하고 있는 만큼 피검사자가 의식적으로나 무의식적으로 왜곡할 수 있기 때문에 이 문제를 해결하기 위한 다양한 방법들이 연구되고 있다.

측정방법은 제시된 일련의 질문에 대하여 '예', '아니오', '어느 쪽도 아니다' 등 비교적 간단한 반응으로 측정하고 있다. 그리고 '내향-외향'과 같이 하나의 차원으로만 보는 것부터 몇 개의 척도를 조합하여 여러 차원에서 다면적으로 보는 것까지 있다.

성격검사의 종류에는 MMPI(Minnesota Multiphasic Personality Inventory), 길포드(Guilford) 성격검사, EPPS, MPI 등이 있다. 길포드 성격검사는 대개 Y-G검사라고도 불리고 있는데 이 척도는 가장 일반적으로 사용되고 있는 대표적인 성격검사 중 하나이다. 이 검사에는 아동용, 중학생용, 고등학생용, 성인용의 네 종류가 있으며, 우울성, 열등감, 신경증 등 12가지의 성격 특성을 측정하는 다면적 검사이다.

미네소타 다면인격목록(MMPI)은 20세기 중반 미국의 미네소타대학의 학자들에 의해 연구된 대표적인 질문지법 성격검사이며, 세계적으로 널리 사용되고 있다. 이 검사도구는 광범위한 내용으로 구성된 550개 질문항목에 대한 반응을 통해 피검사자의 성격을 다면적으로 측정하고 있다.

질문지법은 채점이 객관적으로 가능하다는 이점은 있지만, 독해력 등의 언어능력이 부족하거나 결과를 고의적으로 왜곡시키려고 하는 사람이 이 검사를 받는 경우 타당성의 문제가 제기될 수 있다. 이런 문제에 대비해서 MMPI는 타당성 척도를 특별히 설정하여 검사결과가 타당한지를 확인할 수 있도록 구성되어 있다. 이런 성격 검사는 현재 상담 장면에서 널리 사용되고 있다.

(2) 투사법

투사법(Projective Technique)이란 비일상적이고 비구조적이면서 다면적 자극과 함께 자유도가 높은 반응을 유도하는 교시(instruction)를 통해 만들어지는 애매모호한 자극 상황을 제공하는 방법이다. 이 검사법에서는 피검사자가 객관적 검사 등 명확한 자극 상황에서 요구되는 반응과 같이 특정의 인격기능에 의해 답을 선택하는 반응을 하는 것이 아니라, 피검사자 인격의 전 기능을 동원해서 자신의 내적 색채를 띤 개성적 작품을 만들어 '개인적 세계'를 표현한다. 검사자는 피검사자의 이런 개인적 세계의 표현을 분석하여 그 개인의 욕구, 갈등, 성격 특성을 전체적 · 역동적으로 파악해 나간다. 이 방법은 자극소재의 미구조성, 미조직성의 특색이 있으며, 자극반응 상황에 있어서 피검사자 성격의 역동적 특색이나 욕구, 동기, 무의식적 불안, 갈등 등이 반영되기 쉬운 심적 메커니즘을 검사법에 응용한 것이다.

이 검사법은 질문지법과 같이 반응을 의도적으로 왜곡시키기 어려우며, 자기내성(內省)의 역량이나 지적 · 동작적 과제해결능력의 특성도 필요로 하지 않고, 시간의 제약 없이 피검사자의 페이스대로 여유 있게 과제를 풀어나갈 수 있는 등의 이점이 있다. 그러나 이런 유형의 검사법에서는 '어떻게 반응하고 어떻게 대답하는가'라고 하는 것은 어디까지나 피조사자의 자유이다. 또한 반응양식이나 변화의 다양성도 크고, 피조사자의 개인적 반응을 표준검사처럼 집단기준에 의거하여 판단하는 것이 아니라, '해석'을 통해 개인적 특징을 파악해 나간다. 때문에 검사자는 면접능력과 검사법의 숙지, 그 이론적 배경에 대한 충분한 이해, 반응분석이나 해석법의 숙련이 다른 어떤 검사법보다 더욱 요구된다.

이 검사에 의해 나타나는 피조사자의 반응은 그 사람의 인격의 모든 특징이 복합적으로 농축되어 표현된 것이라고 볼 수 있다. 그러므로 해석에 있어 예리한 감수성과 성격구조에 대한 이해와 통찰, 특히 정신분석학적 성격이론과 현상학적 인간이해의 통달이 요구되기 때문에 반응결과의 분류, 정리, 해석에 관한 전문적이면서 특별한 훈련 내지 경험이 검사자에게 요구된다. 투사법의 종류에는 다음과 같은 것이 있다.

① **로르샤흐검사**(Rorschach Test)

개인의 지각분석의 입장에서 행동을 예측할 수 있다는 기본가정하에서 개발된 검사로서 비구조적으로 그려진 여러 형태의 잉크자국의 그림에 대해 피검사자의 반응영역, 반응결정인, 반응내용을 분석하여 정신병리 현상을 진단하는 검사법이다(그림 1-3).

그림 1-3 로르샤흐(Rorschach) 검사도구

② **모자이크검사**(Mosaic Test)

모자이크 모양의 적목으로 무언가를 만들게 하는 등 피검사자의 자기세계를 마음껏 표현하도록 요구하는 검사법이다.

③ **문장완성검사**(Sentence Completion Test; SCT)

'어릴 때 나는…', '나의 아버지는…'와 같이 미완성의 짧은 문장을 제시하여 피조사자에게 이후의 문장을 완성하도록 하는 방법이다. 그 밖에도 머리(Murray, E. J.)와 모건(Morgan, W. G.)에 의해 개발된 그림통각검사(TAT, CAT)가 있으며, 보통 TAT라고 부른다. 이것은 욕구-억압이론을 기초로 하고 있으며, 피조사자에게 어떤 형태로든 해석이 가능한 일정한 장수의 그림을 보여 주어 그 그림의 주제를 자유롭게 해석하고 하나의 이야기를 만들도록 하여 피검사자의 반응을 욕구, 내적 상태, 억압, 해결 행동의 양식 등의 관점에서 분석한다. 아동용으로는 의인화한 동물의 그림을 사용하여 측정하는 방법이 있는데 이것을 통상적으로 CAT(Child Apperception Test)라 부르고 있다. 한국판으로는 K-CAT(김태련, 서봉연, 이은화, 홍숙기, 1976)가 있으며, 이것은 벨락(Bellak, 1975)의 CAT를 한국아동에게 적용할 수 있도록 개정한 것이다.

④ 좌절검사(Frustration test)

이 검사법은 정신분석학적 이해에 바탕을 둔 욕구좌절이론(theory of frustration)에 기초하여 만든 것이며, 대표적으로 그림좌절검사(Picture-Frustration test; P-F test)가 있다. 이 검사는 일상생활에서 누구라도 경험할 수 있는 욕구불만 장면을 보여 주는 만화풍의 그림에 대한 피조사자의 반응을 분석하여 욕구불만 상황의 대처법, 사회성, 정서발달, 공격성 등에 대한 것을 분석한다.

⑤ 바움(Baum)검사

A4 사이즈의 그림용지에 4B 연필로 '열매가 열리는 나무 한 그루'를 그리게 하는 극히 간단한 방법이다. 이 검사법에서는 그림의 어느 부분에 주목할 것인가에 따라 진단이 달라진다. 예를 들어 나무줄기의 끝부분 처리에 있어 그곳이 폐쇄되어 있는가 또는 개방되어 있는가에 따라 자아방어의 상태를 분석해 나가기도 한다. 그 외 가지와 잎의 우거진 부분, 지면선과의 관계, 음영 등에 주목하여 해석하기도 한다.

⑥ 인물화(Draw A Person; DAP)검사

일반적으로 A4 사이즈의 그림용지에 한 사람의 인물을 그리도록 하고, 그다음 다른 A4 사이즈의 용지에는 앞에서 그린 성(性)과 다른 성의 인물화를 그린다.

⑦ HTP(House Tree Person)검사

A4 사이즈의 용지에 집, 나무, 사람을 그리도록 하는 것으로, 집 · 나무 · 사람을 하나의 종이에 모두 그리도록 하는 방법과 하나의 종이를 세 개 구역으로 나누어서 그리도록 하는 방법, 하나의 종이에 자유롭게 그리도록 하는 통합법이 있다.

⑧ 동적가족화(Kinetic Family Drawing)검사

A4 사이즈의 용지에 '가족이 무언가를 하고 있는 장면'을 그리도록 한다. 이 검사법은 가족관계를 이해하는 매우 효과적인 방법이 될 수 있으며 가족 간의 거리, 가족들의 얼굴방향 등에 주목하여 해석하기도 한다.

(3) 작업검사법

이 검사법은 피조사자에게 일정한 작업재료로 특정의 작업을 하도록 하여 작업과정, 작업결과, 작업태도 등의 정보를 토대로 그 사람의 성격 특성이나 작업능력을 알고자 한다. 대개 이 검사법은 적성검사용으로 사용되고 있다. 작업검사법은 언어를 매개로 하지 않으며 검사의 실시를 객관적으로 조작할 수 있는 등 피검사자의 의도적 행위를 비교적 통제하기 쉽다는 이점은 있지만, 물체에 대한 조작을 중심으로 평가하는 비교적 좁은 측면의 인격검사라고 하는 평을 면하기 어렵다.

4 심리검사의 유의사항

인간은 그 내면에 여러 가지가 있으며, 상황에 따라 다양한 모습을 보여 주면서 끝없이 변화하는 존재이다. 그런데 심리검사를 실시할 경우, 상담사가 검사결과에 의해 고정적인 내담자관을 갖게 되고, 또한 검사결과에 대해 설명을 받은 내담자 자신도 자기의 모습을 고정적 관점으로 바라보게 되는 위험성이 있다. 특히 내담자 가운데 피암시성이 높은 사람, 즉 암시에 걸리기 쉬운 사람은 검사결과에 의해 자신의 모

든 것을 판단해 버리는 경향이 있어 앞으로의 변화 가능성이나 동기가 오히려 저하되는 문제가 발생할 수도 있다. 그러므로 검사결과의 피드백에 있어서는 치료에 대한 내담자의 동기가 약화되지 않고, 오히려 검사결과가 하나의 실마리가 되어 자기이해를 촉진시키면서 새로운 동기가 형성될 수 있도록 유도할 필요가 있다.

상담과정은 기본적으로 상담사와 내담자와의 신뢰관계 내지 인간관계에 기초를 두고 전개되고 있다. 그런데 상담사가 내담자를 대상으로 심리검사를 실시하고자 하는 경우, 이는 이제까지 두 사람 간의 인간관계의 틀에서 벗어난 고유 기준으로 상대방을 이해하고자 하는 접근이기 때문에 자칫하면 검사방법에 따라서는 상담사와 내담자와의 사이에 지금까지 다져왔던 신뢰관계가 손상을 입을 수도 있다. 그러므로 두 사람 간의 신뢰관계가 손상되지 않고 상담관계가 더욱 발전되도록 하기 위해서 심리검사시 상담사는 다음과 같은 사항에 대한 기본적 이해와 주의가 필요하다.

1) 실시목적의 명료화

먼저 심리검사는 반드시 분명한 목적을 갖고 실시해야 한다. 상담사가 내담자의 심리적 진단을 위해 참고자료가 필요한 경우나 효과적인 대응방법에 대한 판단, 상담이나 심리치료의 효과에 대한 평가 등을 할 필요가 있을 때 실시하게 된다. 이러한 분명한 목적을 갖고 검사를 실시해야 하며, 검사도구의 선택도 이에 따라 결정하게 된다.

만일 내담자로부터 심리검사에 대한 의뢰가 있어 실시하게 되는 경우라도 그 의뢰목적이 막연할 경우, 검사자는 질문 등을 통해 검사의 목적을 명확히 밝혀내야 한다. 그렇게 하지 않으면 검사자는 확신을 갖고 검사도구를 선택할 수 없으며, 또한 검사목적을 내담자에게 설명할 수도 없게 된다. 검사 실시에 관한 책임은 어디까지나 검사자에게 있기 때문에 항상 주체성을 갖고 검사를 실시해야 하며 기계적으로 실시해서는 안 된다.

2) 사전정보 입수와 도입

검사 실시 전에 검사대상자에 대한 일반적인 정보를 알아두는 것도 중요하다. 내담자의 성별, 연령은 물론 운동장애, 시각이나 청각장애 등의 신체적인 문제, 가족관계, 검사하기까지의 경과 등에 대해서도 미리 알아두는 것이 좋다. 병원이라면 상담기관으로부터의 소개장 등이 큰 도움이 되며, 이를 토대로 어떠한 검사가 필요한지를 검토하게 된다.

검사 실시의 시기에 대해서도 고려해야 할 사항이 있다. 일반적으로 내담자의 상태가 불안정하거나 심한 조증이나 우울의 상태, 정신병의 급성기 등의 상태에서는 검사 실시를 중단하거나 연기해야 한다. 집중력이나 정신적 작업이 요구되는 심리검사는 육체적·정신적 부담이 크고 쉽게 피로를 느끼기 때문이다.

3) 검사환경의 정비

심리검사를 실시할 때 먼저 검사환경의 정비가 필요하다. 개별 검사를 실시하는 경우는 내담자가 정신적 압박감을 느끼지 않도록 너무 크거나 작지 않은 적당한 크기의 방을 준비하는 것이 좋다. 그리고 밝은 조명과 소음이 없는 환경도 중요하다. 옆방에서 소리가 들리는 경우는 내담자가 검사에 집중할 수 없기 때문이다. 또한 검사자가 어디에 앉을 것인가 하는 문제도 중요하다. 내담자의 정면에 앉는 방법도 생각할 수 있으나, 검사에 대해 불안감을 느끼고 있는 내담자에게 심리적 압박감을 줄 수도 있기 때문에 공간이나 테이블의 크기를 고려하여 최대한 편안한 분위기를 느낄 수 있는 거리와 각도의 배려가 필요하다.

4) 검사자의 태도와 사전 설명

심리검사를 실시할 때 반드시 검사자가 염두에 두어야 할 사항은 검사 실시 전의 내담자와의 라포(rapport)형성이다. 검사는 내담자와의 관계를 통해서 실시되는 것이기 때문에 내담자의 반응은 두 사람의 관계에 의해 쉽게 영향을 받는다. 긴장상태에서는 내담자의 솔직한 반응을 얻기 어렵기 때문에 검사 장면에서는 내담자가 불안이나 긴장감을 느끼지 않도록 하는 두 사람의 관계형성이 전제되어야 한다. 이것은 상담 장면에서의 라포형성과도 동일하다.

상담사가 먼저 자기소개를 하고 내담자로부터 간단히 그동안의 경과 등을 듣는 시간을 갖는다. 상담사는 내담자의 감정을 배려하여 커뮤니케이션을 해나간다. 이러한 노력은 내담자가 평안한 가운데 상담사에 대한 신뢰감을 갖도록 하는 데 도움이 된다. 이때 유의할 점은 상담사의 지나친 배려가 오히려 내담자의 의존성을 강화시켜 버리는 문제가 발생할 수 있다는 것이다.

내담자와 라포가 형성되면 그다음에 검사 실시의 목적을 명확히 한다. 내담자의 입장에서 검사를 받는 경험은 반드시 좋은 느낌을 주는 것만은 아니다. 상담사가 검사결과로부터 나올 수 있는 진단이나 병명에 대한 내담자의 불안이나 긴장을 최대한 줄이고, 검사에 대한 내담자의 동의를 얻기 위해서는 내담자의 불안이나 저항을 최대한 줄이는 노력이 필요하다. 이런 노력은 검사에 적극적으로 참여하려는 내담자의 동기를 강화시키기도 한다.

5) 검사의 진행방법

검사는 안내서나 해설서에 의거하여 올바르게 실시되어야 한다. 특히 지능검사나 작업검사는 검사자가 실시방법을 충분히 숙지하고 엄정하게 실시해야 한다. 검사항목에 따라서는 시간의 제약이 있기도 하는 등 엄정한 지침의 준수가 요구되며, 유도적인 질문을 피하면서 중립적 태도를 견지하는 검사자의 태도가 중요하다.

투사법은 검사자의 교시는 명확히 제시되지만, 그 반응은 피검사자의 자유로운 반응이 요구되는 검사법이다. 이 때문에 피검사자의 상태나 상황을 충분히 검토하여 유연성 있게 대처하는 것이 중요하다. 때로는 내담자의 질문에 대해 반응하거나 질문방식을 변경해야 하는 경우도 있을 수 있다. 또한 검사자는 검사 중에 내담자의 행동에 대해서도 주의 깊게 관찰할 필요가 있다. 예를 들어 내담자의 소리 크기나 당황하거나 주저하는 태도 등의 행동은 내담자의 심리상태를 이해하는 데 유용한 정보가 될 수 있다. 내담자가 피곤해하는 경우 잠시 휴식을 취하도록 하는 배려도 필요하다.

6) 검사결과에 대한 태도

심리검사는 한 인간의 능력이나 성격특성 등을 측정하여 그 사람에 대한 이해를 돕기 위해 만들어진 것이다. 그러나 어떤 검사도구일지라도 완벽한 것은 없기 때문에 심리검사로부터 얻은 결과를 절대시해서는 안 된다. 검사결과는 심리학적 진단을 위한 하나의 참고자료에 불과하며 그 결과만으로 어떤 유형의 문제나 성격이라고 단정짓는 것은 위험하다. 상담사나 심리치료사는 내담자와 함께 하는 검사활동의 전개과정에서 관계형성이나 변화내용을 잘 파악하여 이후의 상담과 치료방향을 결정하는 데 참고가 되는 자료 내지 변화, 발전을 유도하기 위한 실마리를 얻는 데 초점이 맞추어져야 한다.

7) 검사결과의 전달

내담자에게 검사결과를 전할 때에는 세심한 주의가 필요하다. 치료를 담당하는 상담사가 결과를 전할 때는 검사결과가 현재 진행 중에 있는 상담에 도움이 될 수 있도록 해야 한다. 검사결과의 전달 시에는 내담자의 결점보다는 가능한 내담자가 갖고 있는 능력이나 자질 등 긍정적인 측면을 언급하는 것이 바람직하다. 긍정적인 측면의 전달은 내담자가 희망을 갖고 치료에 임하고 싶은 동기를 강화시킨다. 요즘 상담세계에서는 '레질리언스(resilience)'라는 개념이 종종 도입되고 있는데, 이 용어는 '회복력'이나 '복원력'이라는 뜻으로 이 개념에 기초한 상담에서는 내담자는 자신의 문제를 극복하는 힘을 갖고 있다는 믿음에서 출발하기 때문에 내담자의 문제에 초점을 맞추기보다는 그 사람의 내면에 잠재된 긍정적인 부분을 찾아서 그것을 본인이 지각하도록 도와주는 등 긍정적인 부분의 활용을 통해서 내담자의 문제를 풀어나가는 노력이 시도되고 있다(제2부 제7장 긍정심리학 상담 참조).

한편 검사결과에 대해 내담자의 생각을 들어보는 기회를 갖는 것도 중요하다. 이러한 기회를 통해 검사결과에 대해 내담자가 이해하거나 수용할 수 있는 부분과 이해 내지 수용하기 힘든 부분이 무엇인지를 명확히 할 수 있다. 검사결과는 이제까지 자신이 의식하지 못했던 부분까지 바라볼 수 있는 기회를 제공하기 때문에 상담과정에 도움이 될 수 있다. 그러나 심리검사는 어디까지나 내담자에게 심리적 상처가 되지 않도록 최대한 유의해야 한다는 점도 잊어서는 안 된다.

검사결과에 대해 상담사가 내담자에게 어느 정도의 수준까지 전달할 것인가 하는 문제도 있다. 이것도 결코 쉬운 문제가 아니다. 본인이 수용할 수 없는 검사결과를 전달할 경우 상담에 부정적인 영향을 줄 수 있기 때문에 검사결과의 전달이 항상 유익하다고만 할 수 없다. 상담사의 전문적인 판단과 능력이 더욱 요구된다.

끝으로 심리검사의 결과는 상당히 개인적인 것이기 때문에 외부 누출에 유의해야 하며, 이 문제는 임상업무에 종사하는 사람으로서는 특별히 엄수해야 할 상담사의 윤리이기도 하다.

C o u n s e l i n g   P s y c h o l o g y

제 2 부

상담 이론과 기법

제 1 장 정신분석 상담

1 정신분석적 인간이해

정신분석학(Psychoanalysis)에서는 인간의 심리적 적응의 중추적인 역할을 하는 정신은 의식, 전의식, 무의식의 세 영역으로 구성되어 있다고 본다. 무의식에 속하는 것은 의식이 되면 고통이 수반되기 때문에 억압상태에 있다. 억압상태에 있는 내용들은 정신분석에 의해 비로소 의식화될 수 있다고 본다.

정신구조는 원초아(id), 자아(ego), 초자아(super ego)의 세 영역으로 구성되어 있다. 이드(id)는 정신에너지의 저장고와 같은 것이며 내적 욕구와 충동의 원천이다. 출생한 지 얼마 되지 않은 아기는 이드의 모습을 그대로 보여 주고 있으며 외적 환경의 적응능력이 상당히 낮은 상태라고 할 수 있다. 이처럼 이드는 정신에너지를 방출시켜 즉각적인 욕구를 충족시키고자 한다. 그러나 자아는 이드의 원시적 욕구와 외적 세계와의 관계를 파악하여 더욱 현실적인 선택이 가능하도록 조절한다. 이런 자아의 기능이 발달하면 할수록 환경의 적응력은 향상된다. 또한 여기에는 현실원칙에 얽매여 있는 자아에 대하여 보다 성숙한 도덕적 판단을 통해 윤리적 기준을 높여 주는 초자아가 개입한다. 초자아의 개입으로 자아가 더욱 발전적인 모습을 보이게 되면 자아는 외부세계의 요청으로 인해 생성되는 긴장을 적절하게 억제하면서 내적 욕구를 현실조건에 맞는 형태로 수정하거나 보다 건설적인 형태로 변화시켜 나가게 된다. 자아가 이런 기능을 원만하게 수행할 때 적응능력은 더욱 증대된다.

성숙하고 건강한 인격체라고 하는 것은 내적 요구와 외부로부터의 압력에 현실적으로 대처할 수 있는 자아의 힘에 달려 있다. 건강한 자아를 갖고 있는 사람은 사소한 일에 너무 예민하게 반응하지 않으며 타인에 의존하지 않고 주체적으로 의사결정을 하고 이에 따른 결과에 대해 책임감 있게 행동한다. 또한 목적 달성을 위한 수단은 상황에 적합한 것을 선택하며 타인의 언행에 일방적으로 좌우되지 않고 주체적인 태도를 취하면서 자기실현을 위한 잠재적 능력을 최대한 발휘해 나간다.

2 심리적 문제에 대한 이해

프로이트(Freud, S.)의 정신분석은 인간의 심리적인 문제를 '과거의 성적(性的) 갈등을 무의식 세계에 억압함으로써 생성되는 것'으로 이해하고 있다. 그러므로 신경증 등의 심리적 문제는 이러한 무의식적 갈등을 의식하도록 할 때 치료 가능하다고 본다. 이런 생각은 당시 히스테리 환자를 대상으로 경험한 다음과 같은 치료 사례에서 비롯되었다. 원인불명의 두통과 구토증세로 고통받고 있는 한 여성 환자에 대해 프로이트는 그 문제와 관련된 일들에 대해서 연상을 하도록 유도하였다. 그러자 그녀는 사춘기 시절 아버지로부터 당한 성적 유혹의 경험을 이야기하였고, 이로 인한 불쾌감을 표출한 이후로는 점차 증세가 호전되어 나갔다. 또한 프로이트는 다리 통증으로 인해 보행이 힘든 한 여성의 사례를 들고 있다. 그는 이 여성으로부터 이런저런 이야기를 듣는 가운데 의외의 사실을 알게 되었다. 즉, 그녀에게는 예전에 마음을 두고 있었던 남자가 있었지만, 아버지의 병간호 때문에 제대로 사귀질 못했던 것이다. 그리고 자신의 다리가 아픈 부분은 아버지의 다리를 붕대로 감기 위해서 자신의 다리에 올린 부분이었다는 것이다. 또한 그녀는 언니의 남편에 대해 호감을 갖고 있었는데 언니가 죽고 나서 '이제 형부와 결혼할 수 있다'라고 생각하는 가운데 통증이 더 심해졌다. 치료과정에서 본인이 이런 억압된 욕구를 그대로 의식하고 통찰해 나가게 되면서 그녀의 증상은 사라지게 되었다. 그리고 다른 남성과의 결혼도 원만하게 이루어졌다. 이런 치료경험을 통해서 프로이트는 잠재적 갈망이나 욕구가 현실적 해결책을 찾지 못하고 마음의 상처(trauma)가 되어서 무의식 세계에 억압되어 있으면, 그 에너지는 형태를 바꾸어서 히스테리 증상으로 나타난다고 보았다.

3 정신분석 심리치료

1) 정신분석의 목표

프로이트는 정신분석의 목표를 다음과 같이 기술하고 있다. 정신분석의 목표는 인간의 내면에서 솟구치는 욕구나 충동을 현실적 관점에서 조정하며, 내담자가 보다 깊은 자기인식을 바탕으로 한 자기통제능력의 강화를 지원하는 데 있다. 이것은 내담자가 보다 자율성을 획득하도록 지원하는 것이며, 또한 내담자가 자신의 가능성을 스스로 발견하고, 그 가능성을 더욱 발휘할 수 있도록 인생을 선택하거나 결정하는 능력을 획득하는 것을 말한다. 이를 위해 정신분석은 내담자가 심리적 통합체험을 통해서 인격 또는 정신적 성숙의 촉진을 지원하는 데 그 기본목표를 둔다.

2) 정신분석의 치료과정

정신분석 상담의 치료과정은 기본적으로 내담자의 부적응 행동이나 증상의 원인이 되고 있는 억압된 무의식적 욕구나 갈등, 동기 등이 치료사의 도움을 통해 의식의 과정을 거쳐 궁극적으로 이에 대해 내담자가 통찰, 즉 이해와 수용이 가능하도록 유도하게 된다. 이렇게 보면 프로이트의 정신분석적 심리치료는 내담자의 자기통찰이 중심적인 역할을 한다고 볼 수 있다. 즉, 치료과정의 핵심은 내담자가 '자기 자신이 무엇을 하고 있으며, 왜 그렇게 해야 하는지'에 대해서 의식하지 못하고 있는 동기를 의식과 함께 통찰하도록 한다. 이를 위해서는 내담자의 심층심리(무의식)를 명확히 해야 할 필요가 있다. 무의식의 명료화를 위한 기법으로는 주로 자유연상법이 사용되고 있다.

프로이트는 처음에는 샤르코(Charcot, J. M.) 박사가 최면에 의해 히스테리 증상을 생성시킬 수 있다는 사실에 착안하여 환자를 최면상태로 유도하여 증상과 관련된 '마음의 상처'를 밝히려고 하였다. 그러나 최면으로는 각성(覺醒) 후 의식이 불충분하기도 하고 치료사에 대한 의존이 강화되는 등의 문제가 발생하자, 이후부터는 거의 자유연상법을 사용하였다.

'자유연상법(free association method)'이란 환자가 머릿속에 떠오르는 내용을 있는 그대로 이야기하게 하는 것으로서, 그 내용이 아무리 엉뚱하거나 황당한 것일지라도 또는 문제나 증상과 관련이 없는 내용일지라도 그 모든 것을 치료사에게 자유롭게 이야기하도록 유도하는 기법이다. 치료사는 자유연상법을 통해 나온 환자의 이야기를 면밀히 분석하여 환자의 무의식적 갈등이나 억압된 욕구를 해석해 나간다. 그리고 해석한 내용을 환자가 이해와 수용, 즉 통찰을 하도록 유도해 나가는 과정을 밟게 된다.

그런데 환자의 무의식적 갈등이나 억압된 욕구를 밝힌다는 것은 내담자(환자)의 입장에서는 고통스럽고 인정하기 힘든 과정이기 때문에 내담자의 자아는 다양한 방어기제를 이용하여 의식에 저항한다. 예를 들어 사회적으로 용납하기 힘든 욕구를 무의식으로 '억압'하거나, 그러한 욕구를 갖고 있지 않다고 '부정'하거나, 이런저런 이유로 변명하면서 마치 자신에게는 그런 욕구불만이 없는 것처럼 '합리화'하거나, 자신의 이런 욕구를 타인의 것처럼 '투사'한다든지, 타인과 자신은 동일한 것처럼 '동일시'한다든지, 그런 욕구와 반대되는 행동을 취하는 '반동형성'의 모습을 보이기도 한다.

여기서 특히 프로이트는 치료사에 대한 내담자의 감정전이를 분석함으로써 내담자의 핵심적인 갈등에 접근하려고 하였다. '전이'란 부모 등 중요한 대상에 대해서 느꼈던 감정을 다른 사람에게로 향하는 것을 말한다. 프로이트는 내담자가 종종 잠재적 갈등에 관련된 중요한 타인의 이미지를 치료사에게 투사하여 감정전이를 일으키기 때문에 이것을 분석함으로써 문제의 핵심에 접근할 수 있다고 보았다.

프로이트의 치료사례에서 '전이'의 한 예를 들어 보자. '한스'라고 하는 남자아이(5세)는 말에 대한 공포증으로 인해 밖에 나가지 못하고 집에서만 시간을 보내는 문제가 있었다. 프로이트는 자료분석을 통해 한스가 말을 무서워하는 이유는 말 그 자체가 아니라 아버지이며, 아버지에 대한 두려움이 무의식적으로 말에게 전이된 것으로 해석을 하였다. 프로이트의 이론에서는 아버지에 대한 두려움이 말에게 전이된 배경을 이렇게 설명하고 있다.

프로이트의 발달이론에서 살펴보면 한스의 연령은 오이디푸스 갈등기에 해당되며, 이 시기의 아이는 부모에 대한 애정과 적대감정을 적절하게 처리하지 못하면 이성(異性)의 부모(한스의 경우는 어머니)에 대해서는 지나친 애착을, 동성(同性)의 부모(한스의 경우는 아버지)에 대해서는 질투와 적대감정을 가지게 된다는 것이다. 한스의 경우, 오이디푸스 갈등기의 문제를 적절하게 처리하지 못한 경우이며, 이로 인해 한스는 아버지로부터 벌을 받게 되어 거세당하지 않을까 하는 불안감에 휩싸이면서 심리적 안정을 잃었던 것이다. 그래서 한스는 무의식적으로 이 불안을 제거하기 위하여 '전이'라는 방법을 사용하였다. 한스는 이런 무의식적 자아방어기제를 활용하여 아버지가 아니라 말이 자신을 공격하고 있다고 생각을 하게 되고, 그 결과 말에 대한 두려움을 갖게 되었던 것이다.

이처럼 정신분석적 심리치료에서는 문제행동이나 증상의 배경에는 반드시 무의식적 심리가 작용한다고 보고 있으며, 이런 무의식적 동기를 내담자가 의식하고 통찰하게 되면 문제나 증상은 해결될 수 있다고 본다.

3) 정신분석의 치료기법

내담자의 통찰을 유도하기 위해 치료사가 의도적으로 사용하는 기법에는 기본적으로 직면화, 명료화, 해석기법이 있다. 이 가운데 특히 해석기법이 가장 널리 사용되고 있다.

(1) 직면화

이것은 내담자가 깨닫지 못하고 있는 욕구나 감정, 태도 또는 특정 영역에 대해 관심을 환기시켜서 문제를 파헤치기도 하고 내담자가 깨닫게 하는 것을 말한다. 또한 언행의 불일치 등을 포함해서 태도, 발언, 표정 등에 대해 일관성이 부족한 점을 지적하는 것도 직면화에 포함된다. 단, 이때 내담자가 방어적 자세를 취하지 않도록 부드러운 지적의 형태로 접근하는 것이 중요하다.

(2) 명료화

'명료화'란 내담자의 이야기 내용 가운데 추상적이거나 애매모호한 부분에 초점을 맞추어서 질문을 통해 명확히 해나가는 기법을 말한다. 경우에 따라서는 내담자가 언급한 내용을 그대로 또는 그 일부를 강조하여 반복함으로써 문제의 중요한 측면을 부각시키는 방법도 사용한다. 또한 내담자의 이야기 내용 가운데 감추어진 갈등이나 욕구의 핵심적인 부분을 파악하여 그것을 내담자가 명확하게 하도록 언어화한다.

(3) 해석

'해석'이란 내담자의 사고나 감정, 행동의 이면에 감추어진 욕구나 의미, 동기 등을 파악해서 이런 것을 내담자가 깨닫도록 하기 위해 언어적으로 대응하는 기법을 말한다. 내담자의 내적 세계에 대한 이해만큼, 해석도 심리치료사의 중요한 역할이다. 내담자의 통찰을 유도하기 위해 다음과 같은 방법을 사용한다.

① 이야기 내용의 일부를 강조한다.

② 이야기 내용을 요약한다.

③ 놓쳐버린 상황이 있다면 그것을 명확히 하기 위해 이야기 내용을 반복한다.

④ 이야기에 수반되는 감정을 반영한다.

⑤ 증상과 감정과 갈등의 관계를 연결해 본다.

⑥ 문제를 깊이 있게 생각하도록 하기 위해 긴장상태를 유지한다.

⑦ 무의식적 내용을 의식시키기 위해서 해석하는 방법을 사용한다.

해석은 기본적으로 내담자가 충분히 이해할 수 있도록 쉬운 단어로 표현하며, 또한 요점을 간단하게 정리한 형태로 하는 것이 바람직하다. 은유나 유추를 사용하는 것도 효과적이다. 단, 해석은 무엇이든지 해도 좋다고는 할 수 없다. 먼저 분석가는 자신의 해석이 문제의 핵심을 정확히 간파하고 있다고 하는 합리적인 근거가 있어야 한다. 또한 내담자도 자신이 해석되고 있다는 사실에 대해서 조금씩 의식하고 있다는 것이 분석가에 의해 확인되어야 한다. 섣부른 해석은 내담자의 저항을 초래 내지 강화하기 쉽다.

물론 내담자에게 툭툭 내던지는 말투라든지 비난, 조소 등의 뉘앙스를 느끼게 하는 해석은 금물이다. 또한 해석의 대전제로서 내담자와 분석가 사이에 상호 신뢰관계와 공감적 이해가 없다면 내담자의 자기성찰, 나아가 자기통찰의 촉진효과는 기대하기 어렵다. 심리치료의 한 섹션에서 해석의 타이밍은 원칙적으로 상담 직후와 종료 직전에는 해석기법을 사용하지 않는 것이 바람직하다. 단, 심리적 안정을 느끼게 하는 해석은 종료 직전에, 불안을 느끼게 할 수 있는 해석은 상담 전반부에 하는 것이 바람직하다.

해석에는 내담자가 받아들이는 것도 있고 내담자에게 거부되는 것도 있을 것이다. 또한 긴장이나 불안을 느끼게 하는 것도 있다. 해석을 받아들이는 경우는 그 정도에 상응한 분석가에 대한 긍정적 태도가 수반된다. 해석의 타이밍이 적절하지 않거나 정확한 해석이 아닌 경우는 긴장이나 불안을 생성시키기 쉽다. 이 경우는 잠시 해석을 자제하고 먼저 내담자의 심리적 안정이 회복되도록 지원해야 한다. 또한 해석의 정확성이 떨어지거나 자기성찰에 대한 내담자의 마음의 준비가 없는 경우는 해석이 거부되기도 한다. 그 징후는 화제의 변화, 집중력 약화, 분노, 회피, 감정적 변화가 없는 위장된 수용 등의 형태로 나타난다. 이런 경우 분석가는 먼저 내담자의 심리적 안정을 위해 노력하고 내담자와의 신뢰관계가 형성되도록 노력해야 한다.

4) 정신분석의 치료효과

정신분석은 인격의 재구성을 목표로 하고 있지만, 결코 그 사람다움을 변화시켜야 한다는 의미는 아니다. 상담이나 심리기법에 관계없이 상담(치료)이 종결된 후에는 그 사람다움이 남아 있어야 하는 것이 바람직하다. 정신분석적 심리치료의 결과로써 기대할 수 있는 효과는 다음 다섯 가지이다.

① 심리적 안정의 효과: 정신분석가의 공감적 태도에 의해 내담자의 감정표현이 자유로워지면서 심리적 안정을 회복하게 된다.
② 카타르시스 효과: 감정표현의 자유와 함께 수반되는 감정의 정화효과이다.
③ 통찰효과: 해석에 의해 촉진되는 내면에 대한 직시와 이로 인한 깊은 자기이해의 상태이다.
④ 받아들이는 효과: 분석가의 지원에 의해 촉진되는 대상표상의 내재화를 말한다.
⑤ 성장효과: 카타르시스, 통찰, 수용에 수반되는 자아의 재통합에 바탕을 둔 자아정체성의 발달이다.

4 정신분석 심리치료와 정신역동 심리치료의 차이

정신분석이론과 정신역동이론은 대부분의 책에서 거의 개념을 구분하지 않고 동의어로 사용하고 있다. 그러나 고전적 정신분석이론과 정신역동이론과의 사이에 몇 가지의 부분에서 구분을 짓고 두 이론의 차이를 설명하기도 한다. 이 두 이론에 기초한 심리치료의 차이를 간단히 설명하면 다음과 같다.

정신분석 심리치료(psychoanalytic psychotherapy)는 프로이트가 제창한 심리치료법이며, 환자의 무의식의 세계에 초점을 맞추어 문제의 원인을 탐색한다. 이를 위해 꿈이나 과거의 체험 등에 주목하여 심리적 문제의 해결을 시도하는 치료법이다. 한편 정신역동 심리치료(psychodynamic psychotherapy)는 프로이트 이후의 학자들이 정신분석이론을 좀 더 발전, 확장시킨 이론으로, 무의식만이 아니라, 마음속에 다양한 심리적 에너지의 충돌에 주목하고 있다. 그래서 여기서는 무의식만이 아니라, 인간관계의 영향, 마음과 환경의 상호작용 등을 포함해서 보다 인간의 광범위한 심리적 움직임을 분석하여 치료적 접근을 한다.

제 2 장 행동주의 상담

1 행동주의 상담이란

행동주의적 상담은 일명 '행동치료(behavior therapy)'로 불린다. 행동치료는 정신분석적 심리치료와는 달리 기본적으로 인간의 심적 과정의 추정과 그 조작보다는 과학적 방법에 근거한 객관성을 중요하게 생각하면서 외현적으로 관찰 가능한 행동이나 증상에 초점을 맞추어 환경자극의 조작을 통해 그 변화를 지원하는 기법이다. 행동치료의 기본사상은 과학에 근거한 실증주의와 경험주의에 뿌리를 내리고 있으며, 심적 과정을 추정하거나 직관적 관점을 철저하게 배제하고 있다. 그래서 아이젠크(Eysenck, H. J., 1976)는 행동치료를 '학습이론의 원리에 근거하여 인간의 행동이나 정서를 수정하는 치료기법'이라고 하였다. 이처럼 행동치료의 기본 출발점은 인간의 행동에 관해서 실험적으로 확립된 행동원리에 바탕을 두고 거기에서 나온 이론적 지식을 치료기법에 응용하는 접근법이다.

최근에는 행동치료 기법의 발전으로 치료기법이 다양해지면서 하나의 학습이론만으로 치료적 접근을 하기보다는 좀 더 포괄적인 행동주의 상담이 필요하다는 주장이 나오고 있다. 대표적인 이론이 반두라(Bandura, A., 1977)의 사회학습이론(social learning theory)이다. 이 이론에서는 인간의 행동은 내적 요인도 관여하고 있기 때문에 기대나 사고등의 내적 요인도 함께 고려한 포괄적인 행동주의 상담을 해야 한다는 주장이다. 또한 인간의 행동 변화에 있어 인지의 역할을 강조하는 이론도 등장하면서 인지의 변화에 의한 행동수정을 유도하는 인지행동치료도 소개되고 있다.

이처럼 행동주의이론은 하나의 통일된 모습은 아니지만, 기본적으로 다음과 같은 공통점이 있다. 그것은 외부에서 관찰 가능한 행동과 이와 관련된 자극의 연합을 중요하게 생각하고 있다는 점, 시간적으로는 과거의 어느 시점에서 발생된 행동이 아니라 '지금, 여기'의 행동에 초점을 맞추고 있다는 점, 그리고 문제행동의 개선을 위해서는 적절한 학습이 가장 효과적이며, 그 학습의 내용과 방법은 각 내담자에 맞추어서 구체화된 치료목표의 설정이 필요하다는 점이다. 그러므로 행동주의 상담에서는 내담자와의 대화를 통해서 목표행동을 명확히 하고, 목표를 어떻게 달성해 나갈 것인가에 대해 구체적으로 계획을 세우게 된다. 즉, 현재의 문제행동을 어떻게 개선해 나갈 것인가, 바람직한 행동형성을 위해서 어떻게 하면 좋은가, 어떤 기법을 사용할 것인가 등에 대해서 내담자와 충분히 이야기하면서 진행하게 된다.

2 문제행동에 대한 이해

행동치료는 과학에 근거한 실증주의와 경험주의를 중요하게 생각하고 있다. 그래서 검증되지 않은 심적 과정을 추정하거나 직관을 철저하게 배제한다. 엄밀하게 말하면 인간행동에 관해서 실험적으로 확립된 행동원리만을 행동개선의 치료기법으로 활용한다. 이렇게 보면 행동주의적 상담은 아이젠크가 정의한 것처럼 "현대 학습이론의 원리에 근거하여 인간의 행동이나 정서의 변화를 유도하는 치료기법"이라고 할 수 있다. 그러나 최근에는 행동치료의 발전으로 단순히 하나의 학습원리로 정의할 수 없는 치료기법들이 소개되고 있다. 하지만 어떤 기법이든 행동치료는 기본적으로 경험주의에 바탕을 두고 있으며 여기에서 나온 경험적 지식을 치료기법에 응용하고 있다는 공통점이 있다. 행동치료적 관점에서는 인간의 부적응 행동에 대한 이해는 생활의 과정에서 학습된 것이라고 보고 있다. 부적응 행동을 분석적으로 나누어 보면 다음의 두 가지 경우가 있다. 하나는 이제까지 적절한 학습의 기회가 없었기 때문에 적응적인 행동을 취할 수 없는 경우, 또 하나는 이미 그릇된 학습으로 인해 부적응 행동이 생성된 경우이다. 전자라면 상담사는 적극적으로 적응행동을 학습할 수 있는 방법을 제공하게 되며, 후자라면 부적응 행동의 소거라든가 학습을 수정하는 접근법을 사용하게 된다.

3 행동치료의 준거이론

어떤 상담이나 치료기법이든 그것을 적용하기 전에 먼저 그 기법이 어떤 이론에 준거하고 있는가를 이해해야 한다. 앞에서도 언급했듯이 행동치료는 학습이론에 준거하고 있으며, 학습이론은 일반적으로 크게 연합주의 학습이론과 인지학습이론으로 나뉜다. 여기서는 행동치료의 대표적인 준거이론인 조건형성이론과 사회학습이론을 중심으로 설명한다.

1) 조건형성이론

(1) 고전적 조건형성

인간의 불안, 긴장, 공포 등의 정서반응이나 호흡, 땀 분비, 심장박동, 혈압 등의 자율적 불수의적 반응에는 이 조건형성이 관여하고 있다고 본다. 이 형태의 조건형성을 일명 '고전적 조건형성(classical conditioning)'이라 부르고 있으며, 이 원리에 대한 설명으로 소개되는 대표적인 실험은 개를 대상으로 한 파블로프(Pavlov, I.P.)의 실험이다. 개에게 먹이(무조건 자극)를 제공하면 침액 분비(이때는 무조건반응)라고 하는 본능적 반응이 나타난다. 파블로브는 개에게 먹이 제공 시에 벨소리도 함께 제시하는 실험적 조작을 수차례 실시하였다. 그 결과, 이제는 벨소리(조건자극)만으로도 침액 분비(조건반응)현상이 나타난다는 사실을 발견하였다. 처음에는 중성자극이었던 벨소리가 침액 분비현상을 유발시킨 것이다. 이것은 새로운 반응학습의 형성을 말하고 있다. 즉, 처음에는 벨소리와 침액 분비가 무의미한 관계였지만, 실험적 조작에 의해 이 자극과 반응이 유의미한 관계로 학습된 것이다.

일상생활에서 이런 조건형성의 원리로 설명할 수 있는 현상은 얼마든지 발견할 수 있다. 예를 들어 아이가 병원에서 흰옷 입은 간호사로부터 아픈 주사를 맞는 경험을 몇 번 하게 되면 이제는 주사를 맞기도 전에 흰옷을 입은 사람을 보면 무서움을 느끼는 반응을 볼 수 있다. 불안이나 공포에 의한 이런 부적응 행동은 대개 이런 형태의 조건형성이 관여하고 있다고 본다.

(2) 도구적 조건형성

부모들은 대개 아이의 바람직한 행동에 대해서는 칭찬을 하고, 바람직하지 못한 행동에 대해서는 꾸중이나 체벌 등의 방법을 통해 행동을 지도한다. 이런 지도 방식은 오페런트 조건형성(operant conditioning)에서 말하고 있는 학습원리와도 같다.

오페런트 조건형성의 기본적인 생각은 '행동은 그 행동에 수반되는 결과에 의해 결정된다'는 것이다. 학습심리학자 스키너(Skinner, B. F., 1957)는 새가 원반을 쪼아대면 먹이가 나오는 상자(일명 스키너 상자라고 함)를 이용하여 여러 가지 실험을 하였다. 새는 우연히 원반을 쪼아대는 행동을 시도했을 때 먹이구멍에서 먹이가 나온다는 사실을 경험하게 된다. 이런 경험을 반복적으로 하게 되자, 새는 계속적으로 원반을 쪼아대는 행동을 보인다. 스키너는 원반을 쪼아대는 행동의 발생빈도가 많아진 이유는 이 행동에 수반되는 먹이 때문이라고 보았다. 새가 원반을 쪼아대는 행동은 먹이를 얻기 위한 수단 또는 도구적 행동이기 때문에 이런 형태의 조건형성을 소위 '도구적 조건형성(instrumental condition)'이라 한다.

결론적으로 도구적 조건형성이론에서는 행동의 발생빈도는 이에 수반되는 결과에 의해 증감된다고 보고 있다. 그래서 이 이론에 기초한 행동지도는 행동에 따른 수반적 반응(contingencies)의 조작을 통해 행동 변화를 유도하게 된다. 어떤 행동의 수행에 의해 보수(상)가 수반되면 그 행동의 발생빈도는 높아지는데 이 과정을 '강화(reinforcement)' 절차라고 하고, 이때 사용된 보수는 '정적 강화제(positive reinforcer)'라고 한다. 만일 반대로 어떤 행동에 따른 반응으로써 아무런 보수가 수반되지 않으면 그 행동의 발생빈도는 점차 감소될 것으로 예상되며, 이런 현상을 학습이론에서는 '소거(extinction)'라고 한다. 예를 들어 바람직하지 못한 행동을 보인 아동에 대해서 그것을 강화하지 않거나 무시하여 행동을 수정한다면 '소거'기법에 의한 행동지도가 되는 것이다. 한편 바람직하지 못한 행동에 대해서 불쾌자극을 제시하여 행동을 수정하고자 한다면 이런 형태의 지도는 '벌(punishment)'이라고 하는 대응법이 된다.

2) 사회학습이론

조건형성이론에서 주장하는 학습원리는 어디까지나 직접적 체험을 통해서만 이루어진다는 논리이지만, 사회학습이론(social learning theory)에서는 타인의 행동을 관찰하는 것만으로도 학습이 가능하다고 보았다. 반두라는 이것을 관찰학습(observational learning) 또는 모델링 학습(modeling learning)이라고 불렀다. 사람은 타인의 행동(모델)에 대한 관찰을 통해서도 이제까지 자신의 행동 레퍼토리에 없었던 행동패턴을 새롭게 습득할 수 있다는 것이다(관찰학습 효과). 인간은 타인의 행동에 대한 관찰을 통해서 사회적으로 수용되는 행동은 모방하지만, 타인의 행동이 부정적 결과를 초래할 경우는 자신의 행동을 억제하는 반응을 보인다. 이처럼 관찰학습에는 모델에 따라 반응촉진효과 또는 반응억제효과가 나타난다. 모델링 학습은 다음 네 가지 하위과정에 의해 형성된다.

주목과정	관찰자가 모델의 행동에 주목한다.
기억과정	관찰을 통해서 얻은 정보를 기억한다.
운동재생과정	기억된 정보를 실천을 통해 학습한다.
동기화과정	강화를 받게 되면 동기형성이 더욱 높아지고 이로 인해 학습은 더욱 진행된다.

반두라는 조건형성학습과 모델링 학습, 여기에다 인지요인도 포함한 포괄적인 학습이론, 즉 사회학습이론을 제안하였다. 이 이론에 의하면 인간의 행동은 그 사람을 둘러싼 선행요인과 그 행동에 수반하는 결과요인(환경요인), 그리고 그 사람 내부의 인지요인에 의해 좌우된다고 본다. 인지요인에는 여러 가지가 있지만, 여기에는 '기대(expectation)'가 중심 역할을 하고 있다. 특히 '지금, 여기'에 주어진 과제를 잘 수행할 수 있다는 그 사람의 확신 또는 자신감을 소위 '효능감 기대(일명 자기효능감, self-efficacy)'라고 명명하면서 행동 변화의 중심개념으로 보았다. 인간의 행동은 환경요인과 인지요인의 영향을 받지만, 한편으로 행동요인에 의해 환경요인도 인지요인도 각각 영향을 받기 때문에 이 세 요인은 서로 영향을 주고받는 관계에 있다고 할 수 있다. 반두라는 이 세 요인의 관계를 '상호 결정주의(reciprocal determinism)'라고 하는 관점에서 설명하고 있다(그림 2-1).

'상호 결정주의' 관점에서 보면 인간은 외부자극을 무조건적으로 받아들이는 것이 아니라, 그 사람 나름대로 그 자극을 해석·이해하고 이를 토대로 반응하고 행동하는 존재가 된다. 그러므로 동일한 자극에 대해서 동일한 반응을 보이는 것이 아니라, 그 사람의 인지내용에 따라 반응방식, 즉 행동이나 정서상태가 달라진다. 최근에는 인지의 변화를 유도하여 행동이나 정서의 변화를 기대하는 인지행동치료가 개발되면서 주목을 받고 있다.

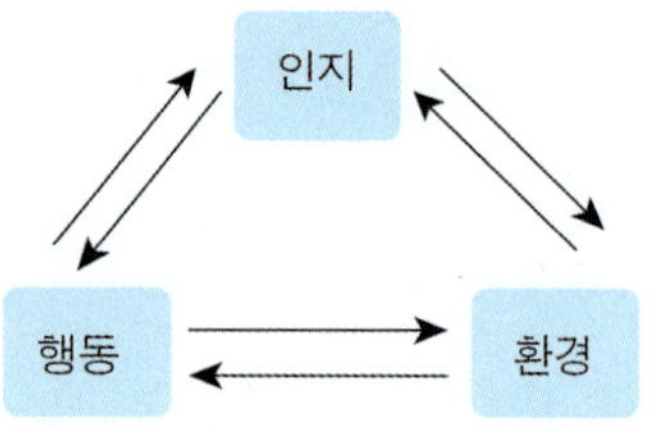

그림 2-1 인지, 행동, 환경의 상호 영향적 관계 (Bandura, A., 1977)

4 행동평가

행동치료가 효과적인 치료법이 되기 위해서는 먼저 그 전제가 치료대상인 행동이나 증상에 대한 정확한 행동평가가 이루어져야 한다. 행동치료에서는 내담자에 대한 행동평가를 통해 지금 내담자에게 문제가 되고 있는 행동을 명확히 하고, 동시에 그 행동에 관여하고 있는 요인을 밝혀내어 그것을 조작하기 위한 적절한 치료기법을 선택하고 적용하는 절차를 밟는다.

행동평가의 순서는 먼저 문제가 되고 있는 행동을 명확히 하는 것으로부터 시작한다. 문제가 되는 행동이란 개인이 고민하거나 주위에서 힘들어하는 행동을 말하며, 이 행동을 행동치료에서는 '표적 행동(target behavior)'이라고 한다. 행동평가에서는 이 행동의 출현이나 지속에 영향을 주는 요인에 대한 분석을 한다. 문제행동은 어떤 선행자극에 의해 생성되었으며(S), 내담자는 그 자극을 어떻게 해석하고 인지하고 있는가(O), 이에 의해 어떤 반응(행동)이 나타나는가(R)를 분석하게 된다. 이 반응에 수반되는 경험(K)에 의해 새로운 반응결과가 나타난다(C). 이러한 연결고리가 형성되는 가운데 부적응 행동이나 문제행동이 생성되어 지속 · 고착된다(그림 2-2).

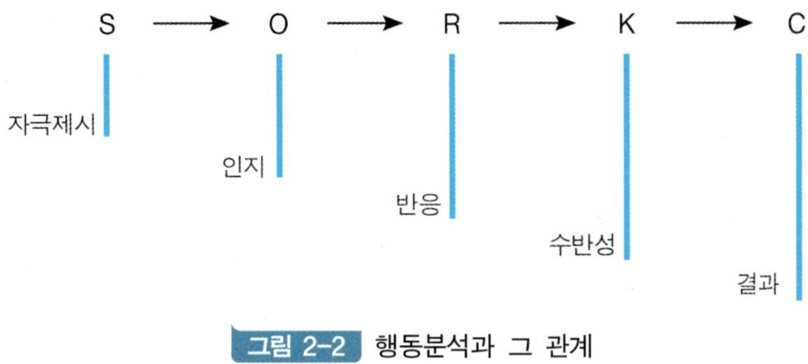

그림 2-2 행동분석과 그 관계

5 치료기법과 적용

행동치료에는 다양한 기법이 있으며 부적응 행동의 평가에 의해 각 문제나 증상에 적합한 기법을 선택한다. 심리치료세계에서는 현재도 다양한 치료기법이 개발되고 있으며, 또한 몇 가지의 기법을 통합한 다의적(多義的) 기법도 소개되고 있다. 여기서는 행동치료에서 자주 이용하고 있는 기법을 중심으로 소개한다. 여기에 대해서 좀 더 자세한 내용을 알고자 하는 사람은 『아동상담』(현정환, 2019)을 참조하기 바란다.

1) 체계적 둔감법

체계적 둔감법(systematic desensitization method)은 행동치료의 선구자라고 할 수 있는 남아프리카 정신과 의사 조셉 울프(Wolpe, J., 1958)에 의해 제안된 기법으로 주로 신경증적 공포증이나 불안장애, 불안으로 인한 회피행동을 하는 사람들에게 효과적인 기법으로 알려져 있다. 그 방법은 불안을 역제지하면서 동시에 공포대상을 점진적으로 접근시켜 이에 익숙하도록 하는 가운데 최종적으로 공포감을 극복시켜 나간다. 이 기법은 먼저 내담자가 떠올리는 이미지에서 불안감이나 공포감을 해소시켜 나가는 지원을 하게 되며, 이런 치료과정을 통해 궁극적으로는 현실에서의 부적응 행동이 수정되도록 한다.

치료과정은 먼저 공포증에 대한 불안계층표를 만든다. 시험에 대한 불안감이 너무 강해 시험을 매번 망치고 있다고 호소하는 내담자의 경우를 예로 들어 설명해 보자. 내담자와의 대화를 통해서 먼저 시험에 대한 불안계층표를 다음과 같이 만든다.

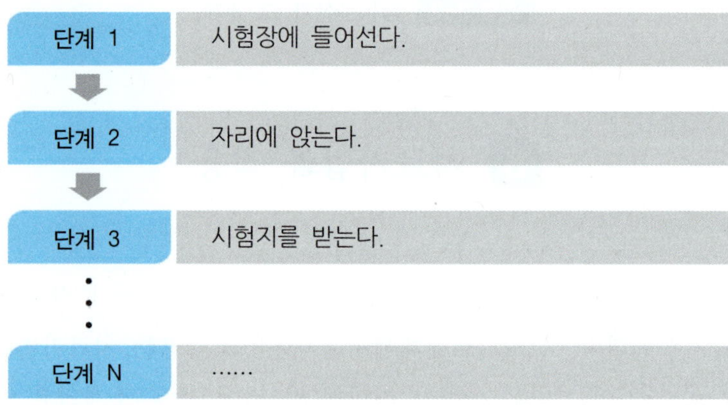

내담자는 심신이 편안하고 안락한 상태에서 상담사의 유도에 의해 이런 일련의 불안 장면에 대한 이미지를 머릿속에서 단계적으로 떠올린다. 상담사는 낮은 계층의 불안자극 이미지에서부터 점진적으로 높은 계층의 불안자극 이미지로 옮겨가는 가운데 내담자가 주관적으로 느끼는 불안감정을 극복해 나가도록 지원하게 된다.

이 기법에는 불안자극을 이미지로 도입하는 것이 아니라, 처음부터 실제의 불안자극이나 공포자극을 점진적으로 접근시켜 나가는 방법을 도입하는 경우도 있다.

2) 오페런트 조건형성법

오페런트 조건형성법(operant conditioning method)은 도구적 조건형성의 원리를 행동수정에 적용한 것으로서 기본적으로 바람직한 행동의 형성과 유지, 바람직하지 못한 행동의 제거에 목적을 두고 사용하는 기법이다. 여기서는 주로 행동 레퍼토리 가운데 바람직한 행동에 주목하여 그 사람이 만족하는 강화제를 제공하여 그 행동의 발생빈도를 높이는 정적 강화법(positive reinforcement)과 부적응 행동이 어떤 강화제에 의해 유지되고 있는 경우에는 그 강화제를 제거하여 부적응 행동을 감소시키는 소거법(extinction)이 사용되고 있다. 그 밖에도 타임아웃(time out), 토큰기법(token economy) 등이 있다.

3) 사회적 스킬훈련법

사회적 스킬훈련법(social skills training method)은 주변 사람과의 관계형성이 어려운 사람들을 대상으로 사회적 스킬훈련을 통해서 상황과 상대방에 맞게 적절한 대응이 가능하도록 대인기술을 지원하는 방법이다. 사회적 스킬훈련법에는 역할훈련, 모델링 학습, 바람직한 행동의 단계적 습득 등이 있다. 구체적으로는 자기주장을 하거나 상대방을 격려하거나 때로는 적절하게 거부하기도 하고 질문에 대해 적절하게 대답하게 하는 등, 다양한 장면을 설정하여 훈련하는 가운데 현실 장면에서도 실현 가능하도록 지원해 나가는 기법이다.

4) 자기통제법

자기통제법(self-control method)의 기본원리는 사회적 학습이론을 응용한 것으로서 타인의 행동을 통제하는 경우와 동일하게 자신의 행동에 대해서도 동일한 원리를 이용하여 자기 자신의 행동을 통제하도록 하는 것이다. 자기통제법의 전개과정은 먼저 내담자가 바람직한 행동목표를 구체적으로 설정하고, 이 목표행동에 근거하여 자신의 행동을 감시하고 평가한다. 그리고 마지막에는 자기행동에 대한 평가결과를 토대로 자기보상이나 자기처벌의 방법을 도입한다.

이 기법은 외적 강화를 주로 사용한 이제까지의 기법들과는 달리, 자기판단에 의한 자기강화 방식을 도입하고 있다는 점에서 근본적으로 다르다. 이 기법을 도입한 임상 장면에서의 효과를 보면 행동 개선의 효과가 큰 것으로 알려져 있다. 그리고 이 기법은 자기강화의 효과만이 아니라, 단지 자신의 행동에 대한 자기감시 및 기록만으로도 행동 변화에 영향을 주는 것으로 보고되고 있다.

5) 인지행동치료법

최근에는 내담자의 행동만이 아니라 사고나 신념과 같은 인지에 초점을 맞추고자 하는 치료기법이 소개되고 있으며, 그 치료효과도 인정받고 있다. 치료과정에서는 내담자의 인지를 충분히 고려하여 그 인지를 적극적으로 변화시킴으로써 이에 따라 행동도 변화되도록 유도한다. 인지행동치료법(cognitive-behavioral therapy method)을 발전시킨 사람은 엘리스(Ellis, A. T., 1975)와 베크(Beck, A. T., 1976)이다. 이 두 사람은 인간의 행동장애나 정서장애는 그 사람의 인지에서 생겨난 문제이기 때문에 인지를 합리적으로 변화시킴으로써 장애를 치료할 수 있다고 본다. 인지행동치료법에 대한 구체적인 설명은 본서의 제2부 4장의 인지상담 부분을 참조하기 바란다.

제 3 장 인간중심 상담

1 인간중심 상담의 기본생각

인간중심 상담은 로저스(Rogers, C. R., 1951)에 의해 제안된 것으로 이 상담기법의 이론적 배경은 인간중심 심리학(Humanistic psychology)이다. 사실 이 상담기법은 이전에 소개되었던 '비지시적 상담(non-directive therapy)'으로 불리면서 이미 세상에 알려져 있었다. 그런데 비지시적 상담기법이 미국의 심리학계에서 단지 기술적으로 '지시적 - 비지시적'이라는 방법론적 관점에서 이해되고 논쟁됨으로써 로저스 자신이 의도했던 진의(眞義)가 왜곡되고 자신의 깊은 치료적 체험이 충분히 전달되지 못하고 있다는 생각에 이후로는 '내담자중심요법(client centered therapy)'이라는 표현을 사용하기도 하였다.

로저스는 자신의 상담이론에서 단지 '비지시적'이라고 하는 기술적인 측면이 아니라, 비지시적이라고 하는 방법론적 필연성에 귀착될 수밖에 없는 깊이 있는 치료적 체험을 전달하고 싶었다. 1942년 『상담과 심리요법(Counseling and Psychotherapy: New Concepts in Practice)』이 소개되고 나서 1951년에 『인간중심요법』이 출판되기까지 로저스는 비지시적 방법이 필연적으로 수반하는 내담자에 대한 상담사의 관점이나 느낌, 그리고 상담사 자신의 인격에 내재하는 인간관의 중요성을 인식하였던 것이다.

상담사가 갖는 태도(철학)와 상담사가 사용하는 방법(기술)은 밀접한 불가분의 유기적 관계를 갖고 있다. 인간중심 상담이론은 다음과 같은 상담사의 태도를 중요하게 생각하고 있다.

1) 개인의 가치와 존재에 대한 존중

상담사의 가장 중요한 태도는 개인의 가치와 존재에 대해 존중하는 모습이다. 한 인간이 갖고 있는 존재의 가치는 무엇보다도 더없이 소중하다는 인식과 함께 상담사의 이러한 인식이 상담사의 행동이나 태도를 통해 내담자에게 명확히 표현되고 전달되어야 한다. 즉, 상담 내지 치료 장면에서 내담자의 가치와 존재를 존중하는 상담사의 가치관이 언어나 태도, 어조 등을 통해 명확히 표현되어야 한다.

2) 내담자의 능력에 대한 신뢰

이것은 내담자의 자기지시(self-direction)능력에 대한 상담사의 신뢰를 말하며, 이런 신뢰를 상담 장면에서 어느 정도 적극적으로 인정하고 표현하는가 하는 문제는 인간중심 상담에서는 매우 중요하게 생각하고 있다.

자신의 인생을 결정하는 것은 다름 아닌 자기 자신이며, 이것을 인정하는 자세는 개인의 가치와 존재에 대해 존중하는 마음을 갖고 있을 때 비로소 자연스럽게 표현될 수 있다.

3) 상담사의 자기이해

개인의 가치나 존재를 존중하고 내담자의 자기지시능력을 신뢰하는 것은 내담자에 대한 상담사의 기본적 자세(태도)라고 할 수 있다. 이런 자세가 상담 장면에서 충분히 기능하고 상담을 발전적으로 유도하기 위해서는 먼저 상담사의 철저한 자기이해가 요구된다.

로저스는 상담사의 자기이해를 위한 구체적 방법으로 상담 장면의 녹음과 이에 대한 분석을 제안하고 있다. 상담사가 개인의 존중이나 내담자의 자기결정능력을 신뢰한다고 말하고 있지만, 실제 상담한 내용을 녹음테이프로 재생한 것을 들어보면 자신이 머리로 생각한 것이 실제로 얼마나 행동으로 옮겨졌는지를 알 수 있으며, 동시에 자신이 이제까지 어떤 태도를 취해 왔는지도 명확히 알 수 있다. 이 두 가지 사항이 충분히 실현되도록 하기 위해서는 상담사는 상담 장면에서의 자신의 행동에 대한 철저한 분석과 연구가 필요하다. 이것은 정신분석적 심리치료기법에서 말하는 '교육분석'의 필요성과 유사하다고 볼 수 있으며, 또한 이것은 이후에 나오는 상담사의 순수성과 자기일치의 모습과도 관련되어 있다고 할 수 있다.

2 상담사의 역할

앞에서 인간중심 상담의 실천이라는 관점에서 요구되는 상담사의 바람직한 태도를 개략적으로 기술하였다. 인간중심 상담의 역사를 되돌아보면 상담사의 역할에 대한 공식화된 틀이 몇 가지 있으며, 이것들이 그동안 검토, 수정되기도 하고 어떤 것은 폐기되기도 하였다. '공식화'라고 하는 것은 어떤 의미에서 보면 상담사가 구체적으로 어떻게 대처하면 되는지에 대한 내용을 담고 있으며, 상담사라면 누구라도 이 공식화된 틀 안에서의 역할이 요구되고 있다.

그런데 공식화된 것이 구체화되고 일반화될수록 공식화의 이면에 있는 철학은 등한시되고 기술적인 측면만 부각되는 문제가 발생하는 경우가 있다. 로저스는 이런 우려를 인식하고 있었지만, '공식화된 상담사의 역할'에 대한 노력을 중단하지 않았다. 그가 초기에 제안한 '비지시적'이라는 것과 '감정의 명료화'라고 하는 공식화에 대해 설명하면 다음과 같다.

1) '비지시적'이라고 하는 공식화

'비지시적'이라고 하는 것은 내담자에 대한 상담사의 수동적인 태도를 말하는 것이 아니다. 로저스는 일부 상담사들이 비지시적 상담에 대해 상담사의 역할이 단지 수동적이며, 비간섭주의적 태도를 취하는 것으로 이해하고 있다고 비판하였다. 그는 이런 이해는 잘못된 것이며, 결국 이런 상담은 실패로 끝난다고 보았다. '비지시적'이라고 하는 공식화는 상담사의 수동적 태도와는 다르다. 내담자에 대한 상담사의 적극적인 관심을 전달하는 것은 상담 장면에서는 중요한 요소이며, 이것은 상담사의 수동성에 의해서는 결코 실현될 수 없다. 내담자에 대한 비지시적인 태도를 취하면서 적극적인 관심을 전달하는 것, 이 두 가지를 모순 없이 수행하는 상담사의 역할에 대한 공식화는 내담자에 대한 공감적 이해로 나타난다.

2) 감정의 명료화 및 공감적 이해

로저스는 내담자가 자기 자신을 객관적으로 바라보고 이해하도록 하기 위해서는 자신의 '감정에 대한 명료화'가 필요 불가결하다고 보았다. 이를 위해 상담사는 상담 장면에서 내담자가 자신이 느끼고 있는 감정을 인지하고 명확히 하도록 하기 위한 다양한 지원을 하게 된다.

'공감적 이해(empathic understanding)'란 상담사가 가능한 내담자의 내적 준거틀(the internal frame of reference)을 익히는 것, 즉 내담자가 바라보는 세계를 그대로 지각하고 이해하는 것을 말한다. 내담자가 자신을 바라보는 대로 상담사도 내담자를 지각하는 것이다. 또한 동시에 상담사는 공감적으로 이해한 것을 내담자에게 전달하는 노력도 해나가야 한다.

심리학은 대개 자연과학적 연구방법으로 인간의 성격을 규명하고자 하는 노력을 해왔다. 그러다 보니 성격이해에서 그 사람을 대상화시켜서 일방적으로 바라보는 경향이 강했다. 이처럼 공감적 이해를 배제하고 제3자적 입장에서 거리를 두고 상대방을 이해하는 방식을 로저스는 '외적 준거틀(external frame of reference)에 의한 접근'이라고 보았다. 이것은 상대방의 내적 세계와는 관계없이 하나의 외부적 잣대로 그 사람을 바라보는 방식이다.

이처럼 인간이해에 대한 종래의 이론적 입장은 심리적 존재인 인간을 객관화하여 일반화된 논리로 이해하고자 하는 입장에서 벗어나지 못했다. 그러나 심리치료적 장면에서의 인간이해는 설리번(Sullivan, H. S., 1947)이 주장한 것처럼 '관여하면서 관찰'하는 자세가 중요하다. 이 자세는 냉정하게 멀리 떨어져서 상대방을 관찰하는 것이 아니라, 상담사의 성격, 내담자의 성격, 그리고 이 두 사람의 관계라고 하는 세 가지 요소가 상담사의 시야에 들어와 있어야 한다는 것을 말한다. 일반적으로 임상심리학적 성격이론은 상대방과의 관계에서 상담사의 체험을 기초로 거기에서 실제적으로 느낀 것을 통해 상대방을 파악하고 이해하려고 하는 현상학적 접근법을 채택한다.

자연과학적인 객관주의 입장에서 인간을 바라보는 종래의 성격이론적 관점에서 내담자나 환자를 바라본다면 그 사람의 내면의 진실을 놓치기 쉽다. 인간중심 상담에서는 상담사 앞에 존재하는 한 인간, 즉 구체적이며 하나의 전체성을 지닌 한 인간이 지금 무엇을 느끼며 어떠한 움직임과 변화를 기대하고 있는지, 또한 그러한 움직임이나 변화에 대해 상담사는 어떻게 이해하고 있으며, 두 사람의 관계는 질적으로 어떠한지 등에 대한 문제를 중요하게 생각한다. 상대방은 이제 더 이상 단순한 존재가 아니며, 자신의 과제(고민이나 문제)를 갖고 자기 나름대로의 해결책을 찾기 위해 주체적으로 상담사를 찾아온 것이다.

로저스는 내담자의 독자성, 전체성, 주체성을 존중하고 신뢰하면서 내담자의 안내로 그 개인의 독자적 세계 속으로 들어가는 것의 중요성을 강조하였다. 이 세계에서는 그 사람 자신의 독자적 의미를 지닌 세계가 전개되어 흘러가면서 변화한다. 상담사는 그 사람을 '~한 사람'으로 한 유형의 틀 속에 집어넣거나 내담자의 일부분을 전체적 특성으로 이해하지 않고, 그 사람의 독자적 세계 가운데 나타나는 움직임이나 변화에 주목하면서 그 사람의 세계를 맛보는 것이다. 이를 통해 상담사는 내담자가 의식의 가능성이 있는 모든 영역의 경험을 정확히 지각할 수 있다고 보았다. 이것을 로저스는 '내적 준거틀'에 의한 인간이해라고 불렀다. 이런 인간이해를 쉽게 풀어서 설명하면 '마치 자신이 경험하는 것처럼'의 모습으로 이해할 수 있다. 상담사가 이러한 의식 없이 상대방의 경험에 몰입해 버린다면 자칫하면 로저스가 말하는 '동일화'의 상태에 빠질 위험성이 있다.

한 개인의 주관적 세계, 즉 그 사람의 내적 준거틀을 타인이 안다는 것은 결코 쉬운 일이 아니다. 그래서 감정이입적 이해나 공감의 방법을 통해 그 사람의 내적 준거틀을 이해해야 하는 필요성이 생긴다. 만일 여기서 감정이입적 이해나 공감적 자세가 아닌, 자기 자신의 내적 준거틀을 통해 상대방을 바라본다면 이것은 외적 준거틀에서 상대방을 조망한 것이 된다. 로저스는 외적 준거틀로 보는 방법도 부정하지는 않았지만, 로저스의 성격이론은 기본적으로 한 인간이 다른 한 인간의 내적 준거틀을 이해해 가는 대인관계적 접근에 기초를 두고 있다. 그래서 그의 성격이론은 '진단적 이해'와는 대치되는 '치료적 인간이해'라고 할 수 있다.

이제까지 상담사의 관심은 대개 내담자의 이야기로부터 내담자가 어떠한 정신적 병리현상을 갖고 있는지에 대해서 명확히 하려고 하거나 내담자가 호소하는 문제의 원인을 파악하려고 하는 등, 소위 내담자를 객관적으로 또는 외부의 관점에서 이해하려는 방식을 주로 취해왔다. 로저스는 이러한 이해방식을 '외적 준거틀에 의한 내담자 이해'라고 보았다. 그러나 내담자의 입장에서 세계를 바라보는 자세, 즉 내담자가 자기 자신을 바라보는 관점을 상담사가 공유하는 것을 '내적 준거틀에 의한 이해'라고 한다. 로저스는 상담 장면에서 이런 관점에서의 이해가 매우 중요하다고 보았다.

내적 준거틀의 관점에서 내담자를 이해하는 상담사는 내담자의 가치나 존재를 신뢰하는 사람이다. 여기서 내담자에 대한 신뢰란, 내담자가 충실하게 만족할 만한 생활을 위하여 건설적이면서 발전적으로 개인의 가능성 또는 '앞을 향하여 전진하고자 하는 경향성(the forward-moving tendency)'의 존재로서 바라본다는 것을 의미한다. 그러므로 내담자의 가치에 대한 존경심이나 내담자의 능력에 대한 신뢰가 없다면 내적 준거틀로써 내담자를 이해하거나 내담자의 관점에서 세계를 바라보는 것은 불가능하다.

이후 로저스는 상담사의 필수조건으로 상담사의 진실성(genuiness) 또는 자기일치

(congruence), 무조건적 긍정적 배려(unconditional positive regard)와 공감적 이해(empathic understanding)를 제안하였다. 그는 만일 내담자에 대한 공감적 이해가 하나의 기술이나 도구로써 이용된다면 이것은 이미 내담자에 대한 공감적 이해라는 조건을 충족하지 못한 경우라고 보았다. 이 조건이 치료적 의미를 갖추기 위해서는 그 전제로써 상담사의 조작적 자세가 아닌 순수성이 요구된다. 이 전제가 있을 때 비로소 내담자에 대한 공감적 이해라고 하는 태도가 진실되며 치료적 의미를 지니게 된다.

3 인격 변화를 위한 필요충분조건

인간중심 상담이 제안된 6년 후인 1957년 로저스는 이제까지의 논문에서 발표한 것을 총 정리하는 차원에서 「치료상에 있어 인격 변화를 위한 필요충분조건(The Necessary and Sufficient Condition of Therapeutic Personality Change)」이라는 논문을 발표하였다. 이 논문은 이제까지 소개한 로저스의 생각을 요약·정리한 것으로, 로저스의 논문 가운데서도 가장 핵심적인 내용을 담고 있다. 그 내용을 살펴보면 다음과 같다.

① 두 사람이 심리적인 교류를 한다.
이 조건은 다른 다섯 가지의 전제조건이며, 이 조건이 갖추어져 있지 않으면 다른 조건들은 그 의미를 상실한다.

② 제1의 사람, 내담자는 불일치(incongruence)의 상태이며, 상처받기 쉽거나 불안한 상태이다.
불일치란 자기개념과 경험이 일치하지 않는 상태를 말한다. 즉, 현실체험과 그 체험을 표현하는 입장에서의 개인의 자기상(self-picture)이 일치하지 않는 것을 의미한다. 로저스는 이런 상태의 사람은 심리적으로 건강하다고 할 수 없다고 보면서 다음과 같은 예를 들어 설명한다. 한 학생이 학교시험에 대해 자신의

근본적인 약점이 폭로될지도 모른다는 두려움을 갖고 있다고 가정하자. 자신의 약점이 폭로될지 모른다는 두려움을 자기 자신이 느끼고 있다고 하는 체험(현실체험)은 명백히 그 사람 자신의 자기개념과 일치하지 않기 때문에 그 두려움으로 인해 한 학년 진급하는 것이 두려워지는 불합리한 공포로 의식된다. 이 예처럼 현실체험을 의식할 수 없는 상태, 이것을 불일치라고 부르며 그 사람이 자신의 이런 불일치를 의식하지 않을 때, 불안이나 혼란상태에 놓이게 된다. 그렇기 때문에 이런 사람은 내담자로서 심리치료실을 찾게 된다.

③ 제2의 사람, 상담사는 이 관계에서 일치(congruent)한 자이며, 통합(integrated)되어 있어 내담자의 심적 상태와는 정반대의 상태이다.

이것을 다른 말로 하면 '이 관계 가운데 자유롭고 진지한 자기다운 모습을 나타내며, 자신의 현실체험이 자기의식에 의해 정확히 표현된다'라는 것이다. 상담사도 내담자와 동일한 인간이기 때문에 상담 가운데 다양한 감정을 느끼게 된다. 때로는 "난 이 내담자가 너무 무섭다"고 느끼는 경우도 있을 것이다. 이럴 경우 "아냐, 그래선 안 되지. 상담사는 어디까지나 냉정해야 해"라고 하며 내담자가 무섭다는 감정을 본인이 솔직히 인정하지 않는다면 이 상담사는 불일치의 상태에 있다고 할 수 있다. 그러나 만일 내담자가 무섭다고 하는 감정을 부정하지 않는 상담사라면 일치의 상태에 있는 사람이라고 할 수 있다. 여기서 로저스는 항상 '이 관계에서'라는 표현으로 한정짓고 있다는 점에 주목할 필요가 있다. 상담사에게 생활의 모든 면에서 자기일치를 요구한다는 것은 불가능할 것이다. 로저스가 요구하는 것은 어디까지나 상담 장면에서의 상담사의 자세와 상담태도에 대한 것이다.

④ 상담사는 내담자에 대해서 무조건적 긍정적 배려(unconditional positive regard)를 경험하고 있다.

'긍정적 배려'란 따뜻하게 수용하는 것을 의미하며, '무조건'이란 이러한 경우에만 당신을 수용하겠다고 하는 조건을 달지 않는 것을 말한다. 만일 자신이 기대하는 방향으로 상대방이 반응을 보여 주었을 때만 수용적 태도를 취한다면 이것은 조건적 긍정적 배려에 해당된다. 예를 들어, 부모가 자신의 기대대로 성장해 가는 자녀의 모습을 통해 자녀에 대한 애정을 갖는다면 이것은 조건적 애정에 불과하다. 무조건적 긍정적 배려라고 하는 것은 그 사람이 어떤 모습을 보이던 그 사람을 인정하며 존중해 주는 것을 말한다. 이것은 곧 내담자를 독립적인 인간으로서 보면서 그 자신이 자신의 감정을 갖고 자신의 체험을 갖도록 허용하는 것을 말한다. 경험적으로 보면 이런 무조건적 긍정적 수용을 항상 완전히 실천할 수 있는 상담사는 없다. 그러나 이런 태도를 상담 장면에서 가능한 많이 나타낼 수 있다면 상담은 효과적인 방향으로 진행될 수 있다.

⑤ 상담사는 내담자의 내적 준거틀에 공감적 이해를 경험하고 있으며, 이 경험을 내담자에게 전달하도록 노력하고 있다.

공감적 이해에서는 '마치 … 처럼(as if)'의 태도가 중요하다. 내담자가 느끼는 감정, 예를 들어 공포나 분노, 혼동 등을 비록 상담사가 마치 자기 자신의 것처럼 느끼지만, 그러나 그 속에 자신이 휘말리지 않도록 하는 것이다. 만일 '마치 …처럼'의 태도를 잃게 되면 내담자에 대한 동일시나 동정의 상태에 빠질 위험성이 있으며, 공감적 이해와는 거리가 멀어진다.

⑥ 상담사의 공감적 이해와 무조건적 긍정적 배려를 내담자에게 전달하는 것이 최소한 달성되어 있다.

공감적 이해와 무조건적 긍정적 배려의 자세를 갖고 있는 상담사라고 할지라도 그것이 내담자에게 제대로 전달되지 않는 경우도 있을 수 있다. 이 조건이 충족되지 않으면 ④와 ⑤의 조건이 만족되었다 할지라도 그 효과를 기대하기 어렵다.

로저스가 제시한 이 여섯 가지의 조건은 다른 상담이나 심리치료기법에 비하면 너무 단순한 조건 내지 내용에 지나지 않는다. 그러나 로저스는 이 여섯 가지 조건을 다음과 같이 주장하면서 내담자의 인격 변화에 있어 필요충분조건으로 보았다.

① 어떠한 내담자라고 할지라도(설령 내담자가 신경증 환자, 정신병 환자라고 할지라도), 이 여섯 가지 조건이 충족된다면 내담자의 인격은 변화할 수 있다.

② 어떠한 심리치료의 학파일지라도 치료적 관계에서 내담자에게 건설적 변화가 일어나는 경우는 이 여섯 가지 조건이 존재하고 있음에 틀림없다.

③ 심리치료는 마법이나 신비스런 기술이 아니며, 바람직하고 건설적인 일상적 인간관계의 질을 높인 것이다. 이것은 과학적으로도 실증 가능하다.

④ 특수한 전문적 지식의 획득은 심리치료사가 되기 위한 조건에 해당되지 않는다. 심리치료사라고 하는 것이 학습된다고 한다면 그것은 경험적인 훈련에 의한 것이다. 심리치료를 전문가적 입장에서 주업으로 삼고 있는 사람도 있지만, 비전문가일지라도 인간관계에서 경험적 훈련과정을 통해 심리치료적인 접근이 가능한 사람도 있다.

⑤ 진단적 지식은 심리치료의 전제조건이 아니다. 만일 이런 지식을 갖고 있지 않으면 내담자에 대한 두려움을 갖거나 심리치료사로서의 심리적 안정감을 느낄 수 없는 경우 진단적 지식은 의미가 있을 것이다. 그러나 충분히 통합된 자기일치의 상태인 심리치료사는 이런 것을 필요로 하지 않는다.

로저스가 제시한 '필요하고 충분한 이 여섯 가지 조건'이 어느 정도의 기간 동안 충족되면 그 결과로써 내담자의 건설적인 인격 변화가 일어난다. 이것은 내담자의 자기개념과 경험이 일치하는 변화이다. 인간중심 상담을 통해 내담자에게 일어나는 변화는 다음과 같다.

처음에 내담자는 여러 가지 기대를 갖고 상담실을 찾는다. 상담사의 지시를 기대하면서 자기탐색에 대해서는 생각하지 않는다. 무언가 부족한 인간으로 취급받지 않을까 하는 생각에 불안해하기도 한다. 그러나 이러한 생각은 완전히 빗나가게 된다. 내담자는 상담사의 무조건적 긍정적 배려와 공감적 이해에 놀라며 상담이 심리적 안정을 느끼게 하는 가치 있는 것임을 느낀다. 그러면서 내담자는 "결국 무엇이든 자신의 문제이며, 자신과 관련된다는 사실을 깨달았다"라는 말을 하게 된다. 그는 자신의 책임성을 지각하면서 자기탐색을 하게 된다. 자기탐색에 의해 나타나는 현상은 지금까지 깨닫지 못했던 자신의 태도나 감정에 대한 의식이다.

새로운 태도나 감정이 의식되면 자아의 재체제화(reorganization of the self)가 나타난다. 그러면서 이전의 자기개념은 새롭게 발견된 태도나 감정을 내포하면서 일관성을 지닌 형태로 새롭게 바뀌게 된다. 그런데 자아의 재체제화는 고통을 수반하는 경우가 많다. 이런 고통을 극복하였을 때 이전보다도 훨씬 심리적으로 건강해진다.

4 심리치료기법에 대한 입장

상담사의 기능을 다양한 형태로 공식화하려고 노력해 온 로저스는 심리치료기법에 대해서 다음과 같이 인식하고 있다. "다양한 심리치료의 기술(기법)은 이것이 하나의 조건을 충족시키기 위한 통로(channel)로서 어느 정도 도움이 되는가라는 사실을 제외한다면 비교적 중요하지 않다."

로저스가 상담사의 기능을 공식화하려고 노력하는 과정에서 제안한 '비지시(non-directive)'라든가 '감정의 명료화' 기법 또는 정신분석에서 제안하는 '해석'이라든가 '꿈분석'이라는 기법일지라도 이것들이 앞에서 언급한 심리치료의 본질적 조건을 전달하는 통로가 될 수 있다고 한다면 그 의미가 있지만, 이런 기법이 심리치료의 본질적 조건은 아니다.

심리치료에서 가장 중요한 것은 내담자이다. 예를 들어 상담사가 꿈분석을 배웠다고 할지라도 내담자가 꿈을 꾸지 않았거나 꿈에 대한 이야기를 해주지 않을 수도 있다. 이런 경우, 꿈에 대한 이야기가 없다고 해서 치료관계가 성립되지 않는다면 내담자가 중요한지 꿈이 중요한지 알 수 없다. 이렇게 생각해 보면 심리치료사의 입장에서 심리치료의 '기법'이라고 하는 의미가 그런대로 명확해진다. 자신의 많은 약점이 미해결의 상태에 있는 심리치료사일수록 '특정 기법'에 의존하여 자신을 방어하려는 경향이 강하다.

5 진단문제에 대한 견해

신체적 질환에 대한 치료는 그 환자에 대한 의학적 진단 후 치료적 조치가 취해진다. 초기의 정신의학은 신체의학의 이런 치료모델에 따라 치료이론이 만들어지는 경향이 강했으며, 오늘날의 정신의학도 이러한 영향을 강하게 받고 있다. 심리치료사들 가운데 내담자와의 접촉 때부터 바로 치료관계가 시작된다고 생각하는 사람들이 많다. 진단의 문제에 대해서 로저스는 "일반적으로 이해하고 있는 심리학적 진단은 심리치료에서는 불필요하다"고 주장하였다.

내담자의 체험과정을 중요시하는 로저스는 어떤 진단일지라도 이것이 내담자 치료, 즉 행동의 변화나 인지의 변화와 연결되지 않는다면 이것은 치료상의 의미를 지니지 못한다고 보았다. 진단이 진단을 위한 진단이 되지 않기 위해서는 심리학적 진단은 심리적 역동에 대한 해석과 내담자에 대한 설명이 포함되어 있어야 한다. 만일 결국 하나의 해석이 환자에게 의미가 있고 진실적인 것으로 체험되지 않는다면 그 해석은 올바르지 않다고 본다. 이런 의미에서 최후의 진단자는 정신분석상담이든 인간중심 상담이든 모두 똑같이 내담자 또는 환자 자신이라는 것이다. 그러므로 심리치료사의 역할은 내담자가 자신의 부적응과 심리적 요소에 대한 진단을 해서 이것을 경험하고 수용할 수 있도록 제반조건을 준비하는 데 있다고 할 수 있다.

상담이나 심리치료에서 진단이 불필요하거나 오히려 해가 된다는 로저스의 주장의 배경에는 다음과 같은 이유도 있다.

첫째, 진단이 내담자의 의존적 경향성을 강화시킬 수 있으며, 이 때문에 내담자는 인간다움(자신의 행동은 자신의 의지로 결정한다)을 상실할 수도 있다.

둘째, 진단이 전문가에 의해서만 이루어지는 것은 사회 전체를 소수자에 의한 다수의 지배라고 하는 형국이 되기 때문에 이는 민주주의를 부정하는 것이 된다.

제 4 장 인지상담

1 인지상담이란

인간의 심리적 현상에는 인지, 감정, 행동의 세 영역이 있다. 이 가운데 인지영역은 내외적 환경으로부터의 자극이나 정보를 지각, 선택하여 쾌·불쾌 또는 안정·불안정이라고 하는 기준으로 평가하고 행동에 영향을 준다. '인지상담(cognitive therapy)'이란 이런 감정이나 행동의 변화에 직접적으로 관여하는 인지의 영향력에 주목하면서 내담자의 인지과정에 대한 접근을 통해 내담자의 감정이나 행동의 변화를 유도하는 기법이다. 이 치료기법은 다른 기법에 비해 비교적 치료기간이 짧으며 우울증이나 불안 등 정신의학적인 문제에 대해 효과적인 것으로 알려져 있다.

이 치료는 인간은 끝없이 자기 자신이 처해 있는 상황을 주관적으로 판단하며, 그 주관적인 판단이 정서상태를 좌우한다는 관점을 갖고 있다. 인지치료에서는 불안이나 기분의 침체에는 비현실적인 비관적 관점이나 사고가 그 배경에 있다고 보면서 내담자가 보다 현실적이고 합리적인 사고가 가능하도록 도움을 주게 된다. 인지상담 기법을 제안한 대표적인 학자로는 엘리스(Ellis, A. T., 1975)나 베크(Beck, A. T., 1976) 등이 있으며 이들의 이론을 간략히 소개하면 다음과 같다.

2 문제해결의 주체자로서의 인지기능

베크는 임상 장면에서 일반적으로 사용되고 있는 치료기법인 정신분석적 치료, 행동주의 치료, 신경정신의학적 치료 등에는 기본적으로 공통된 내용이 있다고 보았다. 그것은 무의식적 동기, 조건형성, 생물학적 요인이라고 하는 개인의 의식적·주체적인 지배에 의해 영향을 받지 않는 요소가 인간의 심리적 장애를 일으키고 있다는 것이다. 그러나 그는 임상 장면에서 오히려 이러한 요인을 가정하고 있기 때문에 문제해결이 더욱 어렵다고 주장하면서 인간의 의식적·주체적인 문제해결능력을 소홀히 해서는 안 된다고 보았다.

인간은 일상생활에서 보다 안정된 생활을 위해 자신의 욕구나 기대를 현실상황에 맞게 조절하거나 억제하는 등 끝없이 적응하기 위해 노력하고 있다. 이 과정에는 인지기능이 중심역할을 하면서 현실상황에 대한 정확한 인식, 목적에 적합한 행동의 선택 내지 지시에 관여하게 된다. 만일 인간이 어떤 불만이나 분노를 경험하게 되면 인지기능은 보다 의식적으로 작용하면서 불만이나 분노의 감정을 재검토하거나 이 문제의 해결을 위한 적절한 방법을 모색하게 된다. 그러나 이렇게 모색한 방법에 의해서도 문제가 해결되지 않는 경우, 인지기능은 보다 효과적인 수단을 생각하게 된다. 인지상담은 인지기능의 이런 원리를 상담 장면에 활용하고자 하기 때문에 상담기법은 합리적 사고에 근거한 자기지원기능에 주목하게 된다.

3 감정, 인지, 행동의 관계

1) 감정과 인지의 관계

인지상담은 인간의 다양한 심리적 장애 가운데 특히 불안이나 공포, 슬픔, 분노 등의 부정적 감정에 영향을 주는 인지를 중심으로 다루고 있다. 인간의 기분이나 감정이 내외적 조건의 영향으로부터 자유로울 수는 없지만, 인지상담에서는 기분이나 감정과 내외적 상황 사이에 작용하는 인지과정에 주목한다. 그리고 내외적 상황으로부터 정보를 선택하고, 여기에 의미를 부여하고 해석하는 일련의 과정에 수반되는 감정에 주목하고 있다. 인지와 감정의 관계에 대해서 인지적 모델과 다른 모델을 비교해 보면 [그림 2-3]과 같다(Beck, A. T., 1976).

- **조건형성 모델** : 자극 → 감정
- **정신분석 모델** : 자극 → 무의식적 충동 → 감정
- **인지 모델** : 자극 → 의식적 의미 → 감정

그림 2-3 자극과 감정의 관계 (Beck, A. T., 1976)

한 예를 들어 보자. 비행기를 위험한 교통수단으로 생각하거나 비행기 사고의 참혹한 장면을 떠올리는 사람은 공포라는 감정을 느끼게 되지만, 반대로 비행기를 안전한 교통수단으로 생각하거나 기내의 쾌적한 장면을 떠올리는 사람은 비행기에 대한 공포감정을 느끼지 않을 것이다. 어떤 욕구불만 상황에 직면하였을 때 부당한 것으로 생각하게 되면 분노라는 감정이 생성되지만, 만일 욕구불만의 이유가 충분히 납득된다고 한다면 분노의 감정은 생성되지 않을 것이다. 이처럼 동일한 상황이나 자극일지라도 이것을 어떻게 받아들이고 의미를 부여하는가에 따라서 감정의 반응도 다르게 나타난다. 이와 같이 인지상담에서는 인지에 따른 기분이나 감정의 생성을 중요하게 생각한다.

2) 행동과 감정의 관계

왜곡된 인지를 수정할 때, 종종 그 인지를 지속시키는 행동을 수정하거나 건설적인 기능을 습득하도록 하는 방법도 필요하다. 한 과식증 환자의 경우를 예로 들어 설

명해 보자. 이 환자는 스트레스 상황에서 과식을 반복하는 문제를 갖고 있었다. 상담사가 그 이유에 대해서 물어보니, "안절부절못하는 불안한 마음이 과식을 하게 되면 어느 정도 해소되기 때문에"라고 말하는 것이었다. 상담사는 정말로 이 환자가 과식이 불안한 마음을 해소시켜 준다고 생각하고 있는지를 명확히 하기 위해 심층적으로 상담해 본 결과, '오히려 더욱 후회하게 되고 더 불안해질 뿐'이라는 사실을 알게 되었다. 그러나 환자는 "불안해지면 어떻게 해야 할지 몰라 결국 과식하게 된다"고 진술하였다.

이 사례에서 상담사는 불안해하는 이유에 대해서 환자가 자기관찰을 하도록 유도하였다. 먼저 환자가 불안해하는 상황에 대한 이야기를 들어 보았다. 그 결과 "자신이 하고 싶지 않는 일을 할 때라든가, 어머니에게 간섭을 받거나 잔소리를 들을 때, 자기주장을 하지 못하고 안절부절못하게 된다"는 사실을 알게 되었다. 그리고 환자가 "어머니에게 자기주장을 하게 되면 미움을 받을지도 모른다는 두려움, 자신은 아무리 해도 타인에게 인정받을 수 없다" 등의 의식을 갖고 있다는 사실을 알게 되었다. 상담사는 내담자의 이런 의식에 대해 자기파괴성이나 불합리성을 지적하면서, 한편으로 이러한 장면에서 자기주장의 목적과 기대, 즉 '거절하고 싶다, 자신을 올바르게 인정받고 싶다, 좀 더 자유로워지고 싶다'라고 하는 기분에 주목하도록 하였다. 환자는 실제 이러한 기대를 갖고 있으면서도 이제까지 구체적인 행동을 취하지 않았던 사실을 깨닫고 새롭게 자신의 목적이나 기대에 적합한 행동을 시도해 보기로 하였다. 이러한 작업의 반복을 통하여 환자는 불안했던 마음에서 보다 합리적이고 건설적인 방법을 선택할 수 있게 되었다.

임상적 문제는 이 사례처럼 대인관계에서 타인의 비판이나 거부로 인해 발생하는 경우가 종종 있다. 그리고 그 비판이나 거부가 과연 객관적인지 판단하기도 쉽지 않다. 그러나 인지상담에서는 본인이 비판이나 거부로써 받아들인 타인의 행동을 명확히 하도록 하고, 이러한 본인의 자세가 타당한지, 동시에 타인의 비판이나 거부내용이 타당한지를 자세하게 검토하도록 유도한다. 이 과정에서 내담자의 주체성은 최대한 존중되어야 한다. 이러한 접근을 통해서 '타인의 언행을 받아들이는 방식이나 대응은 다양할 수 있으며, 또한 자신의 가치는 타인의 평가로부터 자유로우며, 자신의 가치를 전하기 위해서는 노력이 필요하다'는 사실을 깨닫도록 한다.

4 우울상태와 인지의 왜곡

우울증 환자가 희망을 잃고 자존감정 상실, 죄악감 등으로 비관적인 사고를 하는 것은 임상적으로 잘 알려진 사실이지만, 그것을 심리적 치료의 대상으로 인식한 사람은 베크(Beck, A. T.)이다. 그는 우울상태와 왜곡된 인지과정(distorted cognition), 특히 부정적 인지의 세 가지 징후(negative cognitive triad)인 '자기, 세계, 장래'의 세 영역에서의 비관적인 사고와의 관련성에 주목을 하였다. 즉, 우울상태에 있는 환자는 예를 들어 '집중이 안 되며, 기억력이 떨어지고, 그래서 자신은 문제가 있는 인간이다(자기 자신에 대한 부정적인 사고)', '자신은 재미있는 이야기도 제대로 못하고 해서 자신과 사귀고 싶은 사람은 없을 것이다(주위 세계에 대한 부정적인 사고)', '이런 힘든 상태에서 일생을 살아가야 하니 미래가 절망적이다(장래에 대한 부정적인 사고)'라고 하는 사고에 지배받고 있다.

그런데 여기서 중요한 것은 이런 왜곡된 인지나 사고의 실현 유무가 아니라, 환자가 자신의 의식 가운데 만든 환자 나름대로의 생각이다. 이러한 사고나 인지의 왜곡은 크게 두 가지 레벨로 나눈다. 하나는 자동적 사고(automatic thought) 과정이며, 또 하나는 인지 도식(scheme)이다.

'자동적 사고'란 어느 상황에서 자연스럽게 자동적으로 떠오르는 사고나 이미지를 말하며, 여기에는 그때그때의 인지방식이 반영된다. 사람은 의식하거나 하지 않거나 상관없이 자신이 처한 상황이나 자신의 태도를 자기 나름대로 분류, 해석, 평가, 의미부여를 하고 있으며, 동시에 그에 따라 자신의 행동 및 정서 반응도 달라진다. 순간적으로 떠오르는 자동적 사고에는 현실과 다르지 않은 적응적인 경우와 현실과는 크게 차이가 있는 비적응적인 경우가 있다. 적응적인 경우, 상황을 다차원적으로 현실에 맞는 형태로 판단하여 유연성을 갖고 행동을 적절하게 평가할 수 있지만, 우울증이 심해지면 자동적 사고는 현실감이 떨어지면서 점점 비현실적인 인지를 하게 된다.

한편 '인지 도식'이란 그 사람의 기본적인 인생관이나 인간관이며, 생득적 요인과 환경적 요인의 영향을 받아서 형성된 극히 개인적 세계를 말한다. 이것은 내면의 심층적 세계에서 존재하고 있다가 어떤 사건을 계기로 부활되어 자동적 사고의 내용에 영향을 준다. 예를 들어 '나는 힘이 없다'고 생각하는 사람은 타인으로부터의 도움에 민감하게 반응하게 될 것이고, '나는 강하다'고 확신하는 사람은 위험상황을 가볍게 여기는 인지를 하게 될 것이다.

이러한 자동적 사고나 인지 도식은 순간적 판단을 도와주는 적응적인 역할을 하지만, 어떤 요인에 의해 그 균형이 깨지는 경우가 있다. 예를 들어 소중한 사람과의 이별, 사업 실패 등 부정적인 의미를 갖고 있는 사건이 발생하면 그와 관련한 비적응적인 도식이 부활되고 이로 인해 극단적 인지의 왜곡현상이 나타난다. 이것이 자동적 사고로서 환자에게 의식이 되면서 환자의 행동과 감정에 영향을 미친다. 나아가 이들 요소가 상호작용을 하면서 '사고-감정-행동-사고'의 악순환에 빠지게 된다. 인지치료에서는 현실과 사고(인지)의 격차, 즉 인지의 왜곡에 대해 주목하면서 현실에 맞는 생각이나 판단이 가능하도록 인지를 수정해 나간다. 왜곡된 인지의 형태에는 다음과 같은 것이 있다.

① 임의적 추론(arbitrary inference): 근거가 거의 없음에도 불구하고 어떤 사실에 대한 믿음을 갖고 독단적으로 직감에 의해 추론하거나 판단해 버리는 경우를 말한다. 예를 들어, 한참 동안 친구로부터 연락이 없으면 그 친구가 자신을 싫어한다고 생각해버린다.

② 이분법적 사고(dichotomous thinking): 애매한 상태를 싫어하여 항상 흑백논리로 상황이나 자신에 대해 판단을 한다. 무엇이든 명확히 해두지 않으면 심리적으로 안정이 안 된다.

③ 선택적 추상화(selective abstraction) : 자신에게 관심이 있는 사실이나 상황에 대해서만 주목하여 추상적으로 결론을 내리는 것을 말한다. 예를 들어 자신이 타인으로부터 배척을 당하고 있다고 생각하게 되면 그 사람으로부터 배척당하고 있는 부분만을 생각한다든지, 건강에 대해 걱정을 하고 있으면 신체적 문제에만 신경을 쓰게 된다.

④ 확대사고(magnification), 축소사고(minimization) : 자신이 관심을 갖고 있는 것은 실제보다 크게 생각하고, 반대로 자신의 생각이나 예측에 맞지 않는 것은 작게 생각하거나 무시하는 경향을 보인다.

⑤ 과잉 일반화(over generalization) : 일회성의 현상을 일반화시켜 버리는 사고이다. 예를 들어 한 번이라도 실수하면 "자신은 무엇이든지 하면 안 돼"라고 단정지어 버린다.

⑥ 개인화(personalization) : 무언가 나쁜 일이 발생하면 "내가 잘못했어" 라고 하며 무엇이든지 자기 자신에게 책임을 돌리는 태도를 말한다.

⑦ 감정적 추론(emotional reasoning) : 그때그때의 감정상태로부터 현실을 판단하는 경우를 말한다. 예를 들어 어떤 주어진 과제의 내용에 대한 이해가 부족해서 불안한 경우, '처음이라 잘 몰라서 불안했다'고 생각하지 않고, 불안감 때문에 주어진 과제를 잘 못했다고 생각해 버린다.

5 불합리한 사고에서 합리적인 사고로 전환

내담자는 자신의 부정적이거나 불합리한 사고에 대해 '바보 같은 생각을 버리자', '불안해하지 말자' 등의 정도로 끝내버리는 경우가 있다. 사실 인간은 '어떤 일에 대해 생각하지 말고 잊어버리자'라고 생각할지라도 그때마다 실제로는 부정적인 생각을 반복하기 때문에 인지의 수정이 쉽지 않다. 또한 오랫동안 부정적인 사고가 고착된 경우, 그 변화가 쉽지 않다. 이런 경우 상담사는 다음과 같이 내담자의 인지가 긍정적 · 합리적 사고로 정착되고 행동으로 표출될 수 있을 때까지 반복연습을 시키는 방법을 사용한다. 이 방법은 인지상담에서만이 아니라, 일상생활 장면에서도 이러한 연습을 시키는 경우가 있다. 그 한 예를 〈표 2-1〉에 제시하였다. 이것은 세 개의 칸이 그려져 있는 노트를 이용하여 부정적인 감정체험을 관찰 · 기록하고, 그 배경에 있는 부정적 사고를 긍정적 · 합리적 사고로 전환해서 새롭게 적어 나가도록 하는 방법이다. 이상의 내용을 정리해 보면 상담순서는 다음과 같은 방법으로 진행된다.

표 2-1 자기관찰과 자기수정

상황 – 불쾌 감정	부정적 사고	긍정적 사고
불안, 우울, 분노, 슬픔 등의 불쾌감정을 느끼게 하는 상황을 기술한다.	불쾌감정을 조장하는 비합리적, 부정적 사고의 내용을 관찰, 기록한다.	부정적 사고를 검토, 수정하여 합리적이고 긍정적 사고로 전환한다(부정적 사고보다 긍정적 사고에 대한 확신도가 높아질 때까지 이 작업을 계속한다).
예 심장신경증의 문제가 있는 주부는 버스나 지하철 등 대중교통기관을 이용하면 불안해진다.	예 차내에서 심장발작이 일어나면 대응이 늦어져서 죽을 수도 있다는 생각을 한다.	예 병원으로부터 심장박동으로 인해 심장에 고통을 느끼는 것이며 심장병은 아니라는 사실을 들었다. 그렇기 때문에 죽음에 대한 걱정은 하지 않아도 된다.
예 남편이 출장 등으로 집에 없으면 항상 불안해진다.	예 만일 심장박동이 빨라지게 되면 죽지는 않더라도 고통스러워 견딜 수가 없는데, 이런 경우 어린 두 자녀를 어떻게 돌보지?	예 병원에서는 심장이 건강하다고 한다. 오히려 이런 불안한 생각이 심장박동을 빠르게 할 수 있기 때문에 약을 먹도록 하자. 이제까지 심장 때문에 쓰러진 적이 없으며, 자녀들을 매일 잘 돌보고 있다.

(출처: 煎田, 1986)

① 부정적 감정이나 문제행동에 관련된 인지에 대한 관찰과 명료화

② 부정적(불합리한) 인지 · 사고의 수정

- 현실과 인지(사고)의 구분
- 인지(사고)와 현실의 검증과정
- 긍정적 · 합리적 사고의 획득, 선택

③ 문제해결

- 목적의 명료화
- 목적에 적합하고 실천 가능한 방법의 선택
- 실행
- 평가

6 인지상담의 과정

대개 상담 장면에서는 불안, 긴장, 우울, 공포 등의 정서적 문제나 다양한 행동상의 문제에 대해서 언급하면서도 그런 문제의 배경에 깔려 있는 불합리한(부정적인) 인지에 대해서는 의외로 소홀히 하는 경우가 많다.

인지상담에서는 먼저 내담자의 이야기를 충분히 경청하는 것부터 시작한다. 이때 상담사는 내담자의 문제나 증상이 임상적으로 경험한 적이 있고 익숙한 사례라고 할지라도 자신의 이론적 틀이나 경험의 잣대로 함부로 평가해서는 안 된다. 상담사는 내담자의 감정체험이나 행동선택에 대해서 이해할 때, 무엇에 대한 경험이며, 이에 대해 본인은 어떤 의미를 부여하고 있고 어떤 감정을 느끼고 있는지, 그리고 어떤 목적을 위한 선택인지 등에 대해 파악하기 위한 노력을 해야 한다. 물론 내담자의 기분이나 감정에 대해 공감하거나 수용적인 태도를 보여 주는 자세도 중요하다. 예를 들어, 내담자가 "왠지 기분이 침울해집니다", "불안해서 견딜 수가 없습니다"라고 자신

의 문제나 증상을 호소할 경우, 상담사는 내담자에게 '침울'이나 '불안'상황에서 무엇을 생각하고 있는지를 물어보고, 그런 감정이 생성되기 전후의 상황에 대해서 구체적으로 이야기하도록 유도한다.

인지상담에서 상담사는 문제나 증상에 대한 자기인지에 대해 자기관찰이 이루어지도록 유도한다. 이 과정에서, 예를 들어 내담자가 "비만이 두려워서 밥을 먹을 수가 없어요"라고 호소하는 경우, 식사에 대해 불안해하는 사람과 불안해하지 않는 사람의 차이는 무엇인가, 불안이라고 하는 판단을 내리는 주체는 누구인가, 자신을 불안하게 만드는 요인은 무엇인가, 지금도 여전히 불안해하는 이유는 무엇인가 등의 질문을 통해 불안이나 공포라는 문제는 자기인지에 의한 것이며 그 인지는 어떤 근거에 의한 것임을 알도록 한다. 이를 통해 결국 그 문제는 자기 자신의 문제임을 인식하도록 유도한다. 이러한 자기관찰의 과정을 통해 내담자가 자신의 문제나 증상에 관련된 인지내용을 명확히 하게 되면, 그 다음에는 내담자가 자신의 이런 인지가 현실적인 것인지, 타당한 것인지를 생각하게 된다.

대개의 경우 관찰된 인지내용을 내담자가 합리적인 사고의 수준으로 충분히 수정하도록 지원하기 위해서는 좀 더 자세한 경청과정이 필요하다. 또한 불안을 생성시키는 어떤 왜곡된 인지를 더욱 구체화시켜서 이것을 지탱하고 있는 불합리한 신조 등을 다루는 접근도 필요하다. 사춘기 거식증 환자(고등학교 3학년 여학생)의 한 예를 들어 보자. 이 학생은 예전에 비만했던 때를 두려워하며 병원에서 제공하는 식사도 거의 하지 않는 상태였다. 그러나 상담을 통해 비만했을 때의 식사량과 병원에서의 식사량의 차이에 대해서 점차 이해하게 되면서 조금씩 식사를 하기 시작하였다. 그런데 이 학생은 병원에서 제공하는 식사량을 전부 먹는다고 할지라도 이전처럼 비만은 되지 않는다는 사실을 머리로는 알고 있지만 체중이 전날보다 조금이라도 늘어나면 "병원음식을 전부 먹게 되면 체중이 늘어나게 되어 다시 이전처럼 되지는 않을까" 하는 불안감을 느끼고 있었다. 이런 신념을 갖고 있는 이 환자에게 상담사는 일주일 동안의 체중 변화를 그래프로 표시하여 보여 주기로 하였다. 이런 방법으로 일정량의 식사를 매일 제공한 후 환자가 두려워하고 있는 그런 판단이 맞는지를 확인시켜 주기로 하였다.

그 결과 실제 체중은 본인이 예상한 것보다는 훨씬 낮게 나타났다는 사실을 알게 되면서 그 이후 환자는 일시적으로 안심하고 식사를 하게 되었다. 그러나 환자는 체중이 건강한 표준체중에 가까워질 때, 다시 거식증세를 보였다. 여기서 밝혀진 새로운 사실은 이전에 비만상태였을 때 친구로부터 "돼지 같아"라고 놀림을 받았던 기억으로 비만에 대한 본인의 과도한 부정적인 인식이 아직도 남아 있었다는 것이다. 상담사는 '과도한 비만은 건강상 좋지 않지만, 건강한 범위 내의 비만이라면 긍정적인 측면도 있다는 사실, 만일 비만하다고 할지라도 실의에 빠지거나 우울해할 필요가 없다는 사실, 그리고 타인의 비판적인 언행으로 만들어진 왜곡된 자기인식' 등에 대해서 환자와 이야기를 나누었다. 이러한 접근을 통해서 그 이후 환자는 비만에 대한 공포가 점차 약화되어 갔다.

7 인지상담의 효과

인지상담(치료)은 처음 우울증 치료를 위해 개발되어 사용되면서 동시에 그 효과에 대한 검증도 이루어졌다. 대표적으로 윌리엄스(Williams, J.M.G., 1996)의 연구, 홀론과 베크(Hollon & Beck, 1995)의 연구가 있다. 이들 연구는 인지치료는 약물치료와 효과가 거의 동일하다는 것, 약물치료와 함께 하는 병행치료도 인지치료의 단독 효과와의 비교에서 거의 차이가 없다는 결과를 내놓고 있다. 그 밖의 연구에서도 대체적으로 인지치료가 우울증 재발 억제효과가 있음을 확인하고 있다. 또한 대인공포증이나 불안장애의 문제에 대한 치료효과도 다른 심리치료법이나 약물치료에 비해 차이가 없거나 그 이상의 효과가 있음을 보여 주는 연구도 있다.

과식증과 같은 섭식장애, 강박장애에 대한 인지치료법에서는 인지의 재구성이나 자기교시훈련법 등을 사용하고 있으며, 이런 접근은 행동치료와 거의 비슷한 효과를 보이거나 그 이상의 효과가 나타났다. 페어번(Fairburn, C. G., 1993)과 그의 공동연구자들은 인지행동치료, 행동치료, 대인관계치료의 효과에 대해서 비교 검토한 결과, 치료 종결 시점에서 인지행동치료가 다른 어떤 치료보다도 치료 효과가 크다는 사실을 밝혀냈다. 그 밖에 자살시도, 만성피로, 심기증(心氣症), 성적 문제, 심장병 등 정신의학적 장애에 대한 치료에서도 인지치료법의 효과를 확인할 수 있다.

정신의학적 장애는 심리사회적 요인과 생물학적 요인이 밀접하게 관련되어 발병하는 경우가 많기 때문에 치료적 접근은 사회심리학적 접근만이 아니라, 약물치료 등의 생물학적 치료도 병행하는 것이 일반적이다. 정신분열증이나 중증 우울증 등 현실검토능력이 현저하게 떨어지는 경우는 인지치료를 단독으로 사용하는 것이 어렵다. 그러나 이 경우에도 환자의 왜곡된 인지를 중심으로 다루면서 약물치료로 보완하는 접근이 필요하다. 이처럼 여러 임상 장면에서는 인지치료적 접근을 유용하게 활용할 수 있다.

인지치료는 비적응적인 인지를 수정하는 것을 주목적으로 하는 치료법이며, 여기에 등장하는 인지는 두 가지 측면이 있다. 하나는 왜곡된 인지이며, 또 하나는 그 왜곡된 인지를 발견하고 수정하는 데 도움이 되는 적응적 인지이다. 후자의 경우는 자신의 마음상태나 현실을 정확히 파악하는 건강한 인지이다. 치료적으로는 왜곡된 인지를 수정하는 것만이 아니라, 이 건강한 인지를 지원해 나가는 것도 중요하다. 어떻게 보면 인지치료는 적응적 인지의 힘을 빌려서 비적응적인 인지를 수정해 나가는 기법이라고도 할 수 있다.

끝으로 이제까지 미국에서는 인지치료의 임상적인 유용성을 인정받고 있는데, 앞으로 우리나라도 우리의 실정에 맞는 인지치료법 개발이 시급하다고 할 수 있다. 그러기 위해서는 우리의 문화, 정서, 사고방식, 즉 한국인의 심리적 특성을 고려한 인지치료법의 개발이 필요하다고 할 수 있다.

제 5 장 가족상담

1 가족상담의 필요성

가족상담 또는 가족치료(family therapy)는 1950년대 중반 미국과 유럽에서 시작된 치료법으로 가족 전체를 대상으로 한 상담 내지 심리치료이다. 이것은 개인의 다양한 증상이나 문제행동 또는 부부나 가족의 갈등을 어떻게 이해하고 치료하는가에 대해서 이제까지의 개인치료와는 다른 관점에서 접근하고 있다. 가족구성원 전체를 도움이 필요한 대상으로 보고 있으며, 때로는 그 가운데 한 사람만을 대상으로 상담을 하더라도 가족 전체를 염두에 두고 접근을 하는 면에서는 집단상담과도 유사한 점이 있다.

가족상담은 가족 시스템에 대한 이해와 이를 바탕으로 한 개입이 요구된다. 가족상담·가족치료에는 현재 다양한 이론이나 기법이 소개되고 있으며, 각각의 특징에 따라 서로 다른 내용을 갖고 있지만 시스템론을 중심으로 한 측면은 모든 이론에 있어 공통적이다.

가족상담의 탄생은 개인을 중심으로 심리치료를 해 온 정신과의(精神科醫)의 다양한 시행착오에서 출발하고 있다. 오늘날 청소년들의 학교폭력, 집단따돌림, 등교거부 등의 문제가 사회적으로 이슈가 되고 있는데 그 배경에는 가족문제가 얽혀 있는 경우가 많다. 그래서 미국의 아동정신과 의사들은 아동의 심리치료 장면에 가족을 참여시키고, 모자(母子)병행 상담의 형태로 접근하는 가운데 아이나 어머니의 심리적 건강이 회복될 수 있다는 사실을 알게 되었다. 그러나 아버지가 심리적으로 문제가 있는 경우 환자가 건강을 되찾고 집으로 돌아왔지만 문제가 재발되기도 하고 가족의 다른 구성원에게 문제가 발생하기도 한다는 사실이 밝혀졌다. 이 때문에 가족 전체를 대상으로 상담을 실시해야 한다는 인식을 갖게 되었다.

당시 정신분석적 접근이 강했던 미국의 정신의학 세계에서는 가족 전원을 대상으로 한 심리치료에 대해서는 부정적인 견해가 강했다. 정신분석의 대상은 현재의 가족이 아니라, 내담자의 내적 세계에 존재하는 가족이어야만 한다는 논리가 강했기 때문이다. 가족치료에서는 이런 관점을 버리고 가족구성원 전체를 대상으로 상담한 결과, 생각지도 않았던 치료효과를 발견하게 된 것이다. 이것이 바로 가족 시스템이라고 하는 특성의 효과라고 할 수 있다.

2 가족 시스템의 이해

가족상담의 기본 출발점은 가족을 하나의 시스템으로 보는 가족 시스템론에 있으며, 상담 내지 치료는 이 시스템을 대상으로 해야 한다는 인식을 갖고 있다. 시스템으로 본다고 하는 것은 문제나 증상이라고 하는 것은 개인의 문제로만 귀속할 수 없기 때문에 가족 전원을 대상으로 치료해야 한다는 의미만은 아니다. 가족상담적 관점이나 생각이란 상담(치료)기법에 무게중심이 있는 것이 아니라, 문제나 증상에 대한 이해나 인식을 시스템론적으로 바꾸었다는 데 핵심이 있다.

일반 시스템론(general systems theory)을 제창한 버틀란피(Von Bertalanffy, L., 1968)는 이론생물학자로서 무생물, 생물, 정신과정, 사회과정에서 공통된 일반원리를 공식화하였다. 여기서는 시스템이란 상호 영향을 주고받는 요소의 통일된 복합체로 정의하고 있으며, 가족도 하나의 시스템으로 간주하고 있다. 그러므로 시스템론적 인식론은 어떤 문제나 증상에 대해 이해할 때 상호 영향적 관계의 관점에서 바라보게 된다.

가족 시스템은 부모 하위 시스템, 자녀 하위 시스템 등의 다양한 하위 시스템으로 구성되어 있으며, 동시에 상위 시스템(확대가족, 지역사회, 학교나 직장, 국가 등)의 아래에 놓여 있는 하위 시스템이기도 하다. 그리고 항상 환경과의 사이에서 다양한 정보를 주고받는 상호 영향의 관계 가운데 존재하는 개방 시스템(open system)이기도 하다.

과학의 원리처럼 인과관계를 명확히 할 수 있는 것은 직선적 인과론인 폐쇄 시스템(closed system)이다. 이 관점에서는 개인의 심리치료나 의학적 치료의 기본 생각은 문제나 증상의 원인을 그 개인의 내적 요인으로 귀속하고 있으며, 그 원인을 제거하기만 하면 문제는 해결된다고 본다. 예를 들어 위(胃)에 이상이 있어서 통증을 느낀다면 이상이 있는 부분에 대한 약물치료나 수술 등의 방법으로 치료하면 된다. 이러한 논리의 맥락에서 본다면, 예를 들어 등교거부나 학교폭력에 대한 해결은 그 문제행동의 원인이 그 학생에게 있기 때문에 해당 학생에 대한 지도 내지 상담만으로 가능하다. 이런 식의 접근은 원인규명적 관점에서 보는 '직선적 인과론'이며, 부분의 기능장애는 그 부분의 기능 회복에 초점을 맞추게 된다.

이런 맥락에서 접근하는 치료적 대응은 문제행동이나 증상을 보이는 사람에게 초점을 맞춘 대응을 하게 된다. 또는 만일 그 문제행동에 영향을 미친 사람이 있다고 할 경우, 그 영향을 미친 사람을 대상으로 문제행동의 원인 제공자 관점에서 치료적 접근을 하게 된다.

그러나 만일 개인을 집단의 일부로 보면서 동시에 집단도 개인의 단순한 집합이 아닌 역동성을 지닌 집단으로 보게 되면 문제행동이나 증상에 대한 이해는 전혀 다른 모습으로 나타나게 된다. 원래 '생태(organism)'라는 것은 그 자신이 독자적으로 존재할 수 없는 특성을 갖고 있다. 생태라는 시스템은 폐쇄적으로 존재하고 있는 것이 아니라, 개방적 시스템의 형태로 항상 다른 시스템과 관련해서 존재하고 있다. 예를 들어 위장의 경우 다른 소화기관의 관계에서, 그리고 그 소화기관도 다른 기관의 관계에서 움직이고 있는 것처럼 인간은 항상 타인과의 상호작용적 관계 속에서, 그 타인도 또 다른 타인과의 관계 속에서 영향을 주고받으면서 살아가고 있다(그림 2-4).

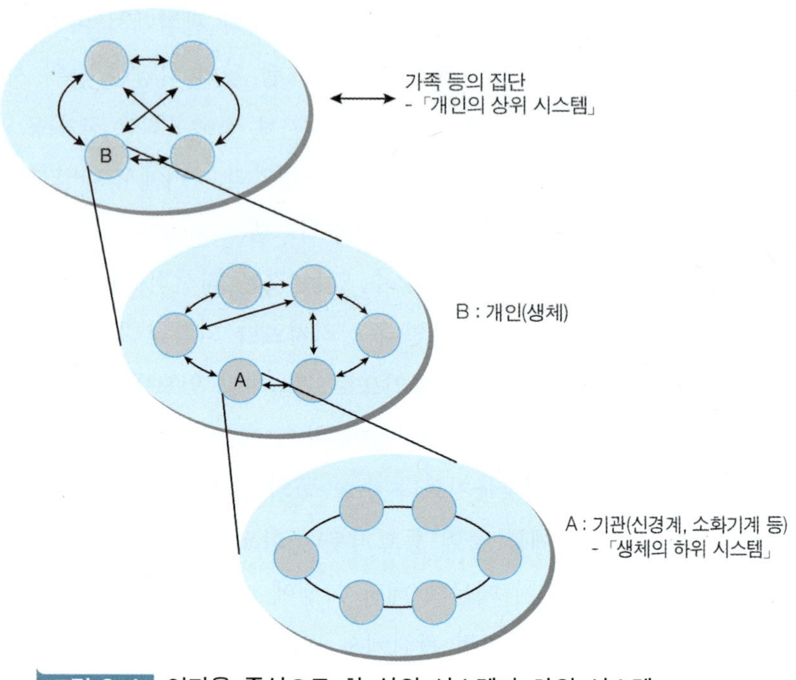

그림 2-4 인간을 중심으로 한 상위 시스템과 하위 시스템(平木, 1996)

이와 같이 문제나 증상을 바라보는 입장이 상호 영향적인 것으로 이해하는 것을 '순환적 인과론'이라고 한다(그림 2-5). 이런 관점에서는 일부의 변화가 다른 부분의 변화에 영향을 미치게 되며 나아가 이것이 전체의 변화로 확대되어 나간다. 또한 동시에 전체의 변화는 부분의 변화에도 영향을 미친다. 이렇게 생각하면 변화는 한 번의 순환으로 끝나는 것이 아니라, 연속적 순환의 형태를 띠게 된다.

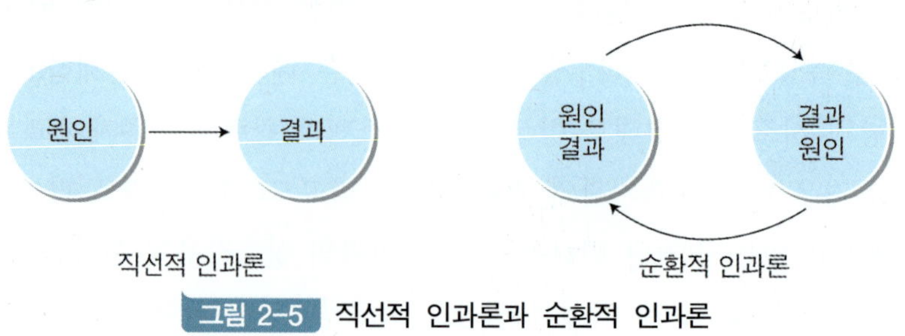

그림 2-5 직선적 인과론과 순환적 인과론

가족이라고 하는 동적인 개방 시스템에서는 어떤 현상이 하나의 원인으로 작용함과 동시에 결과가 되기도 하는 순환적 인과론의 특징을 띠고 있다. 그래서 개인의 변화는 가족 시스템 전체의 변화를 가져오게 하고, 한편으로 가족 시스템 전체의 변화는 개인의 변화를 가져오게 한다. 그러므로 가족구성원의 누군가가 증상이나 문제행동을 보이면 그것은 그 개인의 정신병리 현상이라든가, 부모의 양육방식에 문제가 있다는 식의 이해가 아니라, 가족 시스템의 기능에 문제가 있어서 나타난 현상으로 이해하게 된다.

순환적 인과론을 가족에게 적용하면 가족구성원은 '성장'이라고 하는 변화와 '장애'라고 하는 변화를 일으킬 수 있다. 이런 관점에서 보면 문제나 증상은 그 어느 누구 때문에 발생된 것도 아니며, 장애도 그 사람만의 문제로 볼 수 없다.

이와 같이 문제의 순환성이라는 관점에서 보면 환자라고 하는 사람은 과연 누구를 지칭하는가라는 문제가 발생한다. 순환적 인과론의 관점에서는 특정의 한 사람을 환자로 취급하는 것은 문제가 된다. 그래서 가족상담에서는 가족 구성원 중 제일 먼저 역기능적 증상을 호소한 사람을 IP(identified patient)라고 부른다. IP란 '일단 환자로 간주된 사람'이라는 의미를 담고 있다. 이 관점에서는 문제나 증상의 본질은 '관계의 문제'이며, 이 병리적 관계에 속한 한 사람이 대표적으로 문제행동이나 증상을 표출한 것으로 이해한다. 그러므로 이 이론적 입장에서는 어디까지나 환자 개인의 문제가 아닌 관계의 문제이며, 그래서 누가 피해자이며 누가 가해자인지 단정지을 수 없다는 관점, 즉 원인 제공자를 단정할 수 없다는 입장이다.

인간은 누구라도 그 사람 나름대로 모습으로 건강하게 살아가고 있지만 타인과의 만남과 관계 속에서 다양한 문제가 발생하게 된다. 이 관계에서 발생하는 문제에 대해 가장 부담을 느낀 사람이나 피해를 본 사람이 먼저 SOS를 보내는 것이다. IP는 문제나 증상을 자신의 문제로 호소하는 경우도 있고, 다른 사람의 문제로 생각하는 경우도 있다. 또는 타인이 IP를 문제로 생각하고 도움을 요청하기도 한다. 그러나 어느 경우일지라도 이것은 각자의 인식의 문제이며, 문제 그 자체의 본질을 이야기하고 있는 것은 아니다.

그래서 가족상담에서는 특정인을 환자로 단정해서 그 사람에 대해서만 치료적 접근을 하는 것이 아니라, 문제의 본질이 전체의 관계성에 있다고 보기 때문에 상담이나 치료는 관계의 조절에 초점을 맞춘다. 이처럼 가족상담은 환자의 문제나 증상을 다양한 시스템의 문제로 보면서 치료적 접근을 하게 된다.

3 가족의 변화

1) 가족의 변화란

가족상담은 간단히 말하면 기능이 마비되어 버린 가족관계를 효과적인 관계형성으로 바꾸는 지원법이다. 그래서 가족상담에서는 어느새 완고하게 굳어져버린 가족에 대해 어떤 변화가 필요하며, 그 변화를 일으키기 위해 어떤 지원이 필요한가가 중심 과제가 된다.

가족상담에서는 변화의 문제를 생각할 때 자동제어이론이 도입된다. 자동제어이론이란, 가족 내 상호작용을 기계적 자동제어 시스템의 원리에 비유해, 가족 구성원 간의 관계와 행동이 어떻게 반복적으로 조절되는지 설명하는 이론이다. 특히 가족의 기능 마비의 완화에는 '이차수준의 변화'라는 전략이 효과적이다. 이차수준의 변화(second order change)란 시스템 조직을 근본적으로 바꾸는 시스템 내의 모든 변화를 말한다. 일차수준의 변화(first order change)란 시스템의 기본적 구조는 그대로 두면서 이미 설정되어 있는 행동 범위 내의 연속적인 작은 변동을 말하지만, 이차수준의 변화는 시스템 그 자체가 불연속적이면서 질적 변화를 나타내는 것을 의미한다. 그러므로 일차수준의 변화는 시스템의 불균형을 회복시켜, 일정한 수준으로 유지시키려는 접근을 하게 되며, 이차수준의 변화는 시스템의 불균형을 증대시켜 새로운 구조로의 발전을 유도하는 접근을 하게 된다. 시스템의 주위 상황이 비교적 일정한 경우에는 시스템의 안정을 유지시키는 것을 중요하게 생각하는 일차수준의 변화가 효과적이지만, 내외 상황의 변화가 큰 경우에는 시스템 자체를 해소하거나 시스템의 일관성을 유지하면서 그 내적 구조를 변화시키는 이차수준의 변화가 요구된다. 가족상담에서 어떤 증상이나 문제에 직면하였을 때, 이것이 발생하기 이전의 상태로 회복시키려는 시도는 일차수준의 변화적 시도라고 할 수 있으며, 새로운 행동패턴이나 새로운 구조를 만들려고 하는 시도는 이차수준의 변화라고 할 수 있다.

가족 내에서 생성되는 어떤 증상이나 문제의 표출은 가족의 이차수준의 변화를 만들어 내기 위한 움직임이라고 할 수 있다. 그래서 이차수준의 변화가 필요할 때, 가족구성원의 한 사람이 증상이나 문제행동이라고 하는 이탈행동을 통해 가족을 흔들어서 변화를 일으키게 된다. 일차수준의 변화와 이차수준의 변화의 차이를 예를 들어 설명해 보자. 사춘기에 부모와의 심리적 독립이 제대로 이루어지지 않아 등교거부를 하는 자녀의 문제를 풀어나갈 때 부모의 노력을 통해 자녀가 다시 이전처럼 학교를 다니도록 하는 경우는 일차수준의 변화의 접근방법이라고 할 수 있다. 그러나 사춘기의 자녀를 부모의 생각대로 지도하는 것을 포기하고 자녀의 자립이 이루어지도록 지원하여 자녀와의 관계 그 자체가 변화하도록 함으로써 결과적으로 등교거부의 문제가 해결되도록 하는 접근방법은 이차수준의 변화라고 할 수 있다.

가족상담은 문제나 증상 그 자체에 대해 접근하는 심리치료가 아니다. 문제라고 하는 것은 인간관계 그 자체에 있으며, 한 사람 한 사람은 문제가 아닐지라도 두 명 이상의 관계에서는 문제가 생성될 수 있다는 가능성을 생각하는 것이 가족상담의 핵심적 관점이다. 때문에 가족상담은 가족 전체를 대상으로 하게 되며 가족 중에 누가 문제인가라고 하는 범인 색출과 같은 접근이 아닌, 구성원 전체의 균형과 변화를 지원하게 된다.

2) 가족의 발달과 발달과제

개인에게 발달이 있는 것처럼 가족에도 발달이 있다. 가족의 발달에는 일정한 순서가 있으며, 각 발달단계에 따른 발달과제가 있다. 또한 개인의 발달에서 단계와 단계의 임계기에 위기가 일어나기 쉬운 것처럼 가족발달에서도 동일한 현상이 나타난다. 가족의 발달단계와 각 단계에서 요구되는 발달과제를 요약하면 〈표 2-2〉와 같이 정리할 수 있다.

표 2-2 가족의 발달단계와 발달과제

발달단계	발달과제
제1단계 : 성인 초기	가족으로부터 심리적·경제적 자립 등
제2단계 : 신혼기	원가족으로부터의 자립, 부부관계의 확립, 가족의 일상적 규범 설정, 자녀출산에 대한 결심 등
제3단계 : 출산 및 육아기	모(부)자관계의 확립, 자녀양육에 전념, 자녀의 사회화에 대한 지원 등
제4단계 : 청년기 자녀의 시기	동일 세대와의 교류, 자녀 자립을 위한 지원, 중년기 부부 과제의 직면, 본인과 부모와의 관계 재설정 등
제5단계 : 자녀 독립 시기	2인 시스템의 재적응, 부모의 죽음에 대한 대응 등
제6단계 : 노년부부 시기	사회적 역할로부터 해방, 모(부)자관계로부터의 해방, 배우자의 죽음에 대한 적응 등

개인의 발달과정에서 그 시기에 요구되는 발달과제를 습득하지 못하면 그다음 단계의 발달과제의 획득이 부담으로 작용하면서 심리적 중압감으로 인한 노이로제 증상을 보일 수 있다. 가족발달에서도 동일하다. 가족이 해당 시기에 획득해야 할 발달과제를 달성하지 못하면 이후에는 가족이 감당할 수 없을 정도로 문제가 커지게 된다. 이럴 때 가족의 한 사람이 SOS를 보내게 된다.

이런 경우 대개 가족 전체가 경직되어 있어 그 상황에 유연하게 대처할 수 없는 상태가 되어서 가족구성원의 누군가가 이로 인한 문제나 증상이라는 형태로 외부에 표출한다. 그리고 문제가 표면화되었을 때는 해결을 위한 무의미한 시도가 동일한 패턴으로 반복되고 가족 전원의 필사적인 노력에도 불구하고 당사자들도 어떻게 할 수 없을 정도로 악순환에 빠져버리는 경우가 일반적이다. 가족상담에서는 이런 무의미한 노력을 객관적으로 재검토하고, 효과를 기대할 수 있는 행동이나 관계로 재조정될 수 있도록 지원하게 된다.

(1) 가족기능의 마비와 가족의 life cycle

가족상담에서는 가족구성원 중 한 명이 어떤 증상이나 문제행동을 보였을 때, 이것을 가족 시스템 전체의 기능 마비로 이해한다. 그리고 가족의 이런 기능 마비는 가족의 life cycle의 다음 단계로 원만하게 이행하지 못하게 하며, 이는 가족발달에 따른 과제를 잘 수행하지 못한 결과라고 본다. 예를 들어 최근 이혼경향을 보면 결혼 초기만이 아니라, 결혼 20년 이상 되는 황혼부부들의 이혼율이 급속도로 증가하고 있다. 이런 현상은 전자의 경우는 신혼기에 원(原)가족으로부터 심리적으로 독립하여 부부 시스템을 확립하지 못한 경우가 많으며, 후자의 경우는 성장한 자녀가 독립한 후 다시 이전의 부부 중심의 생활로 변화하는 과제를 잘 극복하지 못한 결과라고 볼 수 있다.

그러므로 가족상담에서는 그 가족이 현재 어느 발달단계에 와 있으며 어떤 발달과제에 직면해 있는가, 과거의 발달과제는 어느 정도 극복하였으며 어떤 미해결 과제가 남았는가를 진단하여 다음 발달단계로 원만하게 진행할 수 있도록 지원한다.

(2) 발달적 위기와 상황적 위기

가족이 직면하는 시스템 내외의 위기에는 일반가족이 보편적으로 체험하는 어느 정도 예측 가능한 발달적 위기와 일부 가족밖에 체험하지 못하는 예측 불가능한 상황적 위기가 있다. 발달적 위기는 앞에서 언급한 가족 life cycle의 이행에 수반되는 발달과제를 원만하게 극복하지 못하는 경우에 생성되는 문제들을 말하며, 상황적 위기는 가족구성원의 사망이나 사고, 재해, 만성질환 등을 말한다.

대개 발달적 위기를 경험하는 것만으로도 가족의 입장에서는 적지 않는 스트레스를 느낀다. 그런데 여기에다 상황적 위기까지 겹치게 되면 가족 시스템이 이에 적절하게 변화하여 적응한다는 것이 간단하지 않아서 아무리 건강한 가족일지라도 문제가 발생한다. 그래서 가족상담에서는 현재 그 가족의 발달단계와 발달과제에 대한 이해만이 아니라, 예측 불가능한 상황적 위기에 직면하지 않았는지에 대한 파악도 하게 된다.

(3) 정서 시스템으로서의 가족

가족 시스템은 개방 시스템이기 때문에 발달과정은 다른 사회 시스템으로부터의 영향도 크게 받고 있다. 무엇보다도 물리적으로는 핵가족이라고 할지라도 정서적으로는 3세대 이상의 확대가족 전체와 상호 영향적 관계에 있는 경우가 많다. 한 예로 비록 할머니가 시골에 살고 있지만 할머니의 죽음으로 인해 그 자녀인 어머니가 우울증세를 보이게 되고, 그로 인해 아이가 심리적으로 불안해하면서 학교생활의 부적응이라는 문제행동을 보이는 경우를 가정해 볼 수 있다. 이처럼 가족의 life cycle에서의 발달과제를 생각할 때도 핵가족 내에서 어떠한 변화가 필요한가만이 아니라, 각 발달단계에서 확대가족과의 관계는 어떻게 변화해야 하는가를 함께 고려하는 것도 중요하다.

4 가족상담의 주요 개념과 기법

한 마디로 가족치료라고 하지만 여기에는 다양한 학파가 있으며, 이에 따른 특징적인 이론과 기법이 각각 다르다. 그러나 어떤 이론이든 공통점은 가족을 하나의 시스템으로 보고 있다는 점이다. 여기서 몇 가지의 주요 개념과 기법에 대해서 알아보자.

1) 다세대적 접근

이 접근은 개인이나 가족의 문제를 3세대 이상에 걸친 확대가족의 역사라는 틀 안에서 생각하고, 상담에서 가족을 시스템으로 이해함과 동시에 개인의 정신과정을 중요하게 생각한다. 또한 가족구성원이 어느 정도 자신의 부모나 이전 세대로부터 자아분화(differentiation of self)를 하였는지, 즉 어느 정도 자율적이면서 정서적으로 성숙한지를 진단한다. 그러므로 자녀가 IP일지라도 치료과정에는 부모를 포함하게 되며 부모의 원가족과의 관계에 대해서도 관심을 갖는다. 다세대적 접근에서의 특징적 기법에는 삼각관계화, 충성심, 그리고 심리적 가계도(genogram) 작성이 있다.

먼저 '삼각관계화(triangulation)'란 가족 내의 두 사람 관계에 불안이나 긴장이 강해졌을 때, 제3자의 개입을 통해 안정을 회복하려고 하는 메커니즘이다. 한 예로, 부부싸움으로 인해 마음의 상처를 받은 아내가 심리적 안정을 얻기 위해 친정으로 가버리는 경우를 생각해 볼 수 있다. 그러나 삼각관계화에 의해 문제가 해결되었다고 할지라도 이것은 일시적이며, 또한 만일 이 상태가 고착되어 버리면 새로운 문제가 발생하기도 하여 몇 세대에 걸쳐 문제가 확장 내지 반복되기도 한다.

'충성심(loyalty)'이란 가족에 대한 소속감을 의미하며 의식적 또는 무의식적 마음의 연결고리를 말한다. 여기에는 수직적 충성심과 수평적 충성심이 있다. 먼저 '수직적 충성심(vertical loyalty)'이란 부모나 조부모 또는 그 이전의 세대, 그리고 다음 세대로 이어지는 마음의 연결고리를 말한다.

한편 '수평적 충성심(horizontal loyalty)'이란 동일 세대 간, 배우자나 형제와의 마음의 연결고리를 말한다. 종종 발생하기 쉬운 문제는 두 개의 충성심의 균형을 어떻게 유지하는가 하는 것이다. 특히 부모에 대한 수직적 충성심은 강하지만 배우자에 대한 수평적 충성심이 약한 경우 종종 심각한 부부갈등을 일으켜 자녀의 심리적 성장을 방해하기도 한다. 그리고 부모에 대한 불만이나 적대감정을 갖고 있는 사람도 행동 레벨에서는 부모와 동일한 행동을 하는 경우를 볼 수 있다. 예를 들어 부모에게 학대받으며 자란 사람이 부모를 증오하면서도, 한편으로는 자기 자녀를 학대하는 경우가 있다. 이것은 부모에 대해 해결되지 않은 죄악감이나 의존, 증오심이 마음속 깊은 곳에 있으며, 눈에 보이지 않는 충성심(invisible loyalty)이라고 하는 마음의 연결고리를 갖고 있기 때문이다.

다세대적 접근에서 가장 특징적인 기법은 심리적 가계도의 작성이다. '심리적 가계도'란 3세대 이상의 가족구성원에 관한 다양한 정보나 가족구조, 가족의 인간관계를 담은 가계도를 말한다. 심리적 가계도 작성을 통해 가족이 어떤 역사를 거쳐 왔는지, 어떠한 인간관계의 패턴이 보이는지, 과거의 미해결 문제는 무엇인지, 그리고 이러한 문제가 현재의 가족문제와 어떤 관련이 있는지를 시각적으로 이해할 수 있다. 다세대적 접근은 물리적으로는 핵가족일지라도 심리적 또는 무의식적으로는 자신의 부모와 연결고리가 강하다고 할 수 있다. 이런 접근은 개체의 확립이 불충분한 우리 사회의 가족문제를 생각할 때 상담 장면에서 유용하게 활용할 수 있다. 또한 개인상담에서 내담자의 가족문제를 이해하는 데도 큰 도움이 된다.

2) 구조적 접근

구조적 가족치료에서는 가족구조를 중요하게 생각한다. 구조란 구성, 조직, 체계 등을 의미하며, 여기서는 가족구성원 간의 상호작용이 '경계', '동맹', '권력'의 세 가지 측면에 의해 규정되어 있다고 보고 있다.

먼저 '경계(boundary)'란 특정의 상호작용 형태나 가족관계의 전체에 가족구성원 중 누가 포함되어 있고, 누가 포함되어 있지 않는가라고 하는 문제를 말한다. 가족구성원 사이의 경계가 애매모호한 상태로 관계가 뒤엉켜 있는 경우도 있고, 반대로 가족구성원들 사이의 경계가 견고하고 경직되어 있는 상태도 있다.

'동맹(alliance)'에는 두 명 또는 그 이상의 가족멤버가 다른 한 사람 또는 그 이상의 가족구성원에 대항하여 결속하는 연합과 두 명 또는 그 이상의 가족구성원이 다른 구성원과는 관계없이 독립적으로 결속하는 동맹이 있다.

'권력(power)'이란, 가족내 관계와 상호작용에서 누가 어떤 영향력을 행사하는지,

그리고 그 권력이 어떻게 가족 구조와 행동에 영향을 미치는지에 대한 개념이다.

기능이 마비된 가족이란 세대 간의 경계가 혼란스럽거나 어머니가 아버지를 배제하고 자녀와 연합하거나, 부모가 자신들의 부부갈등을 부정하고 자녀를 문제아이로 몰아붙여 연합해 있거나, 자녀가 가정 내에서 부모 이상으로 권력을 갖고 있는 등, 가족의 구조 그 자체가 기능적 역할을 하지 못하는 상태를 의미한다. 그러므로 구조적 접근에서는 가족의 경계, 동맹, 권력을 조정하여 가족의 시스템을 재구조화하게 된다.

구조적 접근에는 치료적 변화로 이어질 수 있는 가족구성원 간의 교류를 치료사가 만드는 교류의 창조(예: 각본을 만들어 가정에서 일어날 수 있는 문제 장면을 실제 연기하도록 하여 문제를 끄집어낸다), 치료사가 가족 시스템의 교류에 참여하는 교류의 합류, 그리고 가족구성원 간의 교류형태를 변화시켜 IP의 문제를 필요로 하지 않는 기능적 가족구조를 만들기 위한 교류의 개조 등이 있다.

이 기법에서는 다세대적 접근처럼 장기간의 가족과정을 중요시하는 것은 아니지만, 심리치료사는 가족의 현재 life cycle에서는 가족의 어떤 기능적 구조가 필요한지를 생각하면서 보다 기능적인 가족구조로 변화시키기 위해 가족 시스템에 적극적으로 개입한다.

3) 커뮤니케이션적 접근

이 접근은 특히 가족구성원 간의 커뮤니케이션에 주목한다. 다세대적 접근이나 구조적 접근처럼 가족 시스템으로써의 성장, 가족구조의 변화, 가족구성원 한 사람 한 사람의 자아분화라고 하는 것보다는 치료목표는 가족이 현재 힘들어하고 있는 문제가 무엇인지를 파악하여 이에 대한 지원을 하는 데 초점이 맞춰져 있다. 또한 이 접근에서는 가족이 안고 있는 문제는 그것을 해결하려고 하는 가족구성원 간의 잘못된 커뮤니케이션에 의해 오히려 유지 · 강화되거나 악화되는 악순환에 빠지게 되는 것에 착안하여 이 악순환을 타파하기 위해서 역설적인 개입도 필요하다고 본다.

가족은 IP의 문제행동이나 증상을 부정적인 것으로 간주하고 있지만, 가족치료사는 오히려 여기에는 긍정적인 의미가 있으며, 가족의 입장에서도 의미가 있다고 생각한다. 이런 관점에서 문제를 바라보면 가족의 문제를 이해하는 방식과 치료법은 달라지게 된다. 여기서는 문제로 간주되고 있는 부분을 바꾸지 않고, 그 의미부여를 새롭게 하는 것이다. 심리학적으로 말하면 그림 그 자체는 바꾸지 않고, 배경이라고 하는 부분을 완전히 다르게 함으로써 전체를 변화시키는 접근법이라고 할 수 있다.

증상처방(prescribing the symptom)은 IP에 대해 문제행동이나 증상을 의도적으로 일으키도록 하거나 다른 가족구성원도 그것을 도와주도록 지시함으로써 증상이나 문제행동이 갖고 있는 의미를 수정하고 가족 시스템의 균형을 깨트려서 치료적 변화를 일으키도록 하는 것이다. 이 접근에서는 특히 문제를 단기간에 해결하는 것을 중요하게 생각하고 있으며, 통상 10회 정도의 치료과정으로도 해결되지 않으면 실패로 간주한다. 또한 가족이 안고 있는 문제에 대해 가장 관심을 갖고 있는 사람이 있다면 그 사람만을 대상으로 상담을 통해 변화시킴으로써 그것이 가족 전체에 영향을 미칠 수 있도록 유도한다.

5 가족상담의 학습과 훈련

1) 이론학습

오늘날 가족상담 내지 치료에 관한 서적이 적지 않게 출판되어 있어, 이것들을 통해 가족상담의 다양한 이론과 기법을 배울 수 있다. 대개 이들 책에서는 상담 장면의 축어기록이 실려 있는 경우가 많기 때문에 이론과 실제를 연결하여 배울 수 있다.

2) 가족상담 장면의 역할훈련

이론적 학습만이 아니라 가족상담 장면을 가정한 역할연습을 통해 체험적으로 배우는 것도 중요하다. 책에 수록되어 있는 가족상담 장면의 축어기록을 시나리오로 해서 역할훈련을 해보거나 어떤 문제를 안고 있는 가족을 추정하여 역할을 해보는 것도 도움이 된다.

역할훈련(role play) 가운데 치료사의 역할을 하게 되면 치료사로서 가족과의 관계를 경험할 수 있으며 가족구성원의 다양한 역할을 해봄으로써 가족치료에서 가족이 어떠한 체험을 하는지도 알 수 있다.

3) 관찰과 슈퍼비전

개인상담과는 달리 대개 가족상담은 하나의 팀으로 진행되며, 반투명 거울(one-way mirror)의 장치나 녹화를 통해 슈퍼바이저(supervisor)의 도움을 받으면서 상담을 진행할 수 있다. 또는 슈퍼바이저가 하는 상담을 관찰할 수도 있을 것이다. 물론 여기에는 윤리적 문제가 발생하지 않도록 하기 위해 사전에 반드시 상담가족의 동의를 얻어야 한다.

4) 상담사 자신의 자기이해 및 가족이해

정신분석을 비롯한 개인상담에서는 상담사 자신의 자기이해가 무엇보다도 중요하다는 것은 주지의 사실이며, 이것은 가족치료에서도 마찬가지이다. 먼저 상담사는 자신의 가족과의 관계를 충분히 이해할 필요가 있다. 상담사 자신이 가족과의 관계에서 큰 갈등이나 문제를 갖고 있는 경우, 가족상담 장면에서 그 가족을 어떻게 이해하고 접근할 것인가 하는 문제에 영향을 미친다. 구체적인 훈련방법으로는 자신이 평소 가족과 주고받는 경험을 한 번 재현해 보는 가족역할훈련이 효과적이다.

5) 가족상담학습의 유의점

가족상담 기법은 매우 다양하며, 여기에는 단기간에 가족의 변화를 유도하는 강력

한 기법들이 많다. 대개 사람들은 이런 기법에 매혹되어 가족치료를 시작하는 경우가 적지 않다. 그러나 기법에만 얽매이게 되면 가족을 지원하기 위한 가족상담이 아니라, 상담사 자신이 만족하기 위한 가족상담이 될 위험성이 크다. 임상심리학이나 상담을 배우는 사람은 단지 기법의 힘보다는 가족 한 사람 한 사람의 아픔과 고민에 대한 수용과 공감성이 더 중요하다는 사실을 항상 염두해두어야 한다.

또한 가족상담에서는 가족구성원 간의 상호작용에 초점을 맞추기 때문에 개인의 정신세계 과정을 소홀히 하거나 정신의학적 진단이나 정신병리를 무시하는 경우가 있다. 가족을 시스템으로 이해하는 것도 중요하지만, 이것만으로 가족을 이해할 수 있다고 생각하는 것은 과학지상주의와 다를 바 없다. 가족이라고 하는 것은 그 구성원 한 사람 한 사람이 나름대로의 개성을 갖고 있으며, 이런 다양성으로 구성된 시스템이라는 사실을 잊어서는 안 된다. 치료사들 가운데는 처음에는 가족치료에 매력을 느껴 내담자에 대해 가족치료적 접근을 해나가지만, 이것만으로는 치료에 한계가 있다는 사실을 점차 느끼면서 개인의 정신세계의 과정이나 정신병리에 대해서 새롭게 배우기 시작하는 사람이 적지 않다.

현재 우리나라에서도 다양한 가족치료 기법이 소개되고 있는데 여기에는 각각 특징이 있으며, 또한 동시에 장점과 단점도 각각 있다. 그리고 치료학파는 다를지라도 실제 치료 장면에서 행해지는 것에는 공통점이 많다. 그러므로 가족상담 내지 치료를 배우고자 하는 자는 폭넓게 각 학파의 기본적인 이론과 기법을 학습하면서 자기 자신의 성격이나 가족에 맞는 접근법을 몸에 익혀 나가는 것이 중요하다.

연습 ➡ 제4부 제3장에서 각 상담이론의 차이에 대해 이해하는 연습을 해보자.

제 6 장 게슈탈트 상담

1 게슈탈트 상담이란

게슈탈트(gestalt)란 독일어로 '전체', '통합', '형태'를 의미한다. 이 단어의 의미에서 알 수 있듯이 게슈탈트 심리학은 인간의 전체성과 인지의 연속성 내지 통합성을 강조하면서 인간은 부분의 합산 이상의 존재라는 인식을 갖고 있다. 이처럼 게슈탈트 심리학은 인간이해에 있어 행동주의 인간이해와는 전혀 다른 관점을 갖고 있다. 즉, 인간을 다양한 요소, 예를 들어 인지나 지각 등을 합친 존재가 아니라 전체로서 잘 구성되어 있는 부분의 종합 이상의 통합적인 존재로 보고 있다.

[그림 2-6]의 루빈의 컵 그림, [그림 2-7]의 젊은 여성과 할머니 그림의 예를 통해서 게슈탈트 상담이론에 대해 설명해 보자. [그림 2-6]과 같은 그림을 반전도형이라고 하는데, 흰 부분을 컵이라고 보게 되면 주위의 검은 부분은 배경이 된다. 그런데 검은 부분은 사람의 옆모습으로 양쪽에서 서로 바라보고 있는 것으로도 보인다. 이렇게 보게 되면 컵이었던 부분은 배경이 된다. 이처럼 그림과 배경이 반전되어 보이는 것은 인간은 부분을 이해하려고 하는 것만이 아니라, 배경도 포함해서 전체의 인지 가운데 부분을 이해하려고 하기 때문이다. 이런 그림을 어떻게 볼 것인가 하는 것은 그 사람의 세계에 따라 달라진다.

한편 [그림 2-7]의 젊은 여성과 할머니 그림도 두 가지의 그림으로 보인다. 어떤 사람으로 보이는지 잠시 그림을 응시해 보자. 이 그림에서 하나는 20대 후반에서 30대 중반으로 보이는 여성, 또 하나는 70대 후반에서 80대 할머니로 보일 것이다. 젊은 여성은 조금 비스듬하게 뒷면에서 보이는 모습, 할머니 그림은 조금 비스듬하게 앞에서 보이는 옆모습이다. 젊은 여성은 왼쪽 속눈썹과 왼쪽 귀가 보일 뿐이며 검은 초커(choker)를 하고 있다. 반면 할머니의 경우는 젊은 여성의 왼쪽 귀에 해당하는 부분이 왼쪽 눈, 젊은 여성의 왼쪽 눈썹은 할머니의 오른쪽 눈썹이 되며 젊은 여성의 초커는 할머니의 입이 된다. 어느 그림의 경우라도 동시에 두 개의 그림을 볼 수 없으며, 그 지면의 정경(情景) 전체가 각각 의미를 가질 때 비로소 하나하나의 형태가 명확해진다. 이 그림의 예처럼 인간에 대한 이해도 부분과 부분의 관계가 총합적으로 이해되어야 비로소 전체로서 의미를 갖는다.

만일 두 사람이 루빈의 컵 그림을 보면서 한 사람은 컵으로만 보고, 다른 한 사람은 사람의 옆모습으로밖에 보지 않는다고 생각해 보자. 이 두 사람의 대화는 결국 충돌하게 될 것이다. 동일한 대상에 대한 관점이 다를지라도 서로 이야기가 통하면서 이해를 하기 위해서는 유연한 관점으로의 전환이 필요하다는 것을 알 수 있다.

그림 2-6 루빈의 컵

그림 2-7 젊은 여성과 할머니

인간은 항상 자신의 체험을 바탕으로 이야기를 하기 때문에 상대방과의 이야기와 충돌하는 경우가 적지 않다. 인간의 체험이라고 하는 것은 개인적인 경험이기 때문에 객관적인 사실이 아닌 경우가 많으며, 그렇기 때문에 상대방과의 대화가 원만하게 진행되지 않은 경우가 많다. 그런데 우리는 이야기가 통하지 않을 경우 상대방이 이상하거나 그릇된 생각을 하고 있다고 판단한다. 루빈의 컵을 보면서 한 사람은 "여기에 꽃을 꽂으면 좋겠다"라고 말하고, 또 한 사람은 "빨리 키스를 하면 좋을 텐데"라고 말한다면 동일한 그림에 대해 두 사람이 보는 관점은 전혀 다른 것이 된다. 그런데 어느 한쪽이 옳다고 해버린다면 다른 쪽은 틀린 것으로 되어버리지만, 이 경우는 그 어느 쪽도 틀리지 않는 그림이다.

그래서 게슈탈트 상담기법에서는 그 사람의 체험을 사실로 인정하고 자신감을 갖도록 하면서 한편으로는 자기와 다른 세계를 갖고 있는 상대방에 대해 놀라거나 불안해하지 않도록 지원하게 된다. 자기와 다른 상대방의 세계를 인정하고 그 사람의 세계가 이해가 되면 비로소 그 사람과의 진지한 만남이 이루어질 수 있다. 그러므로 게슈탈트 상담의 목표는 자기 세계의 확인과 유연한 사고의 획득에 초점이 맞춰진다. 상담사에 대한 훈련도 동일하다. 내담자가 얼굴이라고 말하고 있는데도 상담사가 컵으로만 본다면 이야기는 서로 통하지 않을 것이다. '이 사람은 이렇게 보고 있구나'라고 하는 사실을 이해할 수 없다면 상담은 곤란해진다.

2 게슈탈트 상담의 주요 개념

1) 자각

'자각(awareness)'이란 정신분석학에서 말하는 '통찰'에 가까운 개념이다. 즉, 이 개념은 "아 그렇구나"라고 하는 '알아차림'의 체험을 말한다. 여기에는 '내층 자각'과 '외층 자각'으로 나눌 수 있다. '내층 자각'이란 신체 내부, 즉 자신의 내면에서 일어나고 있는 것에 대한 의식을 말한다. 예를 들어 "아버지에 대해 이야기를 하고 있으면 분노가 올라오는 것이 느껴집니다"와 같은 경우이다. 내층에 있어서의 병리적인 문제는 기본적으로 자각이 없기 때문에 발생되는 현상으로 본다. 자각이 없으면 자신에게 무엇이 일어나고 있는지, 또는 자신은 무엇을 느끼고 있는지를 모르기 때문이다. 자신의 상태나 내면에 대한 이해를 하고 있지 않으면 상대방이나 상황에 대한 판단 또는 선택이 어려워진다. 게슈탈트 상담에서는 분노나 즐거움 등 자신의 내면에서 일어나고 있는 것을 아는 것이 '진정한 자기(authentic self)'를 확립하는 데 필요불가결한 것으로 여기고 있다. '외층 자각'이란 외부세계에서 일어나고 있는 것에 대한 의식을 말한다. 예를 들어 '선생님(상담사)이 팔짱을 끼고 있다'와 같은 예를 의미한다. 외층에 대한 자각은 외부세계에 대한 적응에 영향을 미친다.

2) 그림과 바탕의 관계

의식의 수준에 떠오르는 것을 게슈탈트 상담에서는 '그림'이라고 한다. 쉬운 예를 들어 설명해 보자. 책을 읽고 있다가 화장실에 가고 싶다는 생각이 든다고 하자. 이 경우, 이전까지 '바탕'에 해당했던 '화장실에 가고 싶다는 욕구'가 그림으로 부상된 것이다. 그런데 문제는 그림으로 부상된 '화장실에 가고 싶은 욕구'를 어떻게 할 것인가이다. 의식으로 떠오른 욕구를 지금 해결해야 하는가, 아니면 나중에 해결해도 되는가를 선택 가능한 사람은 정신적으로 건강한 사람이다. 만일 지금 해결을 선택한다면 그 사람은 화장실을 가게 될 것이다. 그럴 경우, 일시적으로 독서는 중단되지만 화장실을 다녀오게 되면 화장실을 가고 싶은 욕구는 사라지면서(즉, 이제 바탕이 되고), 그다음의 욕구가 '그림'으로 나타나게 된다. 그것이 독서에 대한 욕구라고 한다면 독서행위가 지속될 것이다. 이 과정을 게슈탈트 상담에서는 '그림과 바탕'의 반전이라고 한다. 정신적으로 건강한 사람이라면 자신의 입장에서 지금 무엇이 중요하며 우선적인 욕구가 무엇인가를 깨닫고 그것을 충족해 나간다.

그런데 병리적인 상태라고 하는 것은 이런 '그림과 바탕'의 반전이 일어나지 않는 경우를 말한다. 즉, 지금 화장실에 가고 싶은 욕구가 강함에도 불구하고 혼란스러워지면서 화장실에 가지 못하는 경우이다. 이 배경에는 '화장실에 가고 싶다'고 하는 보다 우선적인 욕구를 선택할 수 없거나 독서에 대한 욕구에 너무 집착해 있거나, 또는 이 두 가지 욕구 가운데 어느 쪽이 더 중요하고 우선적인가를 판단하지 못하는 경우일 것이다. 어떤 경우일지라도 화장실도 못 가고, 책도 손에 잡히지 않는 상태, 즉 욕구가 두 가지로 분할되어 심리적으로 우왕좌왕하는 상태에 놓이게 된다.

3) '지금, 여기'의 현상학적 관점

게슈탈트 상담기법에서는 '지금, 여기'라고 하는 현상학적 입장을 중요하게 생각하고 있다. '지금, 여기'라고 하는 현상학적 관점이란 '지금, 여기'에서 경험하고 있는 것은 정말로 '지금, 여기'라고 하는 장에서 일어나고 있는 현상 그 자체를 의미하고 있다. 이처럼 이 상담기법에서는 '지금, 여기'를 중요하게 생각하며, 현재야말로 내담자에 대한 이해나 문제해결의 실마리를 찾는 데 가장 중요한 시점으로 본다. 예를 들어 내담자의 신경증적 불안이나 공포는 심적 외상체험이나 마음의 응어리와 같은 과거에 일어났던 사건에 의해 나타나는 현상일 수 있다. 하지만 이런 현재의 심리적 현상은 동시에 미래를 선점(先占)하고 있는 것이기도 하다. 즉, 미래에 대해 불안하게 생각하거나 무서워하는 것은 현 시점에서 불안이나 공포를 갖고 있다는 것을 의미하기도 한다. 이렇게 보면 과거의 문제로 인해 미래에 대한 불안이나 공포를 느끼고 있다고 하는 것은 현재에도 그 문제가 이어지고 있다는 것을 말한다. 이처럼 과거의 일이나 미래의 일은 모두 현재라고 하는 시점에서 내담자에게 문제가 되고 있다는 것을 알 수 있다.

그리고 개입이라고 하는 관점에서 보면 과거의 일도, 미래의 일도 현재의 시점에서는 도무지 개입할 수 없는 일이기도 하다. 인간은 과거로 돌아가서 문제를 해결한다든지, 미래로 가서 체험을 한다든지 할 수 없다. 해결하거나 경험할 수 있는 것은 어디까지나 현재이다. 그러므로 게슈탈트 상담에서는 심리적 상처나 마음에 남아 있는 체험, 또는 미래에 대한 불안이나 공포를 '지금, 여기'에서 다시 체험하게 하거나 미리 경험하도록 하는 전략을 통해 치료적인 접근을 해나간다. 그래서 이 상담기법에서 중요한 것은 어디까지나 통찰을 통해 현재에 적응해 나갈 수 있도록 하는 것이다.

4) 호메오스타시스

'호메오스타시스(homeostasis)'란 유기체가 외계의 변화에 대응해서 내계의 균형을 유지하고자 하는 생리적 기능을 말한다. 예를 들어 체내의 수분이 부족하면 갈증을 느낀다. 갈증을 느낄 수 있기 때문에 수분을 공급하여 체내의 수분 균형을 유지하게 되고, 생명을 유지할 수 있게 된다.

이런 호메오스타시스의 기능은 정신적 현상에도 존재한다. 예를 들어 불쾌한 경험을 하게 되면 불쾌감이나 분노를 느끼는 경우가 이에 해당된다. 이 불쾌감이나 분노는 갈증이 체내 수분의 부족을 알리는 신호와 같은 것으로 정신적 균형을 유지하기 위한 신호로써 존재한다고 이해할 수 있다. 그러므로 불쾌감이나 분노라고 할지라도 그것을 억압하거나 무시하는 것이 아니라, 오히려 그것을 그대로 인정하고 그러한 감정을 의식하는 것이 바람직하다.

자신의 감정을 있는 그대로 인정하거나 의식하는 것을 게슈탈트 상담에서는 '접촉'이라 한다. 이것은 곧 언어나 신체적으로 표현하는 것, 즉 게슈탈트적으로 말하면 '형태'로 나타내는 것을 의미한다. '형태'로 나타내게 되면 불쾌감이나 분노는 이제 더 이상 '그림'으로 머물러 있는 것이 아니라, '바탕'으로 바뀌면서 그림과 바탕이 반전하게 된다. 왜냐하면 앞에서 언급한 것처럼 정신적 균형을 유지하기 위한 신호를 신호로써 받아들이기 때문이며, 그리고 욕구라고 하는 것은 충족이 되면 하위의 욕구로 전환되기 때문이다.

3 게슈탈트 상담의 과정

게슈탈트 상담의 세계에서는 '자각에서 시작해서 자각으로 끝난다(Perls, F., 1969)'고 하는 말이 있을 정도로 '자각'을 가장 중요한 개념으로 생각하고 있다. 게슈탈트 상담의 과정은 내담자가 자기 자신에 대한 자각에서 시작하여 계속적으로 새로운 연속적 자각의 과정을 거쳐 보다 더 중요한 자각으로 전개되는 일련의 과정이라고 할 수 있다. 이것은 '형태화'하는 과정, 통합적인 전체로의 지향과정, 미완성에서 보다 완성으로의 지향과정이라고도 할 수 있다. 이에 대한 설명을 그림으로 표시하면 [그림 2-8]과 같이 '바탕 = 무의식'으로부터 '그림 = 의식'으로 나타나는 것에 민감해지면서 그것을 언어화하거나 행동화하여 소위 그림과 바탕의 반전을 경험하는 과정이라고 할 수 있다. 그리고 이 과정은 '지금, 여기'라고 하는 현상학적 장에 있어서의 심리치료사의 개입을 매개로 하여 촉진되어 나간다.

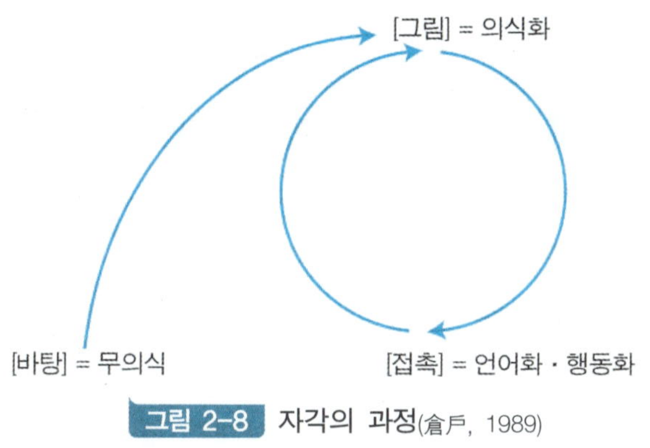

그림 2-8 자각의 과정(倉戶, 1989)

게슈탈트 상담에 있어서의 상담사의 개입은 어디까지나 내담자 스스로가 자신이나 외계에 대한 자각이 촉진될 수 있도록 도와주는 것이다. 이 개입은 기본적으로 하나의 기법으로 다가가는 것이 아니라, 기본적으로 게슈탈트의 성격이론이나 임상경험 등에 기초로 하여 상담사 자신의 전 인격으로 접근해 나가야 한다. 그러므로 이 기법에 기초하여 상담하고자 한다면 상담사는 이 기법을 이용한 치료적 경험이 매우 중요하다.

제 7 장 긍정심리학 상담

1 긍정심리학에 대한 이해

1) 긍정심리학의 탄생

긍정심리학(Positive Psychology)은 1998년 세리그만(Seligman, M. E. P.)이 미국심리학회 회장으로 선출되었을 때 제창된 새로운 심리학의 방향성이다. 이제까지의 심리학은 주로 정신질환이나 문제행동의 치료나 개선에 초점을 맞추었지만, 긍정심리학은 인간의 긍정적인 측면, 예를 들어 행복이나 강점 등의 긍정적인 요소에 관심을 갖고 과학적 연구를 통해 삶의 질 향상 지원에 초점을 맞추고 있다. 마틴셀리그만은 긍정심리학을 개인이나 공동체의 번영에 미치는 요인에 대한 발견과 촉진에 초점을 맞춘 학문이라고 설명하고 있다(Seligman & Csikszentmihalyi, 2000). 긍정심리학의 연구 범위는 행복, 강점, 몰입, 감정, 낙관주의 사고, 동기, 창의성, 리더십, 선택, 역경으로부터의 회복, 사랑, 결혼 등 매우 다양하다. 그리고 그 응용범위도 매우 넓어서 심리치료만이 아니라, 인간관계, 교육, 의료, 비즈니스 현장에도 크게 활용되고 있다.

긍정심리학에 기초한 상담 지원은 일상 가운데 느끼는 내담자의 행복이나 삶의 질 향상, 재능의 발견 및 촉진 등에 대해 초점을 맞추고 있다. 때문에 상담사는 "이 사람은 어떤 문제가 있는가"가 아니라, "이 사람은 어떤 좋은 점이 있는가", "무엇이 도움이 되지 않는가"보다는 "무엇이 도움이 되는가?"를 중심으로 이야기를 풀어나간다. 예를 들어 만일 내담자가 시험 등의 실패로 낙담하여 자신의 인생에 대해 비관적으로 생각할 때, 상담사는 "이번 실패를 다른 관점에서 설명해 보면 어떨까요? 만일 긍정적인 관점에서 설명하는 게 어렵다면 이번 실패 경험의 의미에 대해서 생각해 보면 어떨까요? 논리적으로 설명하는 게 쉽지는 않겠지만, 어떤 설명이 당신의 기분을 전환하는 데 도움이 되는지 함께 생각해봅시다" 등의 방법을 통해 실패에 대해 긍정적 사고나 실패의 의미를 찾아서 삶의 질이 향상되도록 지원하게 된다(Carr, A., 2004).

그런데 사실 긍정심리학은 이제까지의 심리학과는 많이 다른 새로운 주제와 방향성을 제안하고 있지만, 그 아이디어 자체는 결코 새로운 것이라고 할 수 없다. 이전부터 일부 심리학 학자들도 긍정심리학의 관심 주제를 다룬 이론을 내놓기도 하였다. 예를 들어, 개인의 성숙에 주목한 올포트(Allport, G.), 이상적 정신건강(Ideal Mental Health) 이론을 제안한 야호다(Jahoda, M.) 등이 있다. 또한 긍정심리학은 그 전신(前身)이 인간주의 심리학(Humanistic Psychology)이라고 할 수 있을 정도로 연구 주제나 그 설명 방식이 유사하기도 하다.

2) 긍정심리학과 인간주의 심리학의 차이점

1950년대에 탄생하여 1960년대, 70년대에 전성기를 맞이했던 인간주의 심리학은 인간에 대한 병리학적 접근에 대해 의문을 제기한 학문이다. 대표적인 학자인 로저스(Rogers, C. R.)는 '완전히 기능하고 있는 인간(fully functioning person)'이라는 개념을 제안하였고, 마슬로(Maslow, A.)는 인간의 최종적인 욕구 실현은 '자기실현'이라고 보았다. 특히 마슬로는 자신의 이론에서 일찍이 '긍정심리학'이라는 용어를 사용하기도 하였다. 이처럼 긍정심리학과 인간주의 심리학은 관심 주제가 인간의 긍정적인 측면에 초점을 맞추고 있다는 점에서는 분명히 공통점이 많은 학문이라고 할 수 있다.

그러나 이 둘은 분명한 차이가 있다. 긍정심리학자들은 행복, 강점, 몰입 등의 주제에 대한 정확한 이해는 과학적 연구법을 통해서 신뢰할 수 있는 실증적 자료를 얻을 수 있다고 주장하고 있다. 그러나 인간주의 심리학자들은 원자나 분자를 연구하는 데 도움이 되는 과학적 연구법은 복잡한 존재인 인간 이해에는 도움이 되지 않으며, 통계적으로 복잡한 계산을 통한 양적 연구보다는 질적 분석의 필요성을 강조하고 있다. 이처럼 긍정심리학은 심리학에서 중요하게 생각하는 과학적 접근법을 존중하고 있지만, 인간주의 심리학은 인간 이해에 있어 실험 등 과학적 연구법에 의한 접근에 대해 회의적인 시각을 갖고 있다는 점이 다르다(Peterson & Seligman, 2004).

3) 감정과 사고에 대한 이해

(1) 감정에 대해서

① 긍정적 감정의 효과

이제까지의 상담은 내담자의 우울, 슬픔, 분노, 스트레스, 불안 등의 부정적 감정에 주목하였지만, 긍정심리학은 긍정적 감정에 주목하면서 이 감정이 가져다주는 행복, 즐거움, 애정, 쾌감 등의 의미를 중요하게 생각하고 있다. 미국의 긍정심리학자 프레드릭슨 박사(Fredrickson, B., 2001)는 긍정적 감정이 개인적 성장과 발전에 기여하며, 지속적으로 효과를 가져다준다고 하는 「확장 · 구축이론(Broaden and Build Theory)」을 제안하였다. 이 이론이 주장하는 내용은 다음과 같다.

• 긍정적 감정은 사고와 행동 레퍼토리를 확장한다.

긍정적 감정은 사고를 확장시켜 다양한 긍정적 아이디어를 갖게 한다. 그래서 긍정적 감정을 많이 경험하게 되면 창의성이 높아지고, 그러면서 보다 많은 기회를 얻게 된다. 그리고 타인과의 관계에서도 개방적, 관용적 태도를 취하는 유연성을 보인다.

• 긍정적 감정은 부정적 감정을 소멸시킨다.

긍정적 감정과 부정적 감정을 동시에 느낄 수는 없다. 그러므로 내면에 부정적 감정이 지배적일 때는 긍정적 감정을 의식적으로 갖게 하면 부정적 감정의 지속을 막을 수 있다.

- **긍정적 감정은 레지리언스(회복력)을 높인다.**

긍정적 감정은 문제 상황의 대처능력이나 재평가를 촉진시켜 부정적 상황이나 일에 대해 긍정적 의미를 갖게 한다. 그래서 불쾌한 일을 경험했다고 할지라도 보다 빨리 회복할 수 있다.

- **긍정적 감정은 심리적 건강을 향상시킨다.**

긍정적 감정은 감정 그 자체는 일시적일지라도 장기간에 걸쳐 신체적, 지적, 사회적, 심리적 자질 향상을 촉진시킨다.

- **긍정적 감정은 타인의 마음도 행복하게 만든다.**

긍정적 감정은 타인의 마음도 보다 건강해지도록 하는 영향력이 있기 때문에 상대방을 행복하게 하기도 한다.

그런데 사실 상담사가 의도적으로 내담자에게 긍정적 감정을 갖도록 하는 것은 쉽지 않는 일이다. 감정의 세계는 본인이 스스로 느끼는 마음이며, 외부에서 개입하거나 통제할 수 있는 세계는 아니다. 때문에 그 사람에게 즐거운 경험을 제공했다고 할지라도 그 사람이 반드시 긍정적인 감정을 느낀다고 할 수는 없다.

그러나 감정의 체험은 그 일이나 상황에 대한 해석과 관련되어 있다. 때문에 상담사는 내담자가 평소 주변에 일어나는 일에 대해 긍정적 의미를 발견할 수 있도록 유도하고, 동시에 긍정적으로 이해한 것을 긍정적 언어로 최대한 표현할 수 있도록 지원하게 된다. 프레드릭슨 박사는 긍정적 감정을 유도하는 기술적 방법으로 점진적 근육 이완법(PMR: Progressive Muscle Relaxation), 요가, 이미지트레이닝 등을 통한 리렉스 기법을 제안하고 있다(Fredrickson, B., 2002). 명상도 마인드풀니스(mindfulness) 상태에 도달하기 쉬워 심리적 안정을 갖게 한다고 본다.

연습 ➡ 제4부 제4장에서 긍정적 감정을 높이는 훈련을 해보자.

② 부정적 감정의 가치

긍정심리학은 우울, 슬픔, 불안, 긴장 등의 부정적 감정에 대해서도 그 사람의 결함으로 보지 않고 긍정적 결과를 가져다 주기도 하기 때문에 의미있게 생각하고 있다. 그 이유는 다음과 같다.

- 부정적인 감정의 경험은 그 사람의 기본적 성격을 바꾸는 기회를 제공하기도 한다. 감정 연구의 제1인자로 알려진 리처드 라자루스(Lazarus, R. S., 2003a)는 안정된 어른이 성격이 크게 바뀌는 계기는 트라우마, 개인의 위기적 경험, 개종(종교를 바꿈) 등을 들고 있다.
- 부정적 감정은 자기 자신에 대해서 배우고 이해를 깊게 인식하게 하여 세계를 보다 넓고 정확하게 인식하도록 한다. 인간의 분별 능력이나 삶의 지혜는 대개 고뇌와 상실 경험을 통해 획득되는 경우가 많다.
- 부정적 감정은 내면 속 깊은 곳으로 안내하여 자신의 실제 모습과 대면하게 한다.
- 부정적 감정은 그 대처 경험을 통해 겸손, 도덕적 배려, 타인을 생각하는 마음, 공감 등을 체험하게 하여 사회생활에 바람직한 영향을 미치기도 한다.

이렇게 보면 부정적 감정은 일시적으로는 불쾌감을 수반하지만, 결과적으로는 보다 성숙한 성장의 촉매제로 작용한다고 할 수 있다. 그래서 학자들 가운데는 감정의 세계를 단순하게 긍정적, 또는 부정적이라고 하는 2분법으로 나누는 것은 옳지 않으며, 감정에 대한 올바른 이해는 그 감정을 느끼는 상황적 요인에 대한 분석이 중요하다고 본다(Lazarus, R. S., 2003a).

(2) 사고에 대해서: 낙관주의 사고와 비관주의 사고

① 낙관주의 사고의 장점 및 지원

낙관주의 사고(Optimistic thinking)란, 미래에 대한 확신을 갖고 긍정적 결과에 대한 기대감이나 자신감을 갖는 사고를 말한다. 반면 비관주의 사고는 전반적으로 미래에 대한 회의감이나 주저하는 마음을 갖고 부정적 결과를 예상하는 사고를 말한다. 그렇다면 인생을 살아가는데 어떤 사고가 더 좋다고 할 수 있을까? 먼저 낙관주의 사고의 좋은 점을 열거해 보면 다음과 같다(Boniwel, I., 2012).

- 어려운 상황에 직면하였을 때, 비관주의자 만큼의 고통을 느끼지 않는다. 이들이 느끼는 불안감이나 우울감은 그렇게 크지 않다.
- 부정적 상황을 효과적으로 대처할 수 있다.
- 문제에 초점을 맞춰 대처하는 능력이 뛰어나며, 유머, 계획적 사고, 긍정적 재해석을 하는 장점이 있다. 또한 상황을 통제하기 힘든 경우에는 현실을 받아들이기도 한다.
- 낙관주의자는 어떤 목표를 향해 나아갈 때 도중에 포기하지 않으며 지속적인 노력을 하게 한다.
- 낙관주의자는 비관주의자보다도 신체적으로 건강하며, 직장생활도 보다 생산적이다.

마틴 셀리그만(Seligman, M., 1991)은 내담자가 낙관주의 사고를 갖도록 지원하기 위한 방법으로 '반론사고(또는 반론법이라고 함)'를 제안하고 있다. 반론사고란, 불안한 감정이나 부정적 사고에 대해 의식적으로 반론하는 심리적 기술을 말한다. 마틴 셀리그만은 효과적인 반론 사고를 위한 기술의 하나로 자신의 설명 스타일을 관찰하여 바꾸는 노력을 제안하고 있다. '설명 스타일'이란, 〈표 2-3〉의 예시처럼 과거에 일어난 부정적 사건의 원인이나 영향을 설명하는 방식을 말한다. 설명 방식에는 낙관적 설명 스타일과 비관적 설명 스타일이 있다.

낙관적 설명 스타일은 나쁜 일에 대해서 외적(자신의 자존심이 상하지 않도록) 일시적, 한정적인 것(상황에 기인하고 있다)으로 설명하고, 좋은 결과에 대해서는 반대 스타일로 설명한다. 한편 비관적 설명 스타일은 나쁜 일에 대해 내적, 지속적, 보편적인 것으로 설명하면서도, 좋은 일에 대해서는 외적, 일시적, 한정적인 것으로 설명하는 경향이 강하다. 셀리그만은 평소 자신의 생각이나 태도를 관찰하여 비관적 설명 스타일이 나타나면, 이에 대해 반론법으로 다시 생각할 것을 권하고 있다.

표 2-3 낙관적 설명 스타일과 비관적 설명 스타일

사건	낙관주의자의 설명	비관주의자의 설명
좋은 일 (예) 시험 합격	**내 적**: 나는 대단한 일을 해냈다. **영속적**: 나는 역시 재능이 있다. **보편적**: 모든 게 순조로울 것이다. 앞으로 다른 시험도 잘될 것 같다.	**외 적**: 어쩌다 보니 합격했다. 이번에 정말 운이 좋았다. **일시적**: 누구라도 인생에 한 번 정도는 좋은 일이 생기는 것이다. **보편적**: 어쩌면 다음 시험에는 떨어질지도 모른다.
나쁜 일 (예) 시험 불합격	**외 적**: 시험 문제가 너무 어려웠다. **일시적**: 다음 시험은 합격할 수 있을 것이다. **한정적**: 어제는 내 생일이었구나.	**내 적**: 불합격의 모든 책임은 나에게 있다. **영속적**: 앞으로도 시험은 자신이 없다. **보편적**: 나의 꿈은 끝났다. 앞으로 꿈을 이루기가 어렵다고 생각한다.

(출처: Seligman, M.E.P., 1991)

② 비관주의 사고의 긍정적인 측면

우리는 일반적으로 시험이나 면접을 앞두고 긴장감이나 불안감을 느끼면서 비관적 사고를 하는 경우가 많다. 긍정심리학은 비관적 사고를 그 사람의 결함이나 제거해야 될 문제로 보지 않고, 문제 해결에 필요한 인지 전략의 하나로 이해한다. 미국의 심리학자 노렘(Norem, J. K., 2008) 박사는 이러한 인지 전략을 '방어적 비관주의(Defensive Pessimism)'라고 불렀다. 이런 주장을 펼치는 이유에 대한 설명은 다음과 같다.

- 어떤 일에 대한 비관적 기대는 낙관적 기대보다 실패에 따른 쇼크가 경감되는 예방효과가 있다.
- 비관적 기대를 하게 되면 최악의 결과는 피하고 싶다는 동기가 형성된다. 그래서 방어적 비관주의자는 목표 달성에 부정적 영향을 미치게 될 요인들을 철저하게 예상하고 분석하고 한다. 이러한 예상과 분석을 통해 부정적 결과를 회피하기 위한 방어적인 행동(예: 시험 준비를 더 열심히 한다.)을 취하게 한다. 그러다 보니 처음에 너무 강했던 불안은 불안요소 해소를 위한 노력과정을 통해 이후 불안 수준이 일정 수준으로 통제된다.
- 그러면 시험 당일 과도한 불안에 의해 방해받지 않을 수 있고, 동시에 시험 준비도 대책도 충분했기에 성공을 거두는 경우가 많다.

이처럼 비관주의 사고도 얼마든지 긍정적인 측면이 있지만, 왜 우리는 비관주의 사고를 부정적으로만 바라볼까? 그 이유는 낙관주의 사고가 바람직하다는 우리 사회의 일반적 인식 때문이다. 이런 통념 때문에 비관주의 사고를 하는 사람은 자신에 대한 부정적인 생각과 함께 낙관주의 사고를 해야만 한다고 하는 심리적 압박감을 받는다.

사실 비관주의 사고가 강한 사람 가운데는 그 원인이 기질적인 측면인 경우가 있다. 이런 사람은 어떤 일을 앞두고 낙관적으로만 생각하게 되면 그 일에 대한 대처나 준비를 소홀히 하게 된다. 그리고 기질적인 요인에 의한 경우가 아니라고 할지라도 시험을 앞두고 불안감을 억제해버리면 그 순간은 불안감이 약화되면서 심리적 안정감이 느껴질지는 모르지만, 시험에 대한 사전 준비를 소홀히 한 사람은 대개 시험지를 받는 순간 급격히 불안감이 상승하면서 머릿속이 하얗게 되어 버리는 경우가 종종 발생하기도 한다. 이런 사람은 이제까지 시험에 대한 구체적인 준비나 대책도 충분하지 않아서 실패로 끝나기도 한다. 이렇게 보면 어떤 일(예: 시험이나 면접)를 앞두고 비관적으로 생각하는 것은 시험이나 면접을 열심히 준비하는 데 있어 큰 무기가 될 수 있다.

사실 방어적 비관주의자들은 대개 그 성향이 일시적 만족보다는 자신을 성장시키고자 하는 욕구가 강한 경우가 많다. 이런 사람의 비관주의는 목표 달성을 위한 준비과정에 긍정적 영향을 미치는 동력으로 작용하기 때문에 자신의 비관주의 사고를 부정적으로만 생각하지 않는 게 중요하다고 할 수 있다. 의미 있는 삶의 방식의 하나로 받아들이면서 살아가는 것이 정신적 건강에 도움이 될 수 있다고 하겠다.

2 인간의 강한 정신력과 상담

1) 외상 후 성장(PTG)

긍정심리학은 외상 후 스트레스 장애(PTSD, Posttraumatic Stress Disorder)와는 반대개념인 PTG(Posttraumatic Growth)개념을 제안하고 있다. PTG란 심적으로 감당하기 힘든 일, 즉 심적 외상을 입을 정도로 상당히 힘든 일을 경험했다고 할지라도 오히려 이를 계기로 인간으로서 성장하고 마음이 강해지는 것을 말한다(Tedeschi & Calhoun, 1996). 이 개념을 처음 제안한 미국의 임상심리학자 리처드 테데스키(Tedeschi, R.)와 로렌스 칼혼(Calhoun, L.)은 자녀의 죽음, 배우자나 부모의 죽음, 전쟁 경험, 사고, 재해, 말기 질환, 만성 질환, 이혼, 성폭력, 실직 등, 심적으로 상당히 힘든 경험을 한 사람들을 대상으로 인터뷰 조사를 실시하였다. 그 결과, 이들에게서 5가지의 성장 요소를 발견하게 된다(Tedeschi & Calhoun, 2004). 그 내용은 다음과 같다.

- 인간관계 : 타인과의 친밀감이 증대되고, 인간관계를 중요하게 생각하게 되었다.
- 정신적 변화 : 종교적 신념이 강해지고 인간의 놀라운 정신력을 깨달았다.
- 인생에 대한 감사 : 매일 감사함을 느끼며 타인을 배려하는 마음을 갖게 되었다.
- 새로운 가능성 : 자신의 인생 가치를 깨닫게 되면서 새로운 흥미를 갖게 되었다.
- 강인한 정신력: 자신의 강한 정신력을 실감하면서 어려운 상황에 대처할 수 있게

되었다.

그렇다면 심적 외상을 입을 정도로 상당히 힘든 일을 경험한 후, 그 경험이 외상 후 스트레스 장애(PTSD)로 발전할 것인지, 아니면 외상 후 성장(PTG)이 되어 보다 성숙한 인간으로 성장할 것인지, 이 문제에 영향을 미치는 요인은 무엇일까? 여기에는 그 사람의 레지리언스(Resilience) 요인이 관여하는 것으로 알려져 있다. 레지리언스란, 유연성, 적응력, 저항력을 의미하는 단어로 심리학에서는 '정신적 회복력'이라는 개념으로 사용되고 있다. 레지리언스가 높은 사람은 트라우마가 될 만한 사건을 경험하였고 할지라도 타고난 유연성과 적응력을 발휘하여 외상 후 스트레스 장애로 발전하지 않고, 외상 후 성장으로 이어갈 수 있게 된다.

2) 레지리언스의 지원

'레지리언스'란, 스트레스 상황에서 그 사람이 본래 갖고 있거나 회복할 수 있는 개인적 능력을 의미하며, 이 능력은 연령, 환경이나 사회적 경험 등에 의해 발달, 변화한다. 그런데 '레지리언스'라는 용어에 대한 이런 개념 해석이 PTG와 유사해서 레지리언스와 PTG를 구분하지 않고 사용하는 학자도 있지만(Westphal & Bonanno, 2007), 대개는 PTG는 오랜 시간 갈등의 경험이 필요하지만, 레지리언스가 강한 사람은 그런 갈등 경험 없이 회복하는 경우라고 구분하여 설명하기도 한다.

일본의 심리학자 다쿠카 나나코(拓 香菜子, 2006) 박사는 내담자가 트라우마나 심리적 힘든 경험 없이 스트레스 상황에서 회복할 수 있도록 레지리언스 지원에 기초한 상담을 제안하고 있다. 레지리언스 지원 전략으로는 레지리언스 연구의 제1인자인 미국의 펜실바니아 대학 카렌 레이비치 박사가 제안하고 있는 6요소를 고려하면 효과적이다(Reivich & Shatte, 2015). 레지리언스 역량(resilience competency) 발휘와 밀접하게 관련 있는 6요소를 설명하면 다음과 같다.

- **자기 인식**: 사고, 감정, 장단점, 가치관, 행동 등을 인식하는 능력이다. 어려움에 직면하였을 때 감정에 좌우되지 않고 자신이 놓여 있는 상황을 객관적으로 인식하는 능력은 그 상황으로부터 회복하는데 첫 걸음이 된다.

- **자제력**: 목적으로 하는 결과를 얻을 수 있도록 자신의 사고나 감정, 행동 등을 변화시키는 능력을 말한다. 즉 자기통제(self-control) 능력이라고도 할 수 있다. 자기 인식이 가능할지라도 부정적 사고나 감정 상태 그대로 행동하면 정신적 회복을 기대하기 어렵다.

- **정신적 유연성**: 상황을 다면적으로 바라보고 본질적 문제를 직시하고 대처하는 능력을 말한다. 곤경에 처했을 때 조급해하거나 감정적으로 대응하게 되면 문제를 바라보는 시야가 좁아지게 된다. 정신적 유연성을 갖고 바라보게 되면 자신이 처한 상황을 객관적으로 파악하고 유연하게 대응할 수 있다.

- **현실적 낙천성**: '자신은 앞으로 보다 나은 모습으로 변할 것이다'라고 하는 확신을 갖는다. 현실적 낙천성은 단순히 낙관주의 사고만이 아니라, '자신은 앞으로의 상황을 통제할 수 있다'고 생각하면서, 동시에 이를 위한 행동을 취할 수 있는 능력을 의미한다. 이런 현실적 낙관을 하게 되면 어려운 상황에서도 그 상황을 자신이 성장하기 위한 시련으로 여기면서 긍정적으로 살아갈 수 있다.

- **자기효능감**: 자기효능감이란, 한마디로 '자신은 가능하다'는 자신감을 말한다. 자신은 상황을 통제할 수 있으며, 문제 해결을 할 수 있다는 자신감을 갖게 되면 어떤 곤란한 상황에서도 그 상황을 극복하기 위해 한 발자국을 앞으로 내디디게 된다. 자기 효능감은 용기를 갖고 행동하게 하는 원동력이 된다.

- **타인과의 관계성**(사회적 심리적 자원): 레지리언스는 개인의 내면적 요소만이 아니라, 외부적 요인인 타인과의 관계나 지원에 의해 강화될 수 있다. 가족, 친구, 동료 등의 주위 사람으로부터의 지원이나 협력은 레지리언스 강화에 중요한 요소로 작용한다.

연습 ➡ 제4부 제5장에서 나의 레지리언스(회복력)을 알아보는 심리검사를 해보자.

3 긍정심리학 코칭

1) 긍정심리학 코칭과 코칭

1980년대부터 기업 사회에서 폭발적인 인기를 모았던 코칭(coaching)기법이란, 내담자의 문제해결을 위해 잠재된 재능이나 자질 육성을 목표로 그 사람의 강점을 발견하여, 그 강점이 직장에서 최대한 발휘될 수 있도록 지원하는 기법을 말한다(Palmer & Whybrow, 2007). 이 기법은 문제해결의 전략으로 그 사람의 약점을 수정하는 것이 아니라, 그 사람의 강점을 최대한 활용하여 약점을 보완해 나간다는 측면에서는 이제까지의 심리치료법과 많이 다르지만, 긍정심리학과는 깊은 관련성이 있다는 기법이다. 그래서 최근에 긍정심리학의 방향성과 코칭의 실천이 추구하는 부분이 유사하여 이 둘을 융합하여 과학적 근거에 기초한 코칭 실천으로서 긍정심리학 코칭이 탄생하였다(Passmore & Oades, 2014).

그러나 코칭기법과 긍정심리학 코칭은 분명한 차이가 있다. 이제까지의 코칭기법은 주로 목표달성이나 문제해결에 초점을 맞추었다고 한다면, 긍정심리학 코칭은 내담자의 강점과 자원을 활용하여 행복감이나 웰빙 향상을 목표에 포함시킨다는 점, 긍정적 감정과 상태를 의도적으로 지원한다는 점, 과학적 근거에 기초한 긍정심리학의 개입방법을 활용한다는 점, 그리고 내담자의 내면적 성장과 가치관에 초점을 맞춘다는 점이 다르다. 내담자의 강점이나 자원을 활용하여 내면적 성장이나 행복감 증진 등 삶의 질 향상을 지원하는데 초점을 맞추고 있는 긍정심리학 코칭은 코치, 심리치료사, 교육자, 리더 등 사람의 성장과 발달을 지원하는 역할을 하는 사람들에게 효과적인 지도나 대응 전략을 제안하고 있다.

2) 긍정심리학 코칭의 이론적 배경

긍정심리학 코칭에서 추구하는 그 지원 전략의 구축은 어디까지나 과학적 근거에 기초한 연구 자료를 토대로 하고 있으며, 그 주요 4가지 이론은 다음과 같다.

- **강점이론**(Strengths Theory): 인간은 자신의 강점을 활용함으로써 보다 기능적으로 활동할 수 있으며, 보다 바람직한 행동을 발휘할 수 있다는 이론
- **확장 · 구축이론**(Broaden and Build Theory): 긍정적 감정이나 사고, 행동의 가능성을 넓혀주어서 지속적 개인 자원을 만들어준다는 이론
- **자기결정론**(Self-Determination Theory): 인간에게는 자율성, 관계성, 유능감이라는 3가지 기본적 심리욕구가 있으며, 이것이 충족되면 자율적 동기가 향상된다는 이론
- **웰빙이론**(Well-being Theory): 긍정적 감정, 몰두, 관계성, 의미, 달성이 행복을 구성한다고 보는 이론

3) 긍정심리학 코칭 과정

긍정심리학 코칭 과정은 다음 5개의 주요 장면으로 구성된다.

- **관계구축**(Creating the Relationship): 신뢰관계 구축과 내담자의 상황에 대한 이해를 한다. 이 단계에서는 코칭의 목적과 기대치의 명확화, 심리적 안정의 확보가 중요하다.

- **강점의 파악과 피드백**(Strengths Profiling and Feedback): 내담자의 강점과 자원을 체계적으로 파악하여 피드백한다. 강점의 발견은 문제점이나 약점의 분석보다 우선된다.

- **이상과 비전 구축**(Developing an Ideal Vision): 내담자가 최고의 자기상, 그리고 이상적인 미래상에 대한 그림을 그릴 수 있도록 지원한다. 현재의 쾌적한 상태를 넘어선 긍정적 미래지향의 비전을 구축하도록 한다.

- **목표설정, 전략설정, 실행**(Goal Setting, Strategizing, and Execution): 강점을 활용한 구체적인 목표설정과 행동계획을 세운다. 목표지향의 설정에서는 실현 가능하고 측정가능한 목표를 설정한다.

- **종결과 재계약**(Concluding the Relationship and Re-contracting): 코칭의 성과를 평가하고 관계를 종료, 또는 계속 여부를 판단한다. 성과를 축복하고, 앞으로의 자율적 발전의 계획을 세우는 등 지속적 변화를 위한 준비를 지원한다.

4 긍정심리학의 문제점

긍정심리학이 심리치료나 코칭에 끼친 그 공적은 매우 크다고 할 수 있지만, 모든 심리학이나 심리치료법이 그러하듯이 긍정심리학도 결점이나 문제점이 결코 적지 않다. 학자들이 비판하고 있는 긍정심리학의 문제점을 몇 가지만 열거하면 다음과 같다.

- 긍정심리학이 관심을 갖고 있는 주제는 이미 수많은 선행 연구가 있음에도 불구

하고 이런 연구 성과물을 무시하고 있다. 때문에 긍정심리학의 주장은 이미 이전부터 이야기해온 것을 무의미하게 반복 주장하는 학문에 지나지 않는다(Cowen & Kilmer, 2002).

- 긍정심리학은 현재 연구하는 모든 주제를 통합할 수 있는 포괄적인 이론이 존재하지 않는다. 긍정심리학은 너무 많은 사항을 다루고자 하면서도, 그 사항들이 어떤 관련성이 있는가에 대해서는 말하고 있지 않다(Cowen & Kilmer, 2002).
- 긍정심리학은 연구 결과를 너무 확대 해석하고 있다. 긍정심리학의 연구는 거의 상관연구법에 의존하고 있다. 상관연구법의 연구 결과는 인과관계로 해석할 수 없지만, 긍정심리학은 요인들 간의 관계를 원인과 결과의 관계로 확대해석하고 있다. 예를 들어 "결혼은 행복과 상관관계 있다"라는 사실을 통해 "결혼하면 반드시 행복해진다"라고 확대해석할 수 없지만, 긍정심리학은 "결혼하면 행복해진다"라고 주장해버리고 있다(Lazarus, R. S., 2003a).
- "긍정심리학이 최고다"라고 하는 이데올로기 운동으로 발전할 위험성이 있다(Lazarus, R. S., 2003b). 그러면 이 이론의 맹신자들은 다른 이론을 철저하게 배척하는 등, 마치 영웅숭배처럼 자기영속적 신념 상태에 빠지게 된다. 그러면 이론의 깊이가 없어지면서 인간이해나 상담에 있어 현실주의 방향이나 편협한 선동주의로 빠질 위험성이 크다.

제 8 장 기타 상담(치료)기법

1 합리적 정서행동치료

합리적 정서행동치료(Rational Emotive Behavior Therapy, REBT)는 인간의 행동과 가치관, 정서반응의 상호작용적 관점에서 접근한 상담기법이다. 이 이론을 확립하고 널리 알린 사람은 엘버트 엘리스(Ellis, A., 1973)이다. 그는 처음에 결혼상담이나 가족상담을 중심적으로 실시했던 임상가였지만, 1959년 '이성적 생활연구소(Institute for Rational Living)'를 설립하여 합리적 정서행동치료와 그 이론에 기초한 심리치료사의 훈련을 시작한 것이 현재에 이르고 있다.

합리적 정서행동치료의 중심적인 사상은 인간은 모든 사고나 가치관을 자신 안에 받아들여 일단 그 사고나 신념이 내면에 고정되면 비록 그것이 비합리적이고 비논리적인 것일지라도 그 신념에 따라 행동하고, 나아가 자신을 구속하는 자기파멸 상태로까지 발전하게 된다는 것이다. 내담자의 문제행동에는 거의 비상식적인 인간관이나 고정관념이 개입되어 있는 경우가 많으며, 이로 인해 정서적 불안 등이 생성된다고 본다. 예를 들어 대인공포증 환자가 합리적 정서행동치료사를 찾아왔다고 하자. 만일 정신분석이론이나 특성요인이론의 관점에서 상담을 하게 되면 그 사람의 증상의 원인을 찾아내어 통찰을 유도하는 지원을 하게 될 것이다. 만일 인간중심 상담이라고 한다면 상담사는 내담자의 이야기에 대해 수용적 태도와 공감적 이해를 나타내면서 그 사람의 공포심 제거를 위해 노력하게 될 것이다. 그러나 합리적 정서행동치료에서는 상대방에 대한 비합리적인 신념(irrational belief)이 대인공포증의 원인으로 작용하고 있다고 보고 이에 대한 접근을 하게 된다.

여기에서의 관점은 대인공포증 환자는 '타인이 자신을 어떻게 바라보고 있는지', '나를 싫어하는 것은 아닌지'라고 생각하는 경우가 많지만, 이런 생각은 어디까지나 타인에게 좋은 인상을 남기고 싶다는 기분, 즉 '모든 사람에게 인정받아야 한다', '타인에게 좋은 평가를 받도록 행동해야 한다'라고 하는 고정관념에 사로잡혀 있기 때문이라고 보고 있다. 물론 가능한 모든 사람으로부터 좋은 평가나 사랑받고 싶은 마음을 갖는 것은 당연하며 자연스럽다. 그러나 만일 '모든 사람으로부터 좋은 평가를 받아야만 한다'고 하는 생각이 항상 마음을 지배하게 된다면 몸과 마음이 경직될 수밖에 없다. 이 경우 상담사는 내담자에게 "이성적으로 생각해 보세요"라고 말한다. 모든 사람에게 좋은 평가를 받으려고 하지만, 만일 A라고 하는 사람과 B라고 하는 사람이 있는데 A는 "거침없이 말을 내뱉는 사람은 싫다"라고 말하고, B는 "구시렁거리면서 자기의사를 확실하게 표현하지 않는 사람은 싫다"라고 말한다면 당신은 A와 B 사이에서 어떻게 하면 좋을지 몰라 혼란스러울 것이다. 그러므로 모든 사람에게 좋은 평가를 받아야 한다는 신념은 자신의 불안이나 대인공포증의 원인이 될 수 있다는 것을 설명하면서 그릇된 신념을 버리도록 도움을 주는 노력을 하게 된다.

사람에게는 다양한 생각이나 신념이 있고 이것이 자신도 모르게 자신을 구속시키면서 살아가는 데 힘들게 하는 경우가 적지 않다. 그래서 합리적 정서행동치료에서는 내담자를 구속하는 비합리적인 신념을 발견하고 이에 도전하도록 유도하는 것이 상담기법의 핵심이다. 내담자의 왜곡된 생각은 가치관으로까지 발전하여서 그 사람의 내면에 굳어지는 경우가 많기 때문에 심리치료사는 그런 사고에 적극적으로 대응하여 설득해 나가야 한다. 머리로는 알고 있지만 행동으로는 어떻게 할 수 없다는 내담자에 대해 새로운 신념과 가치관을 갖도록 지원해 나가는 것이다. 그러기 위해서 상담사는 내담자의 비합리적인 신념을 발견하고 이에 대한 설명을 통해 합리적인 신념과 행동이 가능하도록 도와주는 역할을 수행하게 된다.

인간은 학식의 유무에 상관없이 그릇된 신념이나 고정관념의 노예가 되어 행동하는 경우가 많다. 상담사는 내담자의 왜곡된 사고를 수정하도록 하기 위해 능동적이면서 직면적으로 설득을 해나가야 한다. 또한 머리로 이해한 것을 몸으로 익히도록 하기 위해서 구체적인 행동과제를 제시하기도 한다. 예를 들어 대인공포증이 있는 내담자에게 "이 다음에 사람을 만났을 때는 이렇게 한 번 해보세요", "이런 말을 한 마디 던져 보세요"라는 식으로 행동치료적인 조언을 하면서 새로운 행동의 학습이 가능하도록 지원한다. 그리고 보다 논리적으로 자기 긍정적인 인생철학을 갖도록 하기 위해 책을 읽게 하거나 강의를 수강하도록 하는 등의 재교육을 시키기도 한다. 예를 들어 이제까지의 완벽주의 인생관을 버리도록 하거나, 그 내담자에게 맞는 새롭고 합리적이며 인간적인 인생관을 갖도록 지원하기도 한다. 또한 역할훈련이나 실제 생활에서의 연습을 통해 보다 합리적인 삶을 살아가도록 도와주기도 한다. 문제의 해결은 내담자 자신이 납득하면서 실현 가능한 인생관과 실천적 행동, 즉 주체적으로 살아가는 모습을 통해서 이루어질 수 있다고 본다. 이 상담이론의 핵심은 인간행동의 문제점을 사고와 정서의 관계에서 바라본다는 점이다. 이 상담기법은 비합리적인 신념이나 가치관을 갖기 쉬운 청년기의 내담자에게는 효과적인 것으로 알려져 있다.

2 특성요인이론에 기초한 상담

인간이해의 방법 중 하나인 '특성요인이론(trait-and-factor theory)'은 간단히 말하면 인간은 다양한 특성을 갖고 있으며, 이 특성들이 하나로 어우러져 성격을 형성하고 있다고 보는 이론이다. 특성요인이론에서는 인간의 성격은 몇 가지 특성요인으로 구성되어 있으며, 이들이 어떻게 조합되어 있는가에 따라 개인차가 결정된다고 본다.

이 이론에서는 특성이라고 하는 일정한 행동경향을 성격의 구성단위로 간주하며 이것들의 조합에 의해 성격을 기술하고 설명한다. 그러므로 개인의 성격차이라고 하는 것은 각 특성에 있어서의 정도 차이라고 할 수 있다. 예를 들면 어떤 사람을 평가할 때 그 사람의 성격이 급하다든가 적극적이라고 할 경우, 급한 성격의 경향이 어느 정도인가, 적극성은 어느 정도인가라고 하는 것을 측정하여 일반적 평균수준에 비해 그 경향성이 강한지, 약한지를 보는 것이다. 여기서 각각의 경향이 각 개인에게 어느 정도인가에 대한 것은 다양한 검사나 관찰을 통해 측정하게 된다. 그리고 표준화된 척도로 평가하기 때문에 그 사람의 성격경향은 타인과도 객관적으로 비교 가능하다. 또한 그 사람의 성격을 그림으로도 나타낼 수 있다. 예를 들어 성격검사에 의해 어떤 사람의 성격을 [그림 2-9]와 같은 그래프를 얻었다고 가정해 보자. 이 사람의 성격은 치밀함과 자신감의 면은 평균보다 높지만, 결단력이나 민첩성의 면은 평균치보다 떨어지는 것을 알 수 있다.

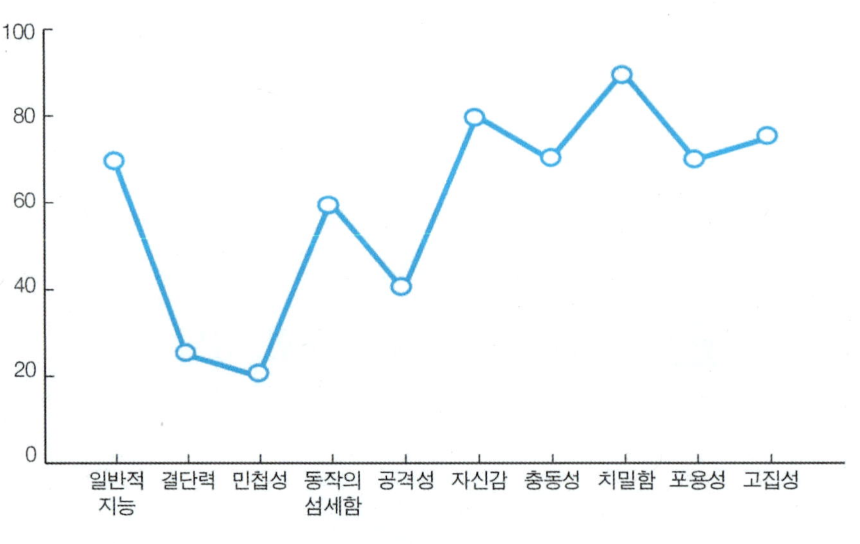

그림 2-9 성격의 특성

특성요인의 종류나 수가 어느 정도이면 적절한가에 대한 견해는 학자들에 따라 다양하다. 예를 들어 MMPI 성격검사는 성격 특징을 나타내는 각 항목을 모두 정신장애의 용어를 사용하여 표기하고 있다. 그래서 피검사자에 대해 우울증이나 히스테리가 될 수 있는 경향성이 어느 정도인지를 보면서 그 사람의 성격 특징을 설명한다. 성격 특징을 분류한 각종 검사도구를 보면 대개 10개 항목 전후의 특성인자를 측정하고 있으며 그 항목의 내용도 다양하다.

이런 이론적 관점에서 인간을 이해하고 상담을 하게 되면 다음과 같은 접근을 하게 된다. 예를 들어 진로에 관한 상담을 하는 경우, 적성검사의 결과 논리적으로 사고하는 능력은 비교적 떨어지지만 조작능력이 뛰어나고 끈기가 있는 것으로 판명되면 그 사람의 특성이나 능력에 맞는 일을 하게 하거나 훈련을 받도록 하는 것이다. 특성요인이론에 바탕을 둔 상담은 [그림 2-10]과 같은 방법으로 진행된다.

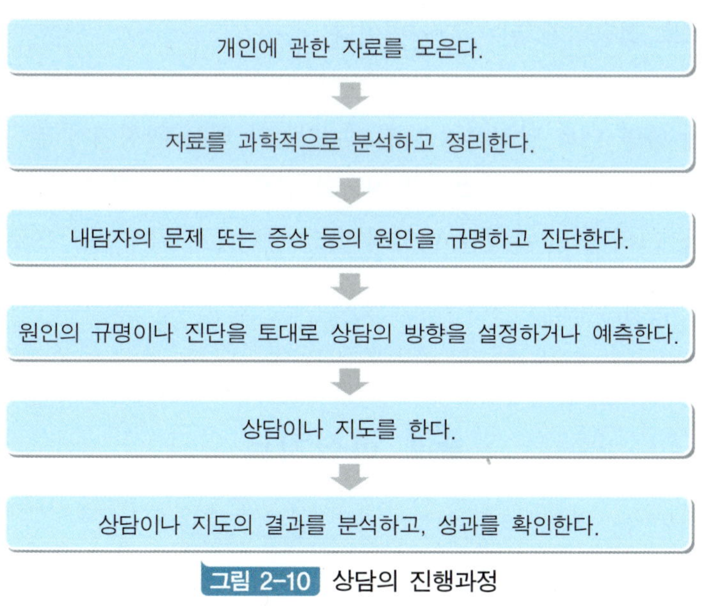

그림 2-10 상담의 진행과정

이런 방법은 마치 병원에서 의사가 환자를 과학적이며 임상적으로 대응하는 것과도 비슷하다고 할 수 있다. 또한 상담사가 자료를 수집하여 이런저런 해석을 하는 면에서는 정신분석과도 유사한 면이 있다. 상담사는 자유연상이나 검사 등을 통해 내담자의 문제에 대한 이해를 위해 필요한 정보를 수집한다. 때로는 내담자로부터 자신이 태어나서 자라온 과정에 대해 이야기를 듣거나 가족상황이나 그 변화의 과정에 대해 들어 보기도 한다. 상담사는 내담자로부터 얻은 정보를 토대로 종합적으로 분석해 나간다. 특성요인이론에 근거한 상담은 상담사가 내담자에 대한 객관적 자료를 수집하고 해석하여 전망을 세워 나가면서 상담관계를 맺어 나가는 과정을 거치기 때문에 성격검사나 지능검사 등을 활용하여 그 사람의 문제점이나 특징을 명확히 해나가게 된다. 동시에 상담사는 그 문제점에 대해서 어떻게 대처를 하면 개선될 수 있는가를 생각하면서 문제해결을 위한 노력을 하게 된다. 특성요인이론에 기초한 상담은 처음에는 직업지도운동에서 시작되었지만, 심리학적 방법이 첨가되면서 과학적·임상적인 방법으로 접근하게 된 상담기법이다.

윌리엄슨(Williamson, J.H.G.)은 특성에 대한 관점을 숙명론적인 것으로 보지 않고 이것을 어떻게 하면 더욱 발전시켜 나갈 수 있는가 하는 관점에서 접근하였다. 또한 그는 신중하면서도 과학적으로 접근한 진단과 전문적이면서 협력적인 지원(또는 치료)을 강조하였다. 그의 이런 주장은 미국의 학교 장면에서 가이던스 프로그램(guidance program)이나 학생지도에 큰 영향을 미치고 있다.

3 현실치료

현실치료(Reality Therapy)는 우리 사회에 만연하고 있는 학교폭력이나 비행청소년의 문제해결에 도움을 줄 수 있는 효과적인 상담방법 중 하나이다. 그 이유는 이 상담기법이 비행 청소년을 중심으로 상담이나 심리치료를 실시하여 이들의 행동변화를 위해 전력을 쏟은 윌리엄 글레이저(Glasser, W.)의 체험과 견해에 기초로 두고 있기 때문이다. 그는 비행청소년에게 필요한 교육적인 측면은 세 가지라고 보았다. 이 세 가지를 그는 3R로 표현하고 있으며, 그 내용은 현실(reality), 책임(responsibility), 옳고 그름(right and wrong)이다. 이 3R의 관점에서 상담을 하게 되면 내담자에게 교육적·훈육적 방법으로 접근하게 된다.

비행을 저지르기 쉬운 청소년들은 무엇보다도 공상이나 상상, 망상의 세계에 빠져들어 현실도피적인 행동을 취하기 쉬우며, 이런 모습은 이들의 일상에서 상당부분을 차지한다. 때문에 상담사는 이들에게 현실을 인식할 수 있도록 도와준다. 이런 접근에 의해 내담자는 자신의 입장에서도 상대방의 입장에서도 올바른 언행을 깨닫게 되고, 이를 몸에 익혀 현실사회에 책임성 있는 행동을 할 수 있게 된다.

글레이저의 현실치료는 내담자를 한 인간으로 바라보지만, 쓸데없는 관용적인 태도를 지양하고 책임과 현실의 직시를 통해 분명한 자기의사를 갖도록 하는 것을 강조한다. 한편으로는 엄격하기도 하고, 한편으로는 포용력을 느낄 수 있는 그의 상담이론은 자칫하면 내담자에 대한 그릇된 수용이나 공감으로 빠지기 쉬운 인간중심 상담에 대해 바람직한 상담이란 무엇인가라는 새로운 도전장을 냈다는 점에서 그 의의를 찾아볼 수 있다.

4 놀이치료

1) 놀이치료란

'놀이치료(play therapy)'란 '놀이'라고 하는 활동의 특색을 활용하여 아동의 성장을 도와주면서 문제행동의 해결이나 타인과의 관계 회복 등, 적응적인 행동이 가능하도록 지원하는 기법이다. 간단히 말하면 '놀이'를 매개로 한 심리치료기법이다. 그러므로 놀이치료에 있어서 중요한 것은 놀이 그 자체보다는 놀이를 통한 치료사와 아동과의 '치료관계'이며, 이 관계에 의해 체험되는 내용은 치료의 질적 수준을 결정한다.

놀이치료는 언어에 의한 자기표현이 힘들거나 심리치료에 대한 동기가 약한 영유아기나 아동기 아이들에게 효과적인 것으로 알려져 있다. 놀이치료사에 의해 보장되는 시공간에서 아이는 자유롭게 자신의 내적 세계를 마음껏 표현하면서 억압된 내면의 감정이나 욕구를 표출한다. 이런 경험은 그동안 외부의 억압이나 금지에 의해 생성되었던 불안이나 긴장, 스트레스 등으로부터 해방시키는 효과가 있기 때문에 자기적응력 향상에 도움이 된다. '아동중심의 놀이치료'의 이론가이며 실천가인 액슬린(Axline, V. M., 1947)은 자신의 놀이치료 경험을 통해 다음과 같이 여덟 가지의 놀이치료 원칙을 제시하고 있다.

① 치료사는 아이와 따뜻한 우호적 관계를 만들어 단시간에 아이와의 사이에 라포가 형성될 수 있도록 해야 한다.
② 치료사는 아이를 있는 그대로의 모습으로 수용한다.
③ 치료사는 아이와의 관계에서 허용적 감정으로 대한다.
④ 치료사는 아이가 표출하는 감정을 민감하게 파악하고, 이 감정을 피드백함으로써 아이가 자신의 행동을 이해하도록 지원한다.
⑤ 치료사는 아이에게 자기 자신의 문제를 해결하는 기회를 제공하면 아이는 충분히 스스로의 힘으로 문제를 해결할 수 있는 능력을 갖고 있다는 것을 믿는다. 그리고 선택과 변화의 가능성에 대해서도 어디까지나 아이에게 맡긴다.
⑥ 치료사는 가능한 아이의 언행에 대해 주도적이거나 지시적인 개입을 자제한다. 아이가 리더가 되어 주도적인 활동을 할 수 있도록 유도하며, 치료사는 이에 맞추어 나가는 노력을 한다.
⑦ 치료사는 '치료의 과정은 서서히 진행된다'는 사실을 이해하고 결코 서두르지 않는다.
⑧ 치료사는 치료 장면에서 아이에게 현실의 세계를 인식하는 데 필요한 정도, 그리고 치료관계에서 자신의 책임을 지각하는 데 필요한 정도의 제한점을 어느

정도 제시한다.

사실, 이상의 여덟 가지 내용을 놀이치료 장면에서 그대로 실천하는 것은 결코 쉽지 않다. 하지만 이 내용이 말하고 있는 궁극적인 메시지는 결국 '치료사와 내담자와의 인격적 관계의 필요성'을 말하고 있다. 때문에 치료 장면에서 이런 관계가 실현된다면 놀이치료의 치료적 효과를 기대할 수 있다. 내담자와 인격적 관계를 맺기 위해서는 상담사는 기본적으로 자신의 감성을 개발하면서 자신을 이해해 나가는 노력이 필요하다.

한편, 이 여덟 가지 원칙의 내용에는 아이에 대한 '허용'과 '제한'이라는 이율배반적인 원리가 포함되어 있다. 이 이율배반적인 내용을 치료 장면에서 치료사가 어떻게 적절하게 통합해 나갈 것인가 하는 것은 치료사의 역량이며, 이 역량을 키워나가는 것은 치료사의 훈련과정이기도 하다.

2) 놀이치료의 효용과 한계

놀이치료는 주로 영유아기나 아동기의 아이를 대상으로 한 심리치료이며, 적용 가능 연령으로는 대개 2세부터 12세까지로 보고 있다. 그러나 대상자의 지적 수준이나 놀이내용에 따라 적용 연령의 폭은 더 확대될 수도 있다. 인간은 성인이 되어도 놀이에 대한 욕구는 갖고 있으며, 청소년기 이후에는 모래상자 놀이나 요리, 공예, 목공, 도예 등을 통한 심리치료를 실시하기도 한다. 이런 기법들도 기본적으로 놀이치료에 가까운 전략의 형태를 띠고 있다.

놀이치료는 아이들의 마음의 문제, 즉 신경증이나 발달에 따른 일시적 부적응 행동의 개선에 목적을 두고 실시되지만, 아이들의 입장에서는 단지 치료적 효과만이 아니라, 사회적 학습에 필요한 기술을 획득하는 기회가 되기도 한다. 이처럼 아동기의 놀이는 심리치료적 효과만이 아니라, 사회생활에 필요한 기본태도를 학습하는 효과가 있는 등, 아동기의 아이들에게는 생활 그 자체가 놀이가 되어야 할 정도로 중요하다. 그러나 한편으로는 놀이가 이런 다양한 기능을 갖고 있어서 잘못하면 놀이를 통한 심리치료의 목적이 확대되거나 애매모호한 상황이 되어 버리는 등의 문제가 나타날 수 있다. 때문에 놀이치료사는 치료에 있어 어떠한 놀이기법을 사용할 것인가에 대해 명확히 하는 것이 중요하다.

5 모래놀이치료

모래놀이치료(sand play therapy)는 스위스의 칼프(Kallff, D. M., 1966) 박사가 융(Jung, C. G., 1956)의 분석심리학의 관점에서 고안한 치료기법이다. 목재로 만든 모래상자는 그 크기가 57cm×72cm×7cm여서 전체를 한눈에 들여다볼 수 있다. 상자의 내면은 청색으로 도색되어 있어 모래를 파면 물이 있다는 느낌이 들어 강이나 바다, 호수 등의 이미지를 만들 수 있다. 모래상자에 적당량의 모래를 넣고 크고 작은 사이즈의 각종 인형, 동물, 식물, 건축물, 차량, 괴물, 돌 등, 대개 우리 주위에서 볼 수 있는 다양한 소형 장난감을 갖춘 선반을 준비한다. 치료 과정은 다음과 같다.

1) 도입과 전개

대개 치료 도입 장면에서 특별한 설명을 하지 않아도 내담자는 모래상자를 보는 순간 어떻게 하는지를 자연스럽게 알 수 있다. 굳이 치료사가 도입부분에서 개입한다면 "이 모래상자와 놀잇감(인형이나 다양한 모형 장난감)으로 이 안에서 무언가를 만들어 보세요"라는 정도로 설명한다. 그런 다음 치료사는 내담자 옆에서 가만히 지켜본다. 작품이 만들어져 나가는 순서나 그때그때 표출되는 내담자의 언어, 놀이, 표정, 동작 등에 대해서 간단하게 메모하고 작품의 전체 모양을 스케치해 둔다.

2) 작품 완성 후의 대응

작품이 완성된 후, 치료사는 내담자에게 "이곳은 어디죠?", "무엇을 하는 곳입니까?", "무언가 더 있었다면 좋았을 텐데 라고 생각한 것은 없었습니까?", "이 작품에 제목을 붙인다면 무엇이라 하면 좋을까요?"라는 정도로 몇 가지 간단하게 물어본다. 너무 상세하게 질문하면 작품내용에 대해서 해석을 강요하는 것처럼 되고, 또한 다음 작품의 방향성에도 영향을 미치기 때문에 바람직하지 않다. 내담자의 내적 상태가 가능한 자연스럽게 변화될 수 있도록 유도해야 하며, 이것이 가능하도록 배려하는 것이 이 기법에서는 치료사의 중요한 역량이기도 하다.

3) 종료 후의 대응 및 해석

내담자가 돌아간 후, 작품을 사진으로 남겨둔다. 다만 내담자에 따라서는 놀이 도중에 몇 번이고 모형 장난감들의 위치를 바꾸거나 겨우 다 만들어진 것을 전부 없애버리기도 한다. 이 경우 치료사는 스케치한 것을 토대로 나중에 재현해서 사진으로 남겨둔다.

작품에 대한 해석에 있어서는 기본적으로 무리한 해석은 바람직하지 않다. 그러나 일단 내담자가 집착을 보인 인형이나 조형물 등에 대한 것은 주목하면서 이에 대해 어느 정도 내담자의 마음이 느낌으로 읽혀질 때는 간단하게 메모를 해둔다. 몇 번이나 연속해서 놓인 모형물들을 시리즈로 보게 되면 내담자의 내적 스토리가 자연스럽게 읽혀지기도 한다. 여기서 치료사의 기본적인 자세는 작품을 무리하게 해석하기보다는 '작품을 내담자와 함께 감상한다'는 마음으로 임하는 것이 바람직하다.

6 미술치료

미술치료(art therapy)에는 크게 '자유화 기법'과 '과제그림 기법'이 있다. 자유화 기법의 실시방법은 개별적인 것과 집단적인 것이 있다. 자유화 기법의 도입부분에서는 대개 다음과 같은 말로 설명하면서 시작한다. "지금부터 1시간 정도 이 한 장의 종이에 그림을 그려주세요. 그림의 내용은 무엇이든지 상관없습니다. 지금 마음에 떠오르는 것이나 평소 신경이 쓰였던 것, 또는 지금 자신의 눈에 비치는 것으로서 현실에 있는 것이든 없는 것이든 상관없습니다. 자유롭게 그려보세요. 꿈에서 본 것이나 머릿속에서 상상한 것도 좋아요." 만일 집단으로 그림 그리기를 했다고 할지라도 상담은 어디까지나 개별적으로 실시한다.

한편 과제그림 기법에서는 예를 들어 열매가 열리는 나무 한 그루(바움 검사 기법), 인물화(인물화 검사 기법), 가족이 무언가를 하고 있는 장면(동적가족화 검사 기법) 등, 특정 주제를 제시하여 그림을 그리도록 한다. 이 기법은 일반적으로 심리진단을 하거나 치료과정의 판단자료로 활용하고자 할 때 사용하는 방법이다.

7 음악치료

음악치료(music therapy)는 음악을 다만 즐길 것인가, 아니면 창조적으로 이용할 것인가에 따라 그 방법이 달라진다. 전자는 '수동적 음악치료(passive music therapy)', 후자는 '능동적 음악치료(active music therapy)'라고 한다. 수동적 음악치료의 대표적인 방법은 음악감상이며, 여기서는 대개 치료사의 판단으로 음악을 들려준다. 능동적 음악치료 기법 활용에는 노랫소리만을 이용할 것인지, 아니면 악기를 이용할 것인지에 따라 나뉘며, 전자를 '가창치료', 후자를 '악기치료'라고 한다. 그리고 여기에는 기존의 곡을 연주할 것인가, 아니면 자작곡을 연주할 것인가에 따라 나누어진다. 전자는 음악치료에서 일반적인 방법이며, 후자는 미술치료와 같이 개인의 창작에 관련된 것이다. 그러나 음악치료는 그림치료와 달리 고도의 전문적 기술을 필요로 하기 때문에 일반적으로 이용하기 어려운 방법이기도 하다.

8 댄스치료

댄스치료도 다른 치료 못지않게 치료적인 효과가 있는 것으로 알려져 있다. 여기서는 무리하게 어떤 형태의 틀 안에 얽매인 것보다는 내담자가 자신의 내적 세계를 마음껏 표현할 수 있도록 최대한 배려하는 것이 중요하다. 댄스는 자신의 신체를 활용하여 내면세계를 표현할 수 있으며, 동시에 심리적 불쾌감을 해소하는 효과도 있어 치료적인 효과를 기대할 수 있다. 치료사는 이것이 실현되고 발전될 수 있도록 그 방향성을 잡아 나가는 것이 중요하다.

제 9 장 상담이론의 통합적 시도

1 통합의 의미와 필요성

1980년에 들어서면서 상담의 세계는 1950년에 이어서 새롭게 전개되었다. 그것은 심리치료의 이론과 기법의 정리 내지 통합에 대한 시도였다. 20세기 초 정신분석이론의 제창에 의해 생겨난 상담이나 심리치료의 세계는 거의 반세기 동안 새로운 움직임이 없었지만, 2차 세계대전 이후부터 1970년대까지의 거의 30년 동안은 로저스의 인간중심 상담, 행동치료를 비롯하여 400여 가지 이상의 이론이나 기법이 쏟아져 나왔다. 이와 같은 상담이론 및 기법의 난립은 '정신건강 세계의 변질'이라고 불릴 만한 새로운 움직임을 재촉하는 계기를 만들었다. 그것은 '절충주의(eclecticism)', '통합(integration)', '수렴(convergence)', '다원주의(pluralism)', '재접근(rapprochement)', '통일(unification)', '처방주의(prescription)' 등으로 불리면서 이론적이고 실증적인 면에서도, 또한 실천적인 면에서도 확실성이 있는 이론이나 기법을 선별하고 동시에 이들을 적극적으로 정리하고 통합하려는 움직임이었다. 다양한 이론의 정리나 통합이 필요했던 이유는 다음과 같다.

첫째, 단일 학파의 임상실천에 대한 불만족이다. 수많은 이론이나 기법이 계속적으로 제안되고 있다는 그 자체는 하나의 이론이나 기법만으로는 임상문제를 효과적으로 대처할 수 없다는 것을 말해 주고 있다.

둘째, 1980년부터 시작된 다양한 이론이나 기법의 상담(치료)효과에 관한 연구로부터 이들 이론의 정립과 통합의 필요성을 느끼게 된 것이다. 그 이유는 상담 내지 심리치료의 효과에 관한 방대한 자료를 토대로 이론이나 기법들을 서로 비교·검토한 결과, 어떤 치료모델이라고 할지라도 거의 비슷한 개선효과를 보여 주고 있기 때문이다. 즉, 이론적 배경이 다른 상담이나 치료기법이지만 어떤 이론이나 기법이든 상호 유사성이나 공통인자가 존재하고 있으며, 거의 모든 이론에서 내담자의 효과적인 변화를 유도하는 치료적인 요소가 있다는 것이다. 치료적 요소와 그 효과의 정도는 다음과 같다.

① 상담적 지원 이외의 효과는 약 40% 정도로 보았다. 상담 이외의 효과란 내담자의 자아상태, 내담자가 주위에서 받을 수 있는 사회적 자원의 정도 등을 말한다.
② 상담이론이나 기법과는 관계없이 상담사가 내담자에게 보편적으로 보여 주는 태도로써 예를 들어 공감, 온화함, 수용, 모범적 행위에 대한 격려 등의 요인효과가 약 30%로 나타났다.
③ 상담 내지 치료기법의 효과는 15%로 나타났다.
④ 플라시보 효과(placebo effect, 상담 그 자체의 효과보다도 상담이나 상담사에 대한 내담자의 지식이나 기대 등의 효과를 말함)는 약 15% 정도로 나타났다.

이러한 결과는 상담이나 치료효과에 있어 치료기법보다는 내담자가 갖고 있는 잠재능력이나 주위의 지원체제가 훨씬 중요하다는 메시지를 담고 있어서 상담계에 큰 충격을 주었다.

셋째, 치료효과에 대해 상담사의 책임성(accountability)에 대한 요구가 증대되었다. 미국의 경우, 질병에 따라 의료보험비의 지불한도액이 정해짐으로써 상담사에게 이전보다 심리치료나 상담에 대한 지불효과를 증명해야 할 필요성이 요구되었다. 그래서 치료효과가 명확하고 보다 단기간에 치료를 종료할 수 있는 심리치료법의 개발이 요청되었던 것이다.

2 통합이론의 예

앞에서 언급한 다양한 이유로 인해 이론이나 기법의 통합 움직임이 활발해지면서 다양한 통합이 시도되기 시작하였다. 여기서 가족시스템 이론을 중심으로 한 통합이론의 한 사례를 소개하면 다음과 같다(平木, 2004).

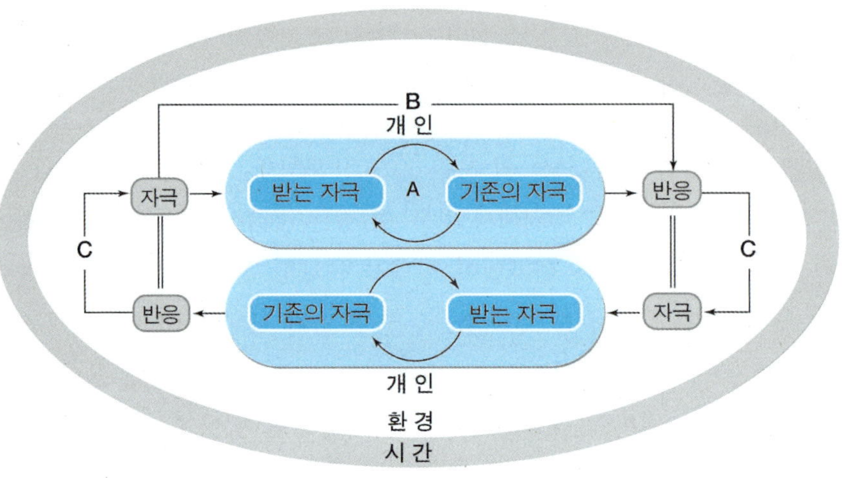

그림 2-11 생태 시스템에 기초한 치료통합모델(平木, 2004)

[그림 2-11]의 A는 개인의 내적 시스템의 과정을 나타내고 있으며 한 개인이 받은 자극이 개인 내의 체질이나 기질, 이미 형성된 성격경향, 인지, 이미지, 무의식 등과 상호작용하고 있는 '심리 내의 역동'의 부분이다. 이 역동에 대해서는 정신분석 등 내성(內省)을 중심으로 한 심리치료이론이 그 규명을 위한 노력을 하였다.

B는 개인 시스템의 움직임을 개인으로 향한 외부로부터의 자극과 외부로 향한 반응의 관계에서 보면서 개인의 내적 시스템의 작용을 구체적, 객관적, 수량화 가능한 데이터로부터 이해하려고 하는 부분이다. 이 부분은 동물이나 인간의 행동관찰이나 실험 등을 통해서 만들어진 학습이론 및 행동치료 기법이 공헌한 영역이다.

C는 두 명의 인간이 존재하는 시스템에서 나타나는 상호작용의 순환부분이다. 이 부분은 타인과의 관계 조정을 강조하고 있는 가족치료나 집단치료, 집단의 역동 등이 공헌해 온 영역이며 순환적 인과론의 메커니즘을 보여 주고 있다. C는 대인(對人)간 역동의 최소 단위를 나타내고 있다. 그리고 이것들이 환경과 상호작용하고, 이 상호작용은 시간의 흐름 가운데 진행되고 있다. 그러므로 이 모델은 이제까지 개발된 심리치료의 각 이론이 규명하려고 했던 특색을 전체로써 통합하는 길을 열어 놓았다고 할 수 있다.

이 통합모델은 두 명 이상의 멤버가 존재하는 상호작용 장면의 기본형이며, 가족, 학교, 직장 등 다수의 사람이 모이는 장면에도, 또는 내담자와 상담사의 상호작용에도 적용할 수 있다. 단지 계층을 이루고 있는 시스템에 있어서 다양한 레벨의 순환적 상호작용은 두 명 이상의 인간관계의 문제를 규명하려고 하였을 때 처음으로 나타나는 역동이다. 이것은 개인 내, 개인 간, 시스템 간 등 각 시스템의 레벨 내, 레벨 간의 순환적 상호작용이 문제를 만들기도 하지만, 변화와 해결의 자원이라고도 할 수 있는 모델이기도 하다. 심리치료사는 상담을 통해 시스템의 다양한 레벨에 변화를 일으키는 작업을 하게 된다.

Counseling Psychology

제 3 부

상담의 진행과정

제 1 장 접수상담

제 2 장 만남과 관계형성의 단계

제 3 장 자기탐색의 단계

제 4 장 자기이해 및 자기수용의 단계

제 5 장 행동화 단계

제 6 장 종결 및 자립의 단계

제 7 장 상담과정의 총정리 및 기록

제 1 장 접수상담

1 접수상담의 기본

1) 접수상담이란

상담이나 심리치료에서 상담사와 내담자의 최초 상담을 '인테이크 카운슬링(intake counseling)'이라 한다. 본서에서는 이를 '접수상담'이라 번역해서 사용하기로 한다. 접수상담이란 상담 시작 전, 상담사가 내담자에 대한 기본적 정보와 상담 필요성을 파악하기 위해 진행하는 초기 상담의 절차를 말한다. 상담의 세계에서는 "처음이 좋으면 모든 것이 좋다"라는 말이 있듯이 접수상담에 대한 설명만 하나의 책으로 나올 정도로 상담의 과정에서 그 비중이 매우 크다. 실제 접수상담에 의해 내담자의 상담동기가 강화되고 목표가 명확해지면서 내담자의 심리적인 측면이 안정되는 경우가 적지 않다. 그러나 접수상담에서 잘못 대응하게 되면 상담에 대한 내담자의 의욕이 상실되면서 다음 상담으로 이어지지 않는 경우도 많다.

2) 접수상담의 목적

상담의 첫 만남은 상담과정의 전체 방향을 결정하는 장이며, 상담 성공의 열쇠가 될 수도 있기 때문에 접수상담의 담당자는 이 사실을 염두에 두고 상담에 임해야 한다. 접수상담의 주요 목적은 내담자의 문제나 증상의 명료화와 지원 가능한 내용에 대한 검토, 상담사와의 치료관계 형성(rapport)이다. 그러므로 접수상담사는 정해진 시간 내에 내담자의 문제에 대한 이해와 내담자와의 신뢰관계가 확립되도록 노력해야 한다. 상담실에서는 해당 내담자에 대한 상담 지원이 가능하다고 판단되면 상담의 목표와 방침을 세워서 이를 내담자에게 전달한다. 내담자가 이에 동의하게 되면 상담계약이 성립된다.

(1) 상담문제에 대한 명료화와 가능한 지원에 대한 검토

내담자는 자신의 문제나 증상 또는 가족의 문제에 대해서 자력으로서는 더이상 어떻게 할 수 없다고 생각한 나머지 상담사에게 어떤 형태로든 도움을 기대하는 마음으로 상담실을 찾는다. 그러나 내담자 자신은 자신에게 어떤 도움이 필요한지, 또한 상담실에서 무슨 도움을 받을 수 있는지에 대해 명확하지 않는 경우가 많다. 그래서 접수상담에서 상담사는 내담자가 호소하고 있는 문제와 관련된 정보를 수집하면서 실제적으로 내담자의 핵심문제는 무엇인지, 내담자가 정말 필요로 하는 도움은 무엇인지에 대해서 전문적 판단을 하게 된다. 그러나 각 상담기관이 제공할 수 있는 도움에는 각각의 특징과 함께 한계가 있기 때문에 하나의 상담기관이 모든 문제에 대해 대응할 수 없다.

의료기관에서는 약물치료가 중심적 접근방법이며, 심리상담실에서는 심리치료가 중심적인 치료전략이기 때문에 접수상담사는 내담자가 의학적 치료를 더 필요로 하고 있는지, 아니면 심리치료를 필요로 하고 있는지, 또는 둘 다 필요로 하고 있는지를 잘 판단하여야 한다. 만일 해당 상담기관에서 내담자에게 필요한 도움을 제공할 수 없다면 다른 적절한 상담실이나 전문가를 소개한다.

(2) 신뢰관계의 확립

접수상담의 또 하나의 중요한 목적은 내담자와의 신뢰관계를 확립하는 것이다. 상담은 프로세스이다. 즉, 상담에는 이야기하는 내용이나 과제가 있으며 동시에 그 해결의 과정도 있다. 이 과정이란 상담의 진행이나 경과만이 아니라, 그 배경에 있는 상담사와 내담자의 관계의 흐름이기도 하다.

이처럼 접수상담에서는 정보 수집만이 아니라, 내담자와의 신뢰관계 형성도 매우 중요하다. 내담자의 입장에서는 상대방이 비록 상담사일지라도 처음 만나는 사람에게 자신의 문제를 이야기하는 것에 대해 불안감을 느끼는 경우가 많다. 그러므로 상담사는 언어나 비언어적 태도로 최대한 내담자에게 도움이 되고자 하는 느낌이 전달되도록 노력하고, 또한 내담자의 상태나 필요한 지원에 대한 전문적 판단을 설명하면서 내담자의 불안을 줄이고 신뢰형성을 위한 노력을 해나가야 한다.

상담사와 내담자 사이에 형성되는 신뢰관계를 전문용어로 '라포(rapport)'라고 한다. 라포란 일치 또는 친밀을 의미하는 프랑스어로서 두 사람 사이에 따뜻한 감정의 교류를 바탕으로 안심감이나 신뢰감을 통해 자유롭게 자신의 생각이나 기분을 표현하고 상호 이해하는 관계를 의미한다. 그러므로 라포는 접수상담만이 아니라, 상담의 전 과정을 통해서 매우 중요한 개념으로 작용한다. 특히 상담의 첫 만남에서는 앞으로의 상담 지속 여부나 상담에 대한 내담자의 적극적 참여 여부의 열쇠가 되기 때문에 그 중요성은 아무리 강조하여도 지나치지 않다.

접수상담 장면에서의 내담자의 심리상태는 복잡하다. 용기를 갖고 도움을 받기 위해 상담실을 찾았지만, 첫 대면의 사람에게 자신의 내면세계나 비밀스런 이야기를 해야 하기 때문에 긴장하거나 주저하는 마음이 있을 것이다. 그래서 내담자 가운데는 심리적으로 경직되어 이야기를 이어가지 못하거나 반대로 숨도 제대로 쉬지 않고 단숨에 말해버리는 사람, 담담하게 이야기하는 사람, 감정을 숨기지 않고 자신의 심정을 여과 없이 노출하는 사람 등 다양하다. 어떠한 심리상태로부터 상담을 시작하든 첫 만남에서는 무엇보다도 내담자가 자유롭게 자기개방을 할 수 있도록 하는 것이 중요하며 이를 위해서는 내담자와의 관계가 중요한 영향을 미친다. 그러므로 상담사는 상담을 시작하기에 앞서 먼저 내담자의 긴장감이나 자기개방에 대해 주저하는 내담자의 심리상태를 있는 그대로 수용하면서 상담에 대해 안심하고 신뢰할 수 있도록 내담자의 어떤 표현일지라도 수용하고 이해할 수 있도록 노력해야 한다.

접수상담에서 상담사는 내담자와의 관계에서 무엇보다도 신뢰관계를 만들어 나가기 위해 노력해야 한다. 만일 자발적으로 상담실을 찾아온 내담자라고 한다면 자신에게 도움을 주려고 하는 사람에 대해 신뢰관계를 맺고자 하는 마음이 강하기 때문에 상담사가 적절하게만 대응하면 쌍방의 기대가 합치되어 라포 형성이 쉬워진다. 그러나 상담에 대해 소극적인 내담자도 있다. 부모나 교사의 반강제적인 권유에 의해 어쩔 수 없이 상담실에 오게 되었거나 도움을 받고 싶지만 불안이나 긴장감을 강하게 느끼고 있는 내담자도 있을 것이다. 이런 경우 내담자는 상담에 대한 반발이나 상담실을 벗어나고 싶은 기분이 강하거나 상담에 대한 두려움이나 불안, 분노 등과 같은 감정도 느낄 수 있어 쌍방 간에 라포 형성이 쉽지 않을 것이다. 이런 경우 상담사는 내담자의 이런 기분을 읽으면서 '이 사람은 이제까지 만난 사람과는 달라서 믿을 만하다'라고 내담자가 생각할 때를 기다린다. 이때가 왔을 때 비로소 상담의 진정한 장이 시작될 수 있다.

상담의 전반부에 문제의 본질을 알 수 없는 경우, 상담사는 내담자의 긴장이나 불안, 저항감 등에 대해 공감하면서 접수상담의 필요성을 정중하게 설명하고 내담자의 자기개방을 유도한다. 만일 내담자가 자기개방을 좀처럼 하려고 하지 않는 경우에는 그 이유에 대해서 물어볼 수도 있을 것이다. 이런 접근을 통해 상담에 대한 두려움이나 이전의 상담경험에 대한 실망 등 상담에 대한 오해를 조금이라도 해소시킬 수 있다면 내담자는 상담에 대해 긍정적 자세를 취하면서 자신의 모습을 보여 주게 될 것이다. 그러면 이후 상담의 본론으로 들어갈 수 있을 것이다.

그런데 첫 상담 장면에서 일단 라포를 형성하게 되면 이후의 상담은 특별히 문제가 없을 것이라고 인식하는 것은 바람직하지 않다. 사실 내담자와의 진정한 라포는 짧은 시간에 만들어지는 것이 아니며 시간을 두고 상담사와의 상호작용을 통해 형성되어 가는 것이다. 내담자와의 관계형성을 위한 구체적인 전략에 대해서 알아보자.

연습 ➡ 제4부 제6장에서 신뢰관계를 만드는 연습을 해보자.

3) 내담자와의 관계형성 전략

(1) 적극적인 관심

내담자에 대한 적극적 관심은 내담자와의 라포 형성에 있어 매우 중요하며, 이는 상담기법이라기보다는 상담사의 가장 기본적인 자세라고 할 수 있다. 상담사는 신뢰를 바탕으로 한 상담관계를 구축하기 위해 상담 장면에서 비언어적이든 언어적이든 항상 상대방을 소중히 여기는 마음을 전해야 한다.

'적극적인 관심'이란 상대방이 한 인간이라는 사실 자체만으로도 이에 대한 존엄성과 가치를 소중히 여기는 태도이며, 그 존재를 있는 그대로 수용하는 모습을 말한다. 미국의 상담전문가이며 연구자이기도 한 로저스는 이것을 "무조건적으로 상대방을 수용하고자 하는 태도이며, 내담자의 언행에 관계없이 그 존재 자체를 존중하는 모습"이라고 설명하고 있다.

처음 상담실을 찾은 내담자에게 상담사는 먼저 자연스런 인사와 간단한 자기소개, 그리고 상냥하게 상담실로 안내하는 모습을 통해 상대방에 대한 적극적인 관심을 보낸다. 내담자에 대한 적극적인 관심은 상담사의 시선, 표정, 자세, 목소리 상태 등 비언어적인 것을 통해서도 전달된다. 상냥함이나 자연스러움도 비언어적 커뮤니케이션을 통해서 충분히 전달될 수 있다. 이때 상대방에 따라서는 "비가 와서 오시는 데 불편하지는 않았죠?", "지하철은 복잡하지 않았습니까?" 등의 말을 던지면서 내담자의 긴장을 풀어 주는 방법도 생각해 볼 수 있다. 이런 대응은 자칫하면 조금 어색할 수도 있지만 마음이 담겨 있는 상담사의 표현이라고 한다면 문제가 없을 것이다.

(2) 공감적 태도

라포 형성을 위한 제2의 포인트는 공감적 이해이다. 로저스는 '공감(共感)'이란 '내담자의 현상학적 세계에 들어가는 상담사의 능력이며 내담자의 세계를 마치 상담사의 세계처럼 체험하고 경험하는 것'이라고 표현하고 있다. '공감적 이해'란 상대방이 느끼고 생각하는 대로 이해하면서 그 이상도 이하도 아닌 상대방의 상태를 있는 그대로 받아들이는 것을 의미한다. 여기에는 상담사 자신의 느낌이나 생각, 가치관 등이 혼합되어서는 안 된다. 또한 이것은 상대방과 동일하게 느끼고 생각하는 '동감(同感)'과는 다른 개념이며, 상대방이 느끼고 있는 것에 대해 내 마음이 그쪽으로 향하는 것이다. 즉, 내담자에 대한 공감적 이해란 상대방의 모습을 가감(加減) 없이 받아들이면서도 상대방의 상태와 동일하게 되거나 흡수되지 않는 상태를 말한다. 만일 상대방과 동일한 상태가 된다면, 예를 들어 상대방과 함께 슬퍼하거나 분노하거나 혼란스러워하는 모습을 보이게 되면 이는 동정이나 동감의 모습이며 공감적인 자세는 아니다. 동정이나 동감의 모습이 아닌 상담사의 공감적 자세는 상담사로부터의 동정을 받고 싶은 마음이 간절한 내담자의 입장에서 보면 섭섭할지는 모르지만, 결국 내담자는 상담사의 공감적 이해를 통해 처음으로 상대방이 자신을 이해해 주었다는 귀중한 체험을 경험하게 된다. 이처럼 '공감한다'고 하는 것은 상대방과 완전히 동일하게 되거나 자신의 느낌이나 생각을 상대방에게 주입하는 것이 아닌, 서로 다른 입장의 인간이 상대방의 입장에 서서 느끼고 생각해 보는 것을 의미한다.

사실 이런 식의 접근은 현실적으로 상당히 어렵다. 상담사가 되고 싶어 하는 사람들 가운데는 자신은 상대방의 마음을 잘 알 수 있다든가, 상대방의 입장에서 이해할 수 있다고 자부하는 사람이 있지만, 실은 이것은 공감이 아니라 동감이나 동정인 경우가 많다. 또한 타인의 문제를 객관적으로 바라보고 옳고 그름을 정확히 판단할 수 있기 때문에 상담사의 자질을 갖추고 있다고 생각하는 사람도 있다. 이런 사람은 상대방에 대한 동정이나 동감의 문제는 없을지라도 쉽게 자신의 생각이나 느낌을 섞어서 상대방을 바라보는 경향이 있다.

이처럼 상담사는 접수상담 장면에서 내담자에 대해 적극적인 관심을 갖고 공감적 이해를 하기 위한 노력을 하게 된다. 그러나 상담사의 이런 노력이 내담자에게 제대로 전달되지 않으면 의미가 없다. 이를 위해서 상담사는 상대방을 받아들이고 공감한 것을 언어나 비언어적 커뮤니케이션을 통해 상대방에게 전달하는 노력을 해야 한다.

(3) 공감의 언어화

상담사는 내담자의 이야기를 경청하고 공감한 것을 언어화하여 전달해야 한다. 상담사는 자신이 공감한 것을 내담자가 느낄 수 있도록 의식적으로 자신의 공감적인 마음을 비언어적인 수단만이 아니라, 최대한 언어화하여 전달한다. 즉, 공감을 보다 적극적인 방법으로 전하는 것이다. 상담사가 내담자의 이야기를 방해하지 않고 열심히 경청하는 것도 중요하지만, 단지 가만히 듣기만 하거나 적당히 호흡을 맞추는 것만으로는 내담자가 불안해 할 수 있다. 자신의 이야기에 대해 상담사의 반응은 있지만, 자신의 이야기 가운데 상담사가 무엇을 어떻게 이해하였는지 명확하지 않기 때문에 내담자는 무언가 부족함을 느끼거나 자신에 대한 무관심이나 부정적인 생각을 하고 있지는 않을까 하는 등의 오해를 할 수도 있다.

상담사가 내담자의 이야기에서 느낀 점이나 어떻게 이해하였는지를 명확히 전해주면 내담자의 불안이 사라지면서 상담이 더욱 진지하게 전개될 수 있다. 특히 아직 상담사와 내담자의 상호 이해가 충분하지 않는 첫 상담 장면에서는 상담사는 자신이 이해한 것을 적절하게 언어화하려고 의식적으로 노력해야 한다. 일반적인 대화보다도 더 많이 내담자의 이야기를 되돌려 주거나 요약하거나 다른 말로 표현하거나 하는 등을 통해 자신의 이해를 확인하는 노력을 해나가야 한다. 내담자는 상담사가 자신이 내뱉은 말을 확인해 주는 것만으로 부족하다는 느낌을 가질 수도 있겠지만, 이것은 내담자가 상담 장면에서의 대화에 익숙하지 않기 때문이며 이러한 확인과정이 얼마나 중요한지에 대해서는 내담자 본인이 결국 상담과정에서 깨닫게 된다.

상담사의 반응은 언뜻 보면 아무것도 아닌 것처럼 생각될 수도 있겠지만, 공감을 전달하는 타이밍이 적절하고 내담자가 납득할 만한 정확한 표현으로 자연스럽게 전달하게 되면 내담자는 상담사가 자신을 잘 이해해 주었다는 느낌을 가질 수 있게 된다. 성숙한 상담사는 정말로 내담자를 이해하고 수용하고 싶다는 마음을 명확하면서도 자연스럽게 전달한다. 또한 언어 면에서도 상담사의 독특한 테크닉이나 분위기가 전달되면서 자신을 이해해 주었다는 느낌만이 아니라 친밀감과 함께 신뢰감도 느끼게 된다.

이러한 상담사의 대응은 내담자와의 라포 형성과 함께 내담자의 자유로운 자기개방을 촉진시킨다. 또한 이를 통해 내담자는 자신의 문제나 고민에 대해서 보다 진지하게 생각하면서 다양하게 생각해 보기도 하고, 자신의 생각을 정리하여 보다 깊이 있게 생각하게 된다. 이러한 모습은 상담의 동기를 강화시키는 효과로 나타난다.

연습 ➡ 제4부 제7장에서 공감성을 높이는 연습을 해보자.

4) 접수상담사의 역할

접수상담은 접수상담만을 전문으로 담당하는 상담사(이를 접수상담사, 영어로는 intaker라 함)에 의해 진행되는 경우와 접수상담을 포함해서 이후의 상담도 동일한 상담사에 의해 이루어지는 경우가 있다. 전자의 경우, 이 다음 상담은 다른 담당 상담사에 의해 상담이 진행되지만, 후자의 경우 앞으로 상담과정에서 접수상담이 1회째의 상담이 된다.

접수상담사는 상담에서 내담자의 주요 문제와 그동안의 경과, 생활상태, 환경, 내담자의 생활력, 성격경향 등의 정보를 토대로 본 상담기관에서 해당 내담자에 대한 상담을 접수할 것인지의 여부를 판단하게 된다. 만일 상담을 접수할 경우에는 담당 상담사를 연결해 주게 된다. 상담기관에 따라서는 접수상담에 관한 내용을 검토하는 회의, 소위 접수회의를 열어서 앞으로의 상담을 담당할 상담사에 대한 결정과 상담의 방향을 제시하는 경우도 있다. 이 경우 접수상담사는 접수상담에서 얻은 정보를 최대한 정확히 제공하여 관계자 전원의 합의하에 적절한 상담방향과 담당 상담사를 정할 수 있도록 적극적으로 협력해야 한다.

상담기관에서 접수전문 상담사가 따로 있는 경우, 즉 접수상담만을 전적으로 맡아서 상담해 주는 상담사가 항상 대기하고 있는 경우, 상담신청자는 그렇게 많이 기다리지 않고 상담을 받을 수 있다는 이점이 있다. 또한 무엇보다도 큰 장점은 접수상담을 통해 얻은 정보를 토대로 해당 내담자에게 가장 적합한 상담사를 배정해 줄 수 있다는 점이다. 결과적으로 해당 상담기관에서는 다양한 전문의 상담사들을 유효적절하게 활용할 수 있다는 이점도 생긴다.

한편 단점으로는 내담자는 상당히 중요하고 예민한 자신의 문제를 한정된 시간 내에 자신의 담당 상담사가 아닌 사람에게 이야기해야 하는 것에 대한 부담이 작용하여 무엇을 어디까지 이야기해야 하는지에 대해 고민할 수도 있다. 또한 접수상담사는 한 번의 접수상담을 통해 앞으로의 상담 전망을 세워야 하기 때문에 한정된 상담시간에 최대한 많은 정보를 얻으려고 할 것이다. 이런 경우 자칫하면 상담사가 이야기를 주도하게 될 위험성이 크며, 이로 인해 내담자는 수동적인 자세를 취하게 되면서 상담 장면에서의 주체적 노력을 약화시키는 결과를 초래할 수도 있다.

2 접수상담의 진행

1) 접수상담의 수리

상담기관에서의 접수상담은 대개 예약제이다. 방문 희망의 신청이 있는 시점에서 상담내용에 대한 간단한 진술, 내담자의 이름, 연령, 성별, 연락처를 확인하고, 첫 상담일정을 정한다. 이때 상담의 소요시간, 상담기관의 위치와 요금에 대해서도 안내한다.

접수상담을 누가 담당할 것인가는 상담기관에 따라 다르다. 예를 들어 접수상담만을 전문적으로 담당하는 상담사가 따로 있어서 접수상담 이후는 그 내담자에게 가장 적합한 상담사를 연결해 주는 경우가 있고, 한 상담사가 접수상담부터 종결상담까지 해주는 경우도 있다. 이 두 경우는 각각 나름대로의 장단점이 있다. 만일 내담자가 접수상담에서 상담사를 신뢰하고 계속 동일 상담사와의 상담을 희망하는 경우라면 후자의 경우가 바람직할 것이다. 그러나 접수상담에서 얻은 정보가 그렇게 많지 않은 경우, 상담사 본인이 해당 케이스에 적당한지에 대한 판단이 쉽지 않다는 문제점이 있다.

접수상담 당일, 내담자 혼자만 오는 것인지 아니면 다른 누구와 함께 오는지에 대해서도 사전에 알아두는 것이 좋다. 만일 두 명 이상이 상담실을 찾아올 경우는 내담자와 동반자에게 각각의 상담사를 배정하여 앞으로의 상담을 위해 필요한 정보를 최대한 많이 수집한다.

상담신청은 전화로 이루어지는 것이 일반적이다. 이때도 내담자의 마음이 불안하거나 긴장되어 있는 경우가 많기 때문에 접수상담사는 상식적인 선에서 적절한 배려와 공감적 태도로 대응한다. 내담자는 상담신청의 시점부터 상대방의 대응방식이나 태도로 그 상담기관에 대한 기대 내지 실망의 이미지를 그리게 된다. 한편 상담기관 측에서도 접수상담에서의 상호작용과 상담을 통해서 얻은 정보로 내담자의 성격 특성이나 문제에 대한 검토를 하게 된다.

2) 접수상담 기록양식의 작성

처음 상담실을 찾아오는 내담자는 상담사의 반응, 상담형태 등에 대한 이런저런 생각으로 인해 불안감이나 긴장감을 느끼고 있는 경우가 많다. 그러므로 내담자를 맞이하는 사람은 자연스럽고 부드러운 태도로 상담실로 안내한다.

상담기관은 접수상담을 시작하기 전에 내담자에 대한 일반적 정보를 파악하기 위해 기관에서 준비한 소정의 상담신청양식에 기입하도록 한다. 대개 이런 양식에는 이름, 생년월일, 주소, 전화번호, 가족구성, 상담의 주요 문제, 개략적인 생육사(生育史), 상담경험의 유무 등으로 구성되어 있다. 내담자나 방문자에게 소정의 양식을 기입하도록 할 때에는 반드시 먼저 기록양식에 대한 설명과 함께 정중하게 부탁을 한다. 이렇게 함으로써 내담자는 저항감 없이 상담사의 요구를 이해하면서 수용하게 된다. 또한 상담에 대한 긴장이나 불안감을 조금이나마 해소시키는 효과도 기대할 수 있다.

그런데 내담자가 상담의 주요 문제부분을 좀처럼 쓰지 못하는 경우, "기입이 곤란하신 부분은 공란으로 두셔도 됩니다. 나중에 질문을 드리겠습니다"라고 대응하는 것이 바람직하다. 기입을 하는 데 너무 오랜 시간이 소요되는 경우는 "아직 기입 안 하신 부분은 나중에 상담하는 가운데 물어보겠습니다"라고 말하면서 신청양식 기입에 필요 이상의 시간이 소요되지 않도록 한다.

첫 방문 시에 나타나는 내담자의 모습이나 태도, 그리고 신청서를 기입할 때의 모습을 통해서도 내담자의 특성을 이해하는 데 필요한 정보를 얻을 수 있기 때문에 이때의 내담자의 언어적, 비언어적 태도에 대한 세심한 주의가 필요하다.

3) 접수상담의 시작

상담사는 상담을 시작하기 전에 불안이나 긴장감을 느끼고 있는 내담자에게 "잘 오셨습니다"라고 하는 말을 던지면서 반갑게 환영의 기분을 전한다. 첫 상담 장면에 소요되는 시간은 대개 60~90분 정도가 일반적이다. 내담자가 상담실에 들어오면 곧바로 상담과 관련된 내용으로 들어가는 것이 아니라, 먼저 상담의 목적이나 소요시간 등에 대해서 간단하면서도 정중하게 설명한다. 예를 들어 "지금부터 50분 정도 당신이 어떤 문제로 고민하고 있는지에 대해서 이야기를 듣고, 그러고 난 후 한 10분 동안은 여기에서 (제가) 어떤 도움을 줄 수 있는지에 대해서 말씀드리고 싶습니다"라고 말한다. 상담의 소요시간이라고 하는 것은 반드시 정해진 시간대로 끝난다고는 볼 수 없지만, 이렇게 상담시간의 구조를 명확히 해두면 만일 상담시간이 연장되더라도 내담자는 그 의미를 이해하면서 그만큼 수용하기가 쉬워진다.

미국의 경우 내담자의 이야기를 듣고 나서 본 상담기관에서 상담을 해 줄 수 있는지에 대해서 두 명 이상의 상담사가 검토하는 상담실도 있다. 이 경우 내담자로부터 충분한 정보를 얻은 후에 "본 상담실에서 어떠한 도움을 줄 수 있는지를 스태프들이 모여서 이야기해 보겠습니다. 시간을 좀 주시면 앞으로 어떻게 상담을 진행할 것인가에 대해서 말씀드리겠습니다"라고 설명하면서 이후의 상담과정을 명확히 한다. 그리고 접수상담을 시작하기 전에 "여기서 이야기하시는 내용은 절대 비밀로 하기 때문에 안심하고 이야기하셔도 됩니다"라고 상담기관의 비밀유지의 책임을 명확히 함으로써 내담자가 안심하고 이야기할 수 있도록 한다.

(1) 첫 질문

접수상담에서 두 사람이 인사와 자기소개를 하고 자리에 앉으면 먼저 상담사는 상담시간 설명, 상담내용에 대한 메모나 녹음에 대한 양해, 비밀보장의 약속 등을 하고 상담에 들어간다. 상담사는 상담의 접수 가능 여부를 판단하기 위해 내담자에게 현재 무슨 일이 일어나고 있으며, 또한 본인이 그것을 어떻게 받아들이고 대처하고 있는지, 그리고 어떤 도움을 기대하고 있는지 등에 대해 최대한 정보를 얻는다.

접수상담에서 중요한 것은 내담자가 이야기하고 싶은 것이나 신경쓰고 있는 일, 이제까지 생각해 온 문제 등에 대해서 자유롭고 솔직하게 이야기하도록 지원하면서 동시에 상담사는 전문가적 입장에서 이해하도록 노력하는 것이다. 이를 통해 두 사람은 문제의 핵심이나 상황을 상호 이해해 나갈 수 있게 된다.

상담은 목적을 갖고 있다. 그러므로 상담사가 상담의 본론에 들어가기 위해 던지는 첫 질문은 매우 중요한 의미를 지닌다. 상담방향을 좌우하는 첫 질문은 내담자가 자신이 이야기하고자 하는 것을 충분히 표현하도록 하면서 동시에 상담사가 알고 싶은 내용도 이야기하도록 하는 효과를 지녀야 한다. 예를 들어 "상담하시고자 하는 내용은 무엇입니까?", "어떤 문제로 상담을 받고 싶으신지 이야기해 주시겠습니까?", "상담하고 싶은 것에 대해서 이야기해 주시겠습니까?" 등의 표현으로 질문할 수 있을 것이다.

첫 회 상담에서는 가능한 내담자의 자유로운 자기개방을 유도하는 것이 중요하다. 자유로운 자기개방이란 '상식이나 도덕에 구애받지 않고, 자기규제를 최소화하여 자신의 모습이나 생각, 느낌을 가능한 솔직하게 표현하는 것'을 말한다. 어떤 내용일지라도 어떤 식으로 표현할지라도 자신의 모습을 있는 그대로 표현하는 내담자의 자기개방을 통해서 상담사는 내담자의 상태와 그 마음을 이해해 나갈 수 있다.

내담자의 특징이나 문제를 포함한 내용이 명확해지면 상담의 주요 문제가 무엇인지를 알 수 있으며, 동시에 문제해결을 위한 방법도 생각해 볼 수 있다. 이처럼 첫 회 상담에서는 내담자의 특성을 이해하고 존중하면서 문제해결을 위한 접근의 가능성을 검토하게 된다. 그러므로 이 단계에서는 무엇보다도 내담자의 자유로운 자기개방이 매우 중요하다고 할 수 있다.

(2) 상담의 주요 문제에 대한 진술

상담사가 던지는 첫 질문에 대해 내담자가 진술하는 내용, 즉 상담을 받고 싶어하는 문제 및 그 이유 등 처음 한 단락의 이야기, 또는 이야기를 시작한 지 15분 정도 되는 진술의 내용은 상담의 주요 문제에 대한 내담자의 진술이라고 볼 수 있다. 여기에는 내담자가 가장 신경을 쓰고 있거나 고민하고 있는 문제, 몇 번이고 생각한 것, 해결을 위한 시도, 자신에게 필요한 도움 등이 언급될 것이다.

자발적으로 상담실을 찾아온 내담자는 자신의 불안이나 고민에 대해 진지하게 생각하고 표현하면서 동시에 상담에 대한 기대도 이야기하게 될 것이다. 이런 경우에는 상담사가 첫 질문을 적절하게만 한다면 내담자의 핵심적인 문제를 쉽게 끄집어내면서 내담자의 자유로운 자기개방을 의외로 간단하게 유도할 수 있다. 이런 내담자는 그동안 자신이 도움을 받고 싶은 상담의 핵심적인 내용을 머릿속으로 생각해 왔기 때문에 대개는 상담 장면에서 잘 정리하여 표현한다. 이에 대해 상담사는 적극적인 관심을 갖고 수용적인 태도를 취하면 접수상담을 성공적으로 끝맺을 수 있다.

4) 접수상담의 종반부 : 요약과 확인

내담자의 자기개방이나 상담사의 적절한 질문을 통해서 내담자가 호소하고 있는 문제의 핵심, 내담자의 신체적 · 심리적 · 정서적 상태, 성격이나 대인관계의 문제 등에 대한 정보가 파악되면 상담사는 전문가적 관점에서 내담자의 상담내용이 어느 영역의 어떤 문제인가를 판단해야 한다.

내담자로부터 상담에 필요한 이야기를 거의 들었다고 판단되면 상담사는 내담자의 이야기를 요약, 정리하고 문제의 요점을 확인한다. 그리고 그 외에도 더 이야기하고 싶은 것이나 질문은 없는지를 물어본다. 그 이유는 중요한 문제를 놓치지 않기 위해서이다. 내담자의 주요 문제는 언젠가는 상담과정에서 언급되기 때문에 조급해 할 필요는 없지만, 내담자가 이야기하려고 생각하고 있는 것이나 상담사의 입장에서 앞으로의 상담 전망을 세우는 데 필요한 정보를 빠뜨리는 경우가 있을 수 있기 때문이다.

접수상담의 목적은 내담자에 대한 종합적인 이해를 통해 앞으로의 상담방향과 전략을 세우기 위함이다. 내담자를 종합적으로 이해하기 위해서는 물론 내담자의 자유로운 자기개방도 중요하지만, 이것만으로는 불충분하다. 상담의 목적을 보다 명확히 하고 적절한 전략을 세우기 위해서는 상담사로서 파악해야 할 내용이 있다.

자기개방이 거의 일단락되고 내담자의 입장에서 하고 싶은 이야기를 거의 다 했는지를 확인하게 되면 상담사는 이제 자기 입장에서 필요한 정보를 얻기 위해 질문을 하게 된다. 이 시점이 되면 내담자는 자신이 하고 싶은 이야기는 거의 다 했기 때문에 상담사에게 전문가로서의 조언이나 질문을 기대한다. 물론 질문내용은 자기개방에서 어떤 이야기가 나왔는지, 그리고 상담사가 선호하는 이론에 따라 조금씩은 다를 수 있다. 하지만 상담사는 상담목표를 세우기 위해 접수상담에서 기본적으로 다음과 같은 내용에 대해서는 어느 정도 파악해 두어야 한다.

① 내담자의 문제, 증상, 고민, 긴장이나 불안 등의 정도를 포함한 주요 문제에 대한 개요

② 문제가 발생한 경위와 그 이후의 과정, 문제해결을 위한 전략과 노력 정도
③ 내담자의 성격 특성, 문제와 관련된 정서상태와 그 강도
④ 상담의 주요 문제가 내담자의 생활에 미치는 영향의 정도
⑤ 문제를 유지 내지 강화시키고 있는 가정환경이나 그 밖의 생활환경 요인
⑥ 내담자의 장점과 문제해결능력
⑦ 상담의 경위(소개자, 관계기관 등)

만일 내담자가 적극적으로 자기개방을 했다면 그만큼 상담사의 질문의 양은 줄어든다. 대개 이 시점에서의 질문은 내담자가 전혀 언급하지 않았던 부분에 초점이 맞추어지게 된다. 상담사는 다음과 같은 질문으로 접근하게 될 것이다. "상담하고 싶은 내용이 무엇인지는 어느 정도 알았습니다만, 몇 가지 묻고 싶은 것이 생겨서 질문을 드리겠습니다", "잠시 질문을 드리고 싶은 것이 있습니다만, 괜찮겠습니까?" 만일 이 시점에서 시간적인 여유가 없는 경우는 질의응답식의 형태가 될 수도 있다. 하지만 한 번의 상담만으로 내담자의 모든 것을 파악하는 것은 불가능하며, 또한 그것은 바람직하지도 않다. 질문해야 할 내용이 많거나 상담을 서둘러서 하지 않아도 된다고 판단되는 경우는 다음 상담으로 넘기면서 상담목표 설정을 연기한다.

5) 상담(치료)계약

접수상담의 종반부에 들어서면 이제 상담사는 전문가적 입장에서 내담자의 이야기를 정리하면서 나름대로의 견해와 전망을 말하면서 앞으로의 상담목표를 확인하고 상담계약을 맺는다. 이 과정에 중요한 것은 상담사가 내담자의 이야기를 어떻게 이해하고 있으며 전문가로서 이 문제에 대해 무엇을 할 수 있는지에 대해서 알기 쉽게 전하는 일이다. 이렇게 함으로써 마침내 내담자는 자신이 이해되고 수용되었다는 느낌을 받게 되면서 이제까지 불안하고 고민하면서 힘들었던 상태에서 무언가를 할 수 있다는 자신감을 갖게 된다.

접수상담의 소요시간은 대개 한 시간 반 정도이다. 이 시간 안에 상담사와 내담자 간에 상담(치료)계약을 맺게 된다. 경우에 따라서는 상담계약을 맺기까지 한 번의 상담만으로 부족한 경우도 있다. 내담자가 자신의 이야기를 시간 내에 충분히 하지 못했다든지, 상담사가 상담의 수용 여부에 대해서 좀 더 시간을 갖고 판단해야 할 필요가 있다든지 등의 경우에는 다음 상담 시에 접수상담을 이어서 하기로 하고 날짜와 시간을 정한다.

상담계약의 최종적인 결정은 내담자에게 맡기는 것이 바람직하다. 대개 내담자들은 치료계약의 제안에 동의하지만, 비록 한 번의 상담이지만 어느 정도 심리적 안정이 회복되면서 이제 자기 스스로 노력해 보고 싶다고 생각한다. 또는 다른 여러 가지 이유로 앞으로 계속 상담실을 찾을 수 있을지 망설이는 내담자도 있을 것이다. 이 경우 상담사는 내담자의 의사를 존중하면서 전문가적 입장에서 자신의 견해를 전한다. 예를 들어 앞으로 매주 한 번씩 상담할 것을 제안하였지만 내담자는 한 달에 한 번씩만 상담을 받고 싶다고 말을 할 경우, 상담사는 매주 상담의 필요성을 설명해야 할 것이다. 특히 상담이 끊어지면 자해나 자살, 섭식장애 등 생명과 관련된 문제가 발생할 가능성이 있는 경우에는 내담자의 판단보다는 상담사의 생각을 보다 강하게 전달하면서 적극적으로 대처해 나가야 한다.

상담 내지 치료계약을 맺게 되었을 때 접수상담사가 이후의 상담도 계속 이어서 하는 경우는 문제가 없지만, 만일 다른 상담사가 후속 상담을 하는 경우에는 그 사실을 내담자에게 명확히 전달하고, 동시에 이런 방법이 내담자에게 어떻게 도움이 되는지를 이해하도록 설명한다.

이상으로 접수상담의 진행방법에 대해서 설명하였는데, 본서에서는 주로 심리상담을 중심으로 실시하는 상담기관의 접수상담 활동에 초점을 맞추었다. 병원이나 복지관 등의 기관에서 실시하는 접수상담의 형태는 조금씩 다를 수도 있지만, 내담자의 문제를 이해하고 이에 맞는 지원전략을 검토하고 제공하는 기본과정은 크게 다르지 않을 것이다.

3 접수상담의 효과적인 대응법

1) 내담자 진술의 유도

상담사는 적절한 질문을 통해 내담자의 불안, 긴장, 공포, 우울한 기분, 무력감 등의 정서적 문제, 인간관계의 문제, 학교나 직장문제, 거식이나 과식 등 행동상의 문제, 수면장애나 강박적 행동 등의 다양한 증상의 실태와 그 정도를 파악한다.

일반적으로 접수상담은 일정 시간 내에 내담자가 호소하고 있는 문제와 그와 관련된 정보를 최대한 많이 얻기 위해 반구조적으로 상담을 진행한다. 반구조적 상담이란 수집해야 할 정보의 항목이 어느 정도 결정되어 있는 상담을 말한다. 파악해야 할 정보항목에는 상담의 핵심주제를 비롯하여 내담자의 현재 상태, 그동안 살아온 과정, 가족관계, 내담자의 인격 특징이나 인간관계 등에 대한 것이다. 상담사는 내담자가 지금 무엇을 가장 큰 문제로 생각하고 있는지, 그 문제가 언제부터 발생하였고 그때 특별한 계기가 있었는지, 내담자의 주위 관계자들은 이 문제에 대해서 어떻게 대응해 왔는지, 이 문제는 현재 어느 정도 심각한지, 이전부터 있었던 문제인지, 유전적 또는 기질적 요인으로 생각할 수 있는지, 내담자의 인간관계 특징, 친구관계, 이성관계의 특징 등에 대해 머릿속으로 생각하면서 하나하나씩 질문해 나간다.

그런데 상담의 핵심문제와 관련된 질문을 하면 내담자에 따라서는 지금 고민하고 있는 문제를 어떻게 이야기하면 좋을지 몰라서 망설이는 사람도 있고, 정반대로 이제까지의 일을 거침없이 이야기하는 사람도 있을 것이다. 상담사는 어떤 타입의 내담자일지라도 앞에서 언급한 질문들을 생각하면서 내담자를 파악해야 한다. 상담사가 필요하다고 생각되는 정보가 내담자로부터 나오지 않는 경우에는 이야기의 흐름을 고려하면서 적절한 질문을 통해 필요한 정보를 얻는다. 예를 들어 "그 누구도 당신의 고통을 이해해 주지 않는다고 생각하고 있습니다만, 친척이나 부모님 가운데 똑같은 문제로 고민하고 있는 사람은 없습니까?" 등의 질문을 통해 유전적 요인에 대한 문제도 파악한다. 좀처럼 자신의 이야기를 하지 못하는 내담자에 대해서는 "그 문제로 힘들어하기 시작한 때는 언제부터였습니까? 그 문제로 가족이나 친구에게 상담해 보신 적이 있습니까?" 등의 질문을 통해 이야기를 풀어나간다. 이야기가 길어지는 사람에 대해서는 긴 이야기의 내용 가운데서 중요하다고 생각되는 단어를 선택하여 들려줌으로써 문제를 정리하는 데 도움을 주도록 한다. 내담자는 상담을 통해 '자기 자신을 이해하고 싶다'는 생각보다는 이제까지의 힘든 상황을 이야기해서 '누군가로부터 이해받고 싶다'는 마음이 더 강한 경우가 많다. 그러므로 상담사는 내담자의 이야기를 정보의 가치로써만 생각할 것이 아니라, 그것을 적극적으로 공감적 이해와 수용을 해줌으로써 내담자의 자기개방을 촉진시키고 이를 통해서 자신의 문제를 해결하고자 하는 동기도 강화시켜 나간다.

이처럼 접수상담에서 상담사는 내담자의 이야기를 통하여 내담자의 상태를 이해함과 동시에 내담자의 주관적인 고민이나 고통을 수용하고 공감하면서 경청해 나가는 노력을 하게 된다. 또한 내담자의 이야기 흐름을 소중히 여기면서, 다른 한편으로는 적절한 질문을 통해 필요한 정보를 얻는 이중의 작업을 하게 된다.

상담의 주요 문제에 대한 진술이 나온 이후에는 상담사는 잠시 내담자에게 문제의 배경과 관련된 이야기를 자유롭게 할 수 있는 기회를 제공한다. 내담자에 따라서는 상담사가 이런저런 질문을 하지 않더라도 문제의 경과를 시계열적으로 자세하게 말해 주기도 하고, 반대로 필요한 최소한의 반응밖에 보이지 않고 질의응답식의 관계에서 항상 질문을 기다리는 내담자도 있을 것이다. 이럴 때 상담사는 다음과 같은 질문으로 내담자의 이야기를 유도한다.

① ~문제에 대해서 좀 더 자세하게 이야기해 줄 수 있겠습니까?
② 그때 어떠한 일이 있었습니까?
③ 그래서 당신은 어떻게 하셨습니까?
④ 그 일에 대해서 그 외 다른 생각이 나는 것은 없습니까?
⑤ 지금 ~에 대해서 당신은 어떻게 생각하십니까?

물론 이런 질문은 한정된 영역에서 나올 수 있는 것들이지만, 기본적으로 '예, 아니오'의 반응으로 끝나지 않는 개방형 형태의 질문이라고 할 수 있다. 이런 식의 질문은 내담자에게 보다 적극적인 자기개방을 촉진시켜 이제까지 본인이 의식하지 않았던 것을 생각나게 만드는 자극이 되어 중요한 문제에 대해서 생각하고 이야기하도록 하게 한다. 이런 과정을 통해 내담자 자신도 자유로운 자기개방의 중요성을 깨닫게 된다.

그러나 심리적인 이유로 언어에 의한 자기표현이 어려운 내담자의 경우는 조금은 구조적인 상담으로 접근해 나간다. 그래서 긴장이 풀릴 때까지는 '예, 아니오'나 간단한 단어로 답변을 할 수 있는 '폐쇄적인 질문'을 하거나 내담자의 상태를 배려한 질문이나 표현 등을 사용한다.

연습 ➡ 제4부 제8장에서 자기개방을 연습해 보자.

2) 상담주제의 명료화

내담자가 자발적 의사로 상담실에 온 경우가 아니거나 상담에 대한 기대가 크지 않으면 상담사에게 무엇을 이야기할 것인가에 대해서 미리 머릿속으로 생각하지 않는 경우가 많다. 이런 내담자로부터의 이야기는 상담의 핵심적인 내용이 무엇인지를 파악하기 어렵다. 아예 처음부터 이야기할 생각이 없거나 방어적인 태도를 취하는 내담자도 있다. 이때는 처음부터 상담의 핵심적인 문제에 대한 파악에 너무 집착하지 말고 상담실에 오게 된 경위나 이에 대한 본인의 생각이나 느낌에 대해서 물어본다.

상담에 대해 적극적인 내담자는 처음부터 상담의 내용을 명확히 밝힌다. 예를 들어 "아들이 학교를 가질 않아요. 아무리 이야기하고 혼내도 소용이 없습니다. 부모로서 어떻게 해야 할지 몰라서 도움을 받고자 이렇게 찾아왔어요"라고 상담사에게 자신에게 필요한 도움이 무엇인지를 명확히 진술한다. 그러나 "아들이 학교를 가질 않아서… 그래서 담임선생님으로부터 학교에 한 번 방문해 달라는 전화가 왔습니다만…"라는 식의 표현은 상담내용이 불명확한 경우라고 할 수 있다. 내담자의 이야기는 여러 사정이 얽혀 있기 때문에 상담의 핵심적인 내용이 간결하고 명확히 진술되지 않는 경우가 많다. 이런 상황에서 내담자의 주요 문제를 어떻게 이해하고 정리할 것인가는 상담사의 질문에 달려 있다고 하겠다. 예를 들어 "그 문제에 대해서는 어떤 도움을 받고 싶다고 생각하십니까?"라고 물어봄으로써 내담자 자신이 원하고 있는 도움이 무엇인지를 명확히 한다.

내담자 가운데 문제배경에 대해서는 거의 언급하지 않고 갑자기 "아들이 학교를 가질 않습니다만, 어떻게 하면 학교에 갈 수 있을까요?"라고 방법을 물어보거나 "아들이 등교거부를 하고 있어요. 저의 양육방식에 문제가 있는 겁니까?"라고 그 원인을 알고 싶어 하는 사람도 있다. 아마 이런 내담자는 상담을 조언 정도로 생각하고 있을지도 모른다. 이런 내담자는 문제의 핵심은 등교거부이며 그 해결책에는 하나의 전략이 있고 그것만 알면 등교거부는 해결된다고 생각하거나, 등교거부는 부모의 양육태도에 문제가 있다는 것을 누군가로부터 들었기 때문에 이런 실패를 반복하지 않는 방법을 알고 싶어서 상담실을 찾았을 것이다.

그러나 상담사의 입장에서는 아이가 학교에 가지 않는 것은 그럴 만한 이유나 의미가 있다고 생각할 수 있으며, 이 문제를 부모가 어떻게 받아들이고, 어떻게 대응해 왔는가를 파악하는 것이 중요하다. 또한 아이가 학교를 가게 되었다고 해서 모든 문제가 해결되었다고 말할 수 없을 것이다. 상담사는 내담자가 호소하고 있는 문제를 보다 다면적 관점에서 접근해 나가야 한다.

제 2 장 만남과 관계형성의 단계

1 만남과 관계형성

접수상담 이후의 본 상담에서는 대개 1주일에 한 번, 1회당 시간은 45분~1시간을 설정하여 상담하게 된다. 상담의 초기 단계에서는 기본적으로 상담사의 접촉이나 대응방법에 있어 접수상담의 경우와 크게 다르지 않다.

내담자는 상담사라고 하는 초면의 전문가와 익숙하지 않는 관계에서 매우 개인적이며 예민한 문제에 대해서 이야기를 하게 된다. 일상적 장면과는 많이 다른 상담 장면에서는 내담자가 긴장이나 불안을 느끼는 것은 당연하다. 또한 내담자는 이제까지 힘들었던 문제에서 해방되어 자신의 힘으로는 찾지 못했던 문제해결의 길이 상담을 통해 열릴 수 있다는 기대감도 갖고 있을 것이다. 어쩌면 내담자의 마음속에는 '여길 오는 것이 아니다'라는 마음과 '이제 무언가 도움을 받을 수 있을 것이다'라는 마음이 공존하고 있을지도 모른다.

한편 상담사는 이제까지 다양한 내담자들을 접촉해 온 전문가이지만 새로운 내담자와의 만남 또한 그 내담자의 마음의 세계를 이해하고 수용해 나가면서 내담자의 자기탐색과 통찰을 유도해야 하기 때문에 역시 매번 긴장감을 느끼게 된다. 이런 가운데서도 상담사는 새로운 내담자와의 만남을 소중히 여기며 따뜻함과 평안함을 느낄 수 있도록 노력하게 된다.

자신의 개인적 문제로 상담받기 위해 온 내담자는 상담사와의 첫 대면 장면에서 자신의 불만이나 부정적 감정, 또는 과거의 경험을 솔직히 드러낼 수 있을까? 이에 대한 대답은 'NO'일 것이다. 첫 만남은 먼저 서로에 대한 탐색부터 시작하게 된다. 첫 만남에서 내담자는 자신의 속마음을 이야기해도 좋을지 상담사에 대해 탐색하는 경우가 일반적이기 때문에 이 단계에서 '상담사가 내담자에게 어떻게 대하는가'라는 문제는 중요하다. 그래서 첫 만남에서 상담사는 내담자가 최대한 편안한 분위기를 느끼도록 언어 및 비언어적 커뮤니케이션을 통해 따뜻함과 부드러움이 자연스럽게 느껴지도록 노력해야 한다. 상담사의 이런 노력에 의해 내담자는 상담사에 대한 믿음과 인간미를 느끼면서 자신을 개방하고, 나아가 새로운 경험을 갖게 하는 자기탐색과 변화의 길로 들어서게 된다.

대개 내담자가 자리에 앉으면 첫 만남에서의 긴장감이나 불안감을 느끼지 않도록 하기 위해 날씨나 취미 등에 관한 일상적인 이야기를 꺼내기도 하지만, 단지 이때 그 다음 장면에서의 부자연스러운 분위기가 되지 않도록 주의해야 할 것이다. 오히려 바로 본론으로 들어가는 것이 좋을지도 모른다. 예를 들어 "어떤 일로 오셨습니까?", "어떤 문제로 오셨는지 이야기해 주시겠습니까?" 등으로 이야기를 꺼낸 후, "그 문제에 대해서 함께 생각해 보고 싶군요", "당신의 기분을 정리하는 데 도움을 드리고 싶군요"로 이어주는 것이 좋다. 이때 중요한 것은 내담자가 이야기하기 쉬운 분위기를 만들어 주는 것과 문제해결의 주역은 바로 자기 자신이라는 태도를 부드럽게 전달하는 노력이다. 또한 내담자에 대한 세심한 관찰을 통해서 내담자의 감정이나 분위기를 읽어 나가는 노력도 중요하다.

이 단계에서의 언어적 태도는 상대방의 페이스에 자연스럽게 맞추어 주는 것이 좋다. 천천히 이야기하는 사람에게 이쪽이 빠른 어조로 반응하게 되면 상담사가 불안정하게 보인다. 상대방이 정중한 언어를 사용하면 이쪽도 어느 정도 정중하게 대하며, 반대로 상대방이 투박한 언어를 사용한다면 이쪽도 조금은 거리낌 없는 자연스런 태도로 대하는 것이 좋다. 예를 들어 한 청년이 거리낌 없이 자연스럽게 이야기하고 있는데 상담사가 너무 정중하게 대한다면 오히려 그 사람은 이야기하기가 거북스러워질 것이다. 밝은 목소리와 표정에는 밝은 목소리와 표정으로, 미소에는 미소로 대응한다. 이 단계에서는 경청과 관찰, 그리고 상대방의 페이스에 맞추는 상담사의 노력이 요구된다.

한편 상담사로서는 내담자가 이야기하기 쉬운 분위기를 만들어 주면서 내담자의 이야기에 대한 경청과 세심한 관찰을 통해 내담자의 정서와 사고, 행동에 대한 이해와 상담에 대한 기대 등을 정확히 파악하기 위해 노력해야 한다. 내담자에 대한 관찰과 경청기법에 대해서 알아보자.

2 경청 및 관찰

1) 경청기법

상담은 경청에서 시작해서 경청으로 끝난다고 할 정도로 경청기법은 수많은 상담기법 중 가장 기본이고 중요하다. 이 기법은 주로 상담 도입기에 사용되지만, 상담 전 과정에도 활용될 수 있다. 그러므로 이 기법에 기초로 하지 않는 다른 기법의 습득은 무의미하다고 할 수 있다. 경청기법은 다음 세 가지의 주요 목적을 갖고 있다.

첫째, 내담자를 정확히 이해하는 데 있다. 경청을 통해 상담사는 내담자가 경험하는 외적 상황과 내적 세계를 가능한 정확히 이해할 수 있다.

둘째, 상담사가 이해한 내용을 내담자에게 피드백하기 위함이다. 아무리 내담자의 이야기를 올바르게 경청하였다고 할지라도 그것을 내담자에게 정확하게 전달하지 못하면 경청기법이 기대하는 효과를 얻을 수 없다. 상담은 어디까지나 이해와 피드백의 두 가지 면으로 성립되는 것이며 어느 한쪽이라도 부족하면 상담을 성공적으로 이끌어 나갈 수 없다. 즉, 상담사는 잘 들을 수 있는 능력만이 아니라, 잘 반응할 수 있는 능력도 갖추어야 한다. 경청기법은 내담자를 정확히 이해하고 효과적인 반응을 위한 방법을 제시해 준다. 또한 내담자에 대한 이해와 피드백의 반복에 의해 상담사와 내담자 사이에 라포 형성, 즉 긍정적인 인간관계의 형성에도 도움을 준다.

셋째, 이 라포를 견고하게 확립하는 것이다. 이렇게 해서 형성된 관계는 상담을 '안심할 수 있는 장(a safe place)'으로 여기게 되면서 심리적 안정을 느끼게 한다.

경청기법의 목적은 이처럼 단순 명쾌하지만, 그 실천은 매우 깊이가 있어 초보자에게는 힘든 경우가 많다. 경청기법을 가볍게 여긴 나머지 경청기법의 철칙을 망각하고 내담자에 대한 질문과 조언형태로 대응을 반복하는 경우가 있다. 유감스럽게도 이런 식의 접근은 상담이라고 할 수 없다. 상담기법의 습득에서는 이 점을 무엇보다도 명확히 인식할 필요가 있다.

경청기법을 정의하기 위해 코미어(Cormier, L. S., 1998) 등은 행동분석(behavior analysis)과 인지행동이론(cognitive behavior theory)의 방법론을 사용하였다. 행동분석이란 복잡한 행동을 최소 단위로 나누어서 이것들을 계통적 학습의 형태로 접근시켜 다양하면서 어려운 행동을 습득시키는 기법이다. 한편 인지행동이론은 인간의 사고, 정서, 행동, 생리를 나누어서 이 가운데 사고(인지작용)가 다른 모든 부분에 영향을 미친다고 보는 견해이다. 코미어 등은 이 두 가지 이론을 통합하여 다음과 같이 네 종류의 경청기법을 제안하였다.

① 명료화 기법 : 애매모호한 표현을 보다 명확히 한다.
② 감정의 반영기법 : 감정에 초점을 맞추어 말로 되짚어 준다.
③ 표현 바꾸기 기법 : 내담자의 표현을 의역한다.
④ 요약기법 : 긴 내용을 간단하게 요약, 정리한다.

이러한 기법을 상담 가운데 의도적으로 사용함으로써 상담사는 내담자에 대한 이해와 피드백, 그리고 라포 형성의 효과를 기대할 수 있다. 다음은 구체적인 예를 통해서 이 네 가지의 경청기술에 대해서 이해해 보자.

연습 ➡ 제4부 제9장에서 경청기법을 연습해 보자.

(1) 명료화(clarification) 기법

상담 초기 단계에서 상담내용의 핵심을 명확히 파악하는 일은 중요하다. 이 단계에서 상담사는 전문가적 관점에서 상담의 구체적인 전망을 세워서 전하는 것이 아니라, 내담자로부터 얻은 구체적인 정보를 통해서 문제나 고민의 핵심을 명확히 하고 그 심각성 정도를 파악하는 수준에 머물게 된다. 그리고 내담자의 문제에 대한 파악은 정서적 측면, 행동적 측면, 사고적 측면으로 나누어서 이해하게 된다. 한 예로 등교거부 자녀문제로 상담실을 찾아온 한 여성의 경우를 생각해 보자. 이 여성은 자녀에 대해 다음과 같이 설명하고 있다. "아들이 아침이 되면 기분이 좋지 않아서 좀처럼 일어나지 못하고, 밤에는 늦게까지 자지 않고 있어 다음날 일어나기가 힘들어 한다. 그래서 일찍 잠자리에 들도록 하고 싶다"는 말을 한다. 상담사는 내담자의 고민을 명확히 하기 위해 "지금 걱정하고 있는 것은 그 문제만입니까?"라고 물어본다. 그러자 내담자는 "아뇨, 사실은 아들의 반항적인 행동 때문에 많이 힘듭니다"라고 말한다. 이에 대해 상담사는 그것이 구체적으로 어떤 내용인지를 자유롭게 이야기하도록 한다. 이를 통해 상담사는 아침에 깨워도 일어나지 않을 뿐만 아니라, 저녁에는 가능한 일찍 잠자리에 들도록 이야기를 해보지만 전혀 말을 듣지 않고 그 다음날 아침까지 컴퓨터게임이나 만화책을 보고, 어머니의 말에 대해서는 아무런 대꾸도 없이 거역만 한다는 사실 등을 알게 된다.

이와 같은 내담자의 이야기를 통해 상담사는 아들이 아침에 좀처럼 일어나지 않으며 등교거부만이 아니라, 어머니가 아들의 이런 태도를 반항적 행동으로 이해하고 있다는 사실을 알게 된다. 상담사는 전문가의 관점에서 이 문제에 대해 이해하고 판단하면서 내담자가 호소하고 있는 주요 문제가 무엇인지를 명확히 한다. 이 사례의 경우, 아들의 문제가 단지 등교거부만이 아니라, 수면장애의 문제, 그리고 어머니와의 관계에 문제가 있을 수 있다는 것을 이해하게 된다.

이처럼 '명료화' 기법이란, 말 그대로 내담자의 애매모호한 표현이나 행동을 명확히 하는 상담기법을 말한다. 원래 내담자의 표현은 자신의 생각을 사실 그대로 나타내지 않거나 감정에 의해 왜곡되기 쉽기 때문에 이해하기 힘든 경우가 많다. 또한 내담자 자신이 문제의 본질을 파악하지 못하는 경우도 있거나 경우에 따라서는 내담자 자신이 고의로 불명확한 표현이나 허위로 말하는 경우도 있을 것이다. 그러므로 상담사는 항상 내담자의 표현을 정확히 이해하기 위해 노력해야 한다. 명료화 기법은 내담자의 애매모호한 사고나 감정, 행동, 태도를 명확히 하면서 상담사가 이해한 것을 내담자에게 확인하는 기법이다. 명료화 기법에는 다음과 같은 표현이 사용되는 경우가 많다.

① ~라는 말씀이군요?
② ~라고 하는 것이군요?
③ 다시 말해서 생각하신(느끼신, 하셨던) 내용은 ~입니까?
④ ~에 대해서 좀 더 이야기해 주시겠습니까?

이러한 표현의 공통적인 점은 내담자의 표현 가운데 불명료한 부분을 반복하여 이해해 나가는 것이다. 명료화 기법은 대개 질문의 형태를 띠게 되며, 그 내용은 내담자가 이미 표현한 내용의 범위 내에 한정되어 있다. 왜냐하면 명료화 기법은 새로운 정보를 수집하기 위한 것은 아니기 때문이다. 명학화 기법의 구체적인 예를 제시하면 다음과 같다.

사례 | 내담자 : 41세의 여성

내담자 : 요즘 몸이 너무 안 좋아요. 이제 제 나이도 40을 넘어서 젊지도 않고… 저희 아버지가 암으로 돌아가셨기 때문에… 혹시 나도 암에 걸리면 어떡하나 하는 생각에 걱정이 되어 고민하다가 상담을 받아보는 게 좋겠다는 주위 사람의 권유에 이렇게 오게 되었어요. 지난번에도 상담을 받아 본 적이 있었지만 별 도움이 되질 않았어요. 이번엔 기대가 큽니다.

상담사 : 암에 대한 불안이 머리를 떠나지 않는다는 말씀이시군요?

이 사례에서 알 수 있듯이 상담사는 내담자의 이야기에 대해 자신이 올바르게 이해했는지 내담자에게 확인하고 있다. 내담자의 이야기 내용을 좀 더 자세하게 분석해 보면 여기에는 다음 일곱 가지의 메시지, 즉 ① 건강문제, ② 연령에 대한 걱정, ③ 가족의 병력(특히 암), ④ 암에 대한 불안감, ⑤ 제3자에 의한 상담 권유, ⑥ 과거의 상담 경험, ⑦ 현 상담에 대한 기대감이 포함되어 있다. 상담사는 이 모든 문제에 대해 명료화 기법을 사용할 수도 있지만, 본 사례에서는 '암에 대한 불안'에 초점을 맞추어 명료화를 시도하고 있다.

사례 | 내담자 : 17세의 여학생

내담자 : (불안해하는 모습을 보이며) 제가 임신했다는 생각이 들어요. (울기 시작하면서) 오늘 산부인과에 가보려고 해요. 만일 임신이면 수술하고 싶어요. 다른 생각은 해본 적 없어요.

상담사 : 임신했다고 생각하는 것에 대해 좀 더 자세하게 이야기해 줄 수 있어요?

이 사례의 경우 명료화를 시도할 때 특히 주의해야 할 부분은 '임신했다'와 '임신했다고 생각한다'라고 하는 표현 사이에는 그 의미가 크게 다르다는 점이다. 전자는 '임신했다'고 하는 사실을 말하고 있고, 후자는 단지 그 가능성을 시사하는 표현이기 때문이다. 그러므로 임신 사실과 그 가능성의 차이를 분명히 하지 않고 내담자의 감정이나 행동에 대해서 언급하는 것은 바람직하지 않다. 특히 이 내담자의 경우는 자신이 임신했다고 하는 가설을 전제로 불안해하고 있기 때문에 내담자의 불안이 더 강화되지 않도록 주의해야 한다. 이런 점을 유의하면서 상담사는 보다 정확하고 구체적인 정보를 얻기 위해 내담자의 최초의 표현을 반복하면서 보다 명확한 정보를 얻으려고 하고 있다. 이것은 명료화를 위한 상담사의 효과적인 대응이라고 할 수 있다.

연습 ➡ **제4부 제10장에서 명료화 기법을 연습해 보자.**

(2) 감정 반영(reflection of feeling) 기법

감정 반영은 상담기법 중에서도 가장 일반적인 기법이다. 이것은 내담자의 표현 가운데 감정에 초점을 맞추어 그것을 피드백하는 기법이다. 대개 분노·공포·기쁨·슬픔 등과 같은 심리적 정서반응은 대개 안색이 변하고 호흡이나 맥박 등 생리적 변화도 함께 수반되는 경우가 많기 때문에 감정 반영에서는 내담자의 감정 및 이에 따라 수반되는 생리적 변화에 초점을 맞추게 된다. 감정 반영의 주요 목적은 다음과 같다.

① 감정에 주의를 기울인다.
② 감정을 정확히 인식하고 경험한다.
③ 감정을 받아들인다.
④ 서로 다른 다양한 감정을 식별한다.
⑤ 복잡한 감정을 정리한다.

이 외에도 감정 반영은 깊이 있는 상담과정으로 유도하는 효과가 있다. 감정 반영의 표준적인 표현의 예는 다음과 같다.

① ~ 라고 느끼시는군요.

② 지금의 기분은 ~하시군요.

③ ~는 (슬프다, 후회된다, 기쁘다, 무섭다 등)이군요.

④ ~는 (울고 싶다, 화가 난다, 배가 비틀린다, 긴장된다 등) 이야기이지요?

감정 반영에서는 형용사 또는 생리적 반응을 나타내는 표현을 사용하는 것이 원칙이다. 여기서 주의할 것은 '~라고 생각한다'라고 하는 표현이 사고나 판단 등의 인지 반응과 감정이나 생리적 현상 등의 반응에 사용되는 경우가 있다. 이때 '~라고 생각한다'고 하는 것이 감정의 표현인 경우는 반영기법을 사용하는 것이 적절하다.

(3) 재진술(paraphrasing) 기법

이 기법은 내담자의 표현을 의역하여 반영하는 것을 말한다. 내담자가 자신의 내면세계에 대해 보다 깊은 탐색과 통찰을 유도하기 위해 상담사는 단지 내담자의 표현을 그대로 사용하여 반영하는 것이 아니라, 내담자의 언어와 함께 수반되는 비언어적 내용에 대한 관찰을 통해 내담자의 표현을 다른 용어로 바꾸어서 돌려줌으로써 자신의 내면세계에 대해 보다 깊이 있는 탐색을 유도하는 하나의 전략이다. 예를 들어 내담자가 "지금 가슴이 매우 두근두근거리군요"라고 말했을 때, 상담사가 내담자의 용어를 그대로 빌려서 "가슴이 두근거리신다는 말씀이군요"라고 반영할 수도 있겠지만, 내담자의 비언어적 내용에 대한 분석을 통해, 예를 들어 목소리의 떨림, 표정, 시선, 손의 움직임, 자세 등을 관찰하여 가슴이 두근거린다고 하는 것이 상담에 대한 기대의 표현인지, 아니면 상담에 대한 불안이나 긴장을 나타내고 있는지를 알 수 있게 된다. 이런 정보를 통해 내담자의 상태를 정확히 이해한 상담사라면 '재진술 기법'을 사용하여, 전자의 경우라고 한다면 "상담에 대한 기대가 크시군요"라고 대응한다든지, 후자라고 한다면 "이 자리가 조금은 긴장을 느끼게 하는 모양이죠"라고 내담자의 상태를 정확히 이해하여 상담사의 언어로 표현하게 된다. 이를 통해서 내담자는 자신의 내적 상태를 보다 깊이 있게 바라보게 될 것이다.

'재진술 기법'을 사용할 때 범하기 쉬운 상담사의 오류는 내담자의 표현에 대한 자기투사이다. 즉, 상담사 자신의 입장에서 내담자의 말을 왜곡되게 해석하여 반영해버리는 경우를 말한다. 상담사 자신이 심리적으로 불안하거나 문제가 있으면 내담자가 "지금 상당히 가슴이 두근거립니다"라고 표현하였을 때, 상담사는 즉각적으로 '아, 이 내담자도 지금 매우 불안해하고 긴장하고 있구나'라고 쉽게 판단해버릴 것이다. 그러면 내담자는 자신의 마음을 정확히 이해해 주지 못하는 상담사를 불신하면서 자신의 문제에 대한 개방을 주저할 것이다.

연습 ➡ 제4부 제11장에서 재진술 기법을 연습해 보자.

(4) 요약(summarizing)기법

상담과정에서 내담자의 긴 이야기를 적절하게 반영하기 위해서 상담사는 내담자의 이야기 내용을 간단하게 요약, 정리하여 확인하는 과정을 밟는다. 여기서 내담자의 긴 이야기 가운데 요약, 정리하는 부분은 내담자의 감정이나 사고, 태도에 가능한 초점을 맞추어서 하는 것이 바람직하다. 이런 접근을 통해 내담자는 자신의 경험을 다시 생각하면서 자신의 감정과 사고, 행동에 주목하고 자기이해를 위한 문을 두드리게 된다. 상담사가 내담자의 이야기를 요약, 정리할 때의 대응법으로 다음과 같은 방법을 생각해 볼 수 있다.

상담사 1 : 지금 긴 이야기를 해주셨는데 정리해 보면 저는 이렇게 이해됩니다. 그러니까….

상담사 2 : 매우 중요한 사실을 이야기해 주셨는데 잠시 정리해 보아도 될까요?

상담사 3 : 지금까지 말씀하신 것을 잠시 정리해 보아도 될까요? 그러니까 말씀하신 내용은 부인의 친척 되시는 분들이 당신에게 서운하게 대하는 것 같고 혼자만 왕따 당하는 것만 같아서 집에 들어가기가 싫어지고 그래서 밖에서 놀다 보니 돈만 쓰게 되고…, 하지만 부인에 대해서는 이렇게 해서는 안 된다는 생각에 반성하고 있다는 이야기입니까?

상담사 4 : 이 정도해서 일단 이야기의 내용을 정리해 보아도 될까요? 자녀의 학교생활에 대해서는…, 학교에 대한 당신의 대응은…, 이 때문에 당신의 감정이….

상담사 5 : 이야기하고 싶은 말씀이 많으시군요. 많은 말씀을 해주셨습니다만, 당신이 가장 하고 싶은 이야기는 …입니까?

상담사 6 : 당신의 기분을 충분히 말씀하셨다고 생각합니다만, 그러니까 당신의 생각은…, 당신의 기분이랄까 느낌으로는…, 그리고 그때의 당신의 행동은…, 그리고 지금은….

연습 ➡ 제4부 제12장에서 요약기법을 연습해 보자.

2) 관찰기법

(1) 관찰기법의 중요성

상담 장면만이 아니라, 타인과의 의사소통에 있어 상대방의 몸짓이나 표정, 목소리의 크기 등 비언어적 요소가 중요하다고 생각하는 이유 중 하나는 대개 비언어적 행동이 내담자가 말하고 있는 내용의 의미 그 자체를 나타내고 있는 경향이 강하기 때문이다. 동일한 내용일지라도 그것을 어떤 비언어적 태도로 표현하는가에 따라 그

의미가 다르다는 것은 우리가 일상 대화에서도 흔히 경험하는 일이다. 예를 들어 쓴 웃음을 지으면서 "정말로 힘들군요"라고 하는 경우와 긴 한숨을 내쉬면서 힘없는 작은 목소리로 내뱉는 경우와 비교해 볼 때, 이 둘은 비록 동일한 내용의 문장일지라도 전혀 다른 내용의 커뮤니케이션이 되어 버린다는 사실을 알 수 있다. 이 예를 통해서 알 수 있듯이 비언어적 커뮤니케이션을 소홀히 하고 언어적 레벨만으로 상대방의 심리를 이해하는 것은 거의 무의미하다.

내담자에 대한 세심한 관찰이 중요한 또 하나의 이유는 내담자 자신이 전혀 의식하지 않았던 감정이나 사고가 비언어적 행동으로 표현되는 경우가 적지 않기 때문이다. 실언(失言)을 제외한 대부분의 표현은 내담자가 의식적으로 컨트롤한 정보라고 할 수 있지만, 그 표현과 함께 나타나는 표정이나 생리적 반응 등은 그 사람의 무의식의 심리상태를 반영하는 경우가 많다. 그래서 만일 내담자의 언어와 비언어적 표현이 일치하지 않는 경우, 언어적 표현보다는 비언어적 요소에 내담자 자신이 의식하고 있지 않는 감정이나 사고가 더욱 직접적으로 반영되어 있다고 판단해도 좋을 것이다. 이처럼 비언어적 정보는 상담에 있어 매우 중요하며 이것을 정확히 관찰하고 파악하는 기술이 상담사에게 요구된다. 한 예로 내담자가 긴장한 모습으로 "아무 걱정도 없습니다"고 말을 했다고 하자. 이 경우 언어 레벨에서는 불안한 상태가 아니라고 말하고 있지만, 긴장감을 느끼고 있는 표정이라고 하는 비언어적 측면에서 보면 내담자의 내면세계는 다를 것이라고 추정된다. 이처럼 내담자의 비언어적 측면에 대해서도 세심한 주의를 기울임으로써 내담자의 심리적 갈등을 정확하게 파악할 수 있다.

(2) 관찰기법의 유의점

내담자에 대한 관찰은 상담의 기초가 된다. 상담 장면에서 나타나는 내담자의 다양한 행동은 내담자의 심리상태를 이해하는 데 매우 중요한 정보원이 됨에도 불구하고 상담사 훈련의 과정에서 소홀히 다루어지는 경우가 많다. 상담기법이라고 하면 대개 언어에 의한 응답기술이라고 생각하기 쉽다. 물론 내담자의 이야기를 잘 경청하여 어떻게 반응할 것인가 하는 문제는 중요하다. 그러나 내담자의 태도나 몸짓, 표정, 억양이나 말하는 스타일, 복장, 시선, 생리적 반응, 체격이나 신체적 특징, 용모, 개인공간, 시간개념 등의 비언어적 요소도 내담자를 이해하는 데 있어 매우 중요한 정보원이다. 그러므로 대응기법을 익히기에 앞서 내담자의 이러한 비언어적 내용을 정확히 관찰하는 기술을 몸에 익히는 것이 매우 중요하다. 이러한 비언어적 요소는 내담자의 감정이나 사고, 신체감각, 가치관 등과 관련된 정보를 의도적 또는 무의식적으로 전달하는 역할을 하게 된다. 그렇기 때문에 여기에서 얻은 정보를 소홀히 하는 것은 내담자를 무시하는 것과도 같다고 할 수 있다.

그러나 한편으로는 비언어적 요소라는 정보는 애매모호한 경우가 적지 않아서 그릇된 판단을 하기 쉽다는 문제점도 있다. 이 때문에 상담사는 자신이 감지한 내담자의 비언어적 행동에 대한 해석에 있어서 신중해야 한다. 내담자로부터 얻은 많은 비언어적 내용 가운데 특히 상담사가 관심과 주의를 기울여야 할 정보는 반복적이고 일관성 있는 내담자의 비언어적 행동에 관한 것이다. 그러나 성급한 판단은 절대 금물이다.

내담자에 대한 관찰에 있어 또 하나의 유의점은 내담자의 특성을 반영하는 다양한 문화적 배경에 대한 이해이다. 문화적 배경이란 그 사람이 태어나고 살아온 지역과 그 시대에 공유되었던 행동과 생활양식을 말한다. 우리 문화는 역사적으로 동질성이 높은 문화(homogeneous culture)로 알려져 있지만, 최근에는 내담자의 경제수준, 교육수준, 생활환경, 가치관의 다양성 등이 더욱 진행되면서 다양한 문화사회로 급속히 진입하고 있다. 동질성 사회에서의 내담자 행동은 대개 획일화되어 있어 내담자에 대한 이해가 비교적 어렵지 않지만, 다양성의 문화에서는 다양한 행동양식이 혼재되어 있기 때문에 상대방의 행동에 대한 판단이 쉽지 않다. 그러므로 내담자에 대한 세심한 관찰이 이루어지지 않고, 동시에 그 행동의 배경이 되고 있는 문화적 특성에 대한 이해가 부족하거나 그릇된 신념을 갖고 상담을 하게 되면 효과적인 상담을 전개할 수가 없다. 이런 문제의 발생을 최소화하기 위해서 상담사는 선입견에 얽매이지 않고 있는 그대로의 내담자 모습을 관찰하면서 그 행동에 표현된 문화를 존중하는 태도와 기술을 몸에 익히는 노력이 필요하다.

연습 ➡ 제4부 제13장에서 관찰기법을 연습해 보자.

3 예상되는 문제상황과 대처법

1) 문제상황 1 : 상담에 대한 불안이나 저항감이 강한 경우

내담자가 다른 사람의 권유나 소개로 또는 부모에 의해 반강제적으로 오는 경우, 또는 스스로 온 사람일지라도 자신의 문제를 이야기하는 것이 부끄럽다고 생각하거나 자신의 문제를 이야기하는 것에 대해 갈등하는 경우, 내담자는 상담하고자 하는 문제에 대해 이야기하기를 주저하거나 소극적인 태도를 보일 수 있다.

이런 경우 상담사가 바로 문제의 핵심에 들어가면 오히려 불안해하거나 저항감이 생길 수 있기 때문에 첫 회 상담에서는 여기에 오기까지의 기분, 즉 망설임, 저항감, 힘들었던 기분을 공감적 표현으로 대응하면서 내담자의 이야기를 충분히 듣는 기회로 만들어야 한다. 이를 통해 '이 사람은 나의 생각을 이해해 주었다'라는 느낌이 들도록 한다. 만일 내담자가 아동인 경우에는 그 아이가 좋아하는 활동, 예를 들어 함께 그림을 그리거나 무엇을 만들거나 하면서 먼저 라포를 형성하고 난 후 상담(치료)에 들어가는 것이 좋다.

2) 문제상황 2 : 침묵이 발생할 경우

상담에 있어 침묵기법이란 내담자의 함묵, 즉 5초 이상 말을 하지 않는 상태에 대해서 상담사가 의도적으로 발언을 삼가는 것을 말한다(Hill & O'Brien, 1999). 상담기법은 통상적으로 내담자에 대한 관찰과 응답이지만, 내담자의 이야기에 대해 잠시 입을 다물고 열심히 귀를 기울이며 듣는 자세를 취하는 것도 하나의 훌륭한 대응기법이 될 수 있다.

그러나 아직 상담사와 내담자와의 신뢰관계가 구축되어 있지 않은 상담 도입기나 초기 장면에서의 침묵은 일반적으로 바람직하지 않다. 때문에 상담의 초기 장면에서 내담자에 의해 발생하는 침묵의 지속은 부정적인 효과가 크다고 할 수 있다. 이런 경우, 그 상태가 지속되면 기술적으로 미숙한 상담사는 이 침묵의 무거움을 견디지 못하고 불안을 느낀 나머지 내담자에게 불필요한 질문을 하거나 무의미한 정보를 제공하는 경우가 있다. 바람직한 대응은 "자신의 생각이나 고민을 남에게 이야기한다는 게 쉬운 일은 아니죠.", "자신의 경험을 언어로 표현한다는 것은 정말 힘든 일이죠" 등의 표현을 통해 상담사는 내담자의 기분이나 생각에 대해 공감적 이해를 하고 있다는 것을 최대한 전달하는 노력을 해나가야 한다.

사실 침묵은 누구에 의해 발생되었는가, 즉 상담사에 의해 만들어진 침묵 상황인지 아니면 내담자에 의한 것인가에 따라 그 의미는 다르다. 또한 상담과정의 어느 시점에서 발생되었는가에 따라서도 그 의미가 크게 다르다. 상담 장면에서 발생하는 내담자의 침묵은 상황에 따라 그 의미가 천차만별이지만, 일반적으로는 다음과 같은 경우에 많이 발생한다.

- 이제까지 느끼지 못했던 감정의 인식이나 이해
- 새로운 생각이나 관점, 통찰에 대해서 잠시 생각
- 과거의 추억이나 기억에 대한 회고
- 새롭게 전달된 정보의 처리와 정리

- 의사결정에 필요한 조건이나 중요성에 대한 숙고
- 상담사나 상담에 대한 분노나 불만
- 상담에 대한 동기 부족
- 문화적 요소, 상황에 의한 발언 주저
- (우울증 등 정신적 질환에 의해) 감정, 의사표현의 곤란

이처럼 내담자의 침묵에는 다양한 생각이나 감정에 의한 경우가 있을 수 있으며, 또한 의도적, 문화적, 그리고 심리 장애 등에 의한 경우도 있을 수 있다. 때문에 상담사로서는 내담자의 침묵에 감춰진 감정이나 의미를 이해하기 위한 노력을 하면서 적절한 대응을 해나가야 한다. 상담과정에서 내담자에 의해 발생하는 침묵의 경우, 때로는 잠시 내담자의 침묵에 동조해 주는 자세가 오히려 내담자에 대한 공감성을 높이는 효과가 있기도 하다. 하지만 어디까지나 내담자에 대한 '침묵의 존중'은 내담자에 대한 수용과 공감, 그리고 친숙한 인간관계 형성이 전제되어야 비로소 그 의미가 있다는 것을 유념해야 한다.

제 3 장 자기탐색의 단계

1 상담의 중반부 과제

상담이 초기 단계를 거쳐 중반기에 들어서게 되면 상담사와 내담자와의 신뢰관계는 더욱 확고해진다. 이 단계에 들어서게 되면 내담자는 상담사에 대해 자신을 이해해 주며 어떤 이야기에 대해서도 있는 그대로 받아주는 사람이라는 인식을 갖는다. 이 단계에서 내담자는 극히 개인적이며 자신의 어떤 내면적인 이야기일지라도 수용과 이해받을 수 있다는 느낌을 갖게 되면서 상담사와의 관계를 소중히 여기게 된다.

한편 이 단계에서 상담사는 내담자에 대한 충분한 이해를 바탕으로 내담자의 이야기에 대해 보다 명확하고 정확한 반응을 해나가야 한다. 이런 노력을 통해 내담자의 자기탐색은 촉진된다. 내담자의 자기탐색이란 자신의 내면세계를 개방함과 동시에 자신의 변화와 성장을 위한 과제에 대해 생각하는 것을 말한다. 이런 탐색에 의해 내담자는 자신의 생각이나 감정을 표현하는 것만으로 끝나는 것이 아니라, 자신에 대한 타인의 언행을 이해하고 이에 대한 자신의 반응 특징 등을 자세하게 표현하기 시작한다. 즉, 자신의 행동이나 태도, 생각 등을 객관화하기 시작하면서 자신의 모습을 보다 정확히 이해하고 문제점을 인식하기 시작한다. 내담자의 이런 새로운 깨달음은 자신의 문제나 관심사에 대한 통찰을 유도하여 구체적인 해결책을 이끌어 내게 한다. 내담자가 자기를 보다 정확히 이해하고 수용할 수 있도록 하기 위해서는 내담자의 자기탐색을 위한 지원은 필수적이다.

내담자의 자기탐색을 지원하고 촉진시키기 위한 상담사의 효과적인 지원방법, 즉 대응기법으로는 주로 '반영기법'과 '질문기법'이 사용된다. 반영기법의 핵심은 내담자가 생각하고 것, 느끼고 있는 것을 그대로 이해하면서 그것을 내담자에게 전하는 것이다. 이러한 대응은 내담자를 보다 깊은 수준의 자기개방을 유도하고, 자신에게 중요한 문제나 과제가 무엇인지를 탐색하게 한다. 또한 내담자는 자신의 생각이나 감정이 상담사의 공감적 이해를 통해 반영되어 되돌아오게 되면 자신이 의식적으로 이야기한 내용 이상으로 자신의 모습이 명확해지기도 한다. 즉, 자신이 의식적으로 생각하고 있지는 않았지만 엄연히 마음속에 내재되어 있는 생각이나 감정이 상담사의 공감적 이해를 바탕으로 한 반영에 의해 명확해지는 것이다. 한 예로 등교거부를 하는 아들문제로 상담실을 찾은 한 어머니의 사례를 들어보자.

사례 | **내담자 : 37세의 여성**

내담자 : 아들이 전혀 말을 하지 않아서 저로서는 그 녀석의 마음을 도무지 알 수 없어요. 내버려둘 수밖에 없다고 생각해요. 무슨 말을 해도 대꾸도 안 하고 무시해버리고 해서 이런 일에 하나하나 신경을 쓰다 보면 제가 도저히 감당할 수 없어요. 그래서 가능한 신경쓰지 않으려고 해요.

상담사 : 자신의 말에 전혀 반응을 보이지 않는 아드님에 대해 가능한 신경을 쓰지 않으려고 하시는군요.

위의 사례에서 상담사는 공감적 이해를 바탕으로 내담자에게 적절한 반영를 하고 있으며, 이런 반영에 대해 내담자는 "네, 그렇습니다"라고 반응을 하게 될 것이다. 동시에 내담자는 아들의 일에 대해 신경을 쓰지 않으려고 노력하고 있지만, 지금 실제로는 아들의 문제로 신경을 쓰고 있는 자신의 모습을 새롭게 느끼게 될지도 모른다. 만일 자기탐색을 하고 있는 내담자라고 한다면 "그렇습니다, 사실은 … "라고 아들의 문제에 대해서 신경을 쓰고 있는 자신의 기분을 솔직히 느끼고 인정하면서 더 깊은 이야기를 시작하게 될지도 모른다.

2 자기탐색을 유도하는 응답기법

내담자가 자신의 문제에 대해서 이야기를 시작하면 상담사는 내담자의 이야기를 적극적으로 수용하면서 "당신의 이야기를 들어보니 나는 …으로 이해됩니다만 그렇게 이해해도 되겠습니까?"라고 확인하면서 듣는다. 이것은 내담자의 이야기가 상담사에게 어떻게 받아들여졌는지를 알 수 있는 피드백이 된다. 상담사의 반응을 확인한 내담자는 "그게 아니고 …입니다만"라고 수정하거나 "맞습니다"라고 인정하기도 하고, 또는 "그렇게 말할 수도 있지만…"라고 부분 수정을 하기도 한다. 한편으로 내담자의 이런 반응은 상담사의 입장에서는 내담자의 이야기를 정확히 경청했는지를 알 수 있는 피드백 정보의 역할을 하기도 한다.

만일 이 상담단계에서 내담자로부터 "그게 아니고…"라는 전면 부정이나 "…라고 말할 수도 있지만…"라는 부분 수정이 계속된다면 상담사는 내담자의 이야기에 초점을 제대로 맞추지 못하고 있다고 보아야 할 것이다. 이런 식의 상호작용이 계속될 경우, 내담자는 초조해지면서 상담의 핵심적인 이야기를 하지 않게 될지도 모른다. 결국 내담자는 사교적인 인사말을 남긴 채 자리를 뜰지도 모른다. 그러므로 상담사는 내담자로부터 "그렇습니다", "맞습니다"라는 반응이 되돌아올 수 있도록 내담자의 이야기를 정확히 이해하고 반응할 수 있는 감각을 익히는 훈련이 필요하다. 반영을 형식적으로 하면 부자연스런 대화가 되기 쉽지만, 상대방의 이야기나 감정, 사고를 정확히 파악해서 확인하는 기분으로 전달해 주면 내담자는 상담사가 했던 말이 "아~ 그랬던가"라고 받아들이면서 새롭게 느껴지기도 한다.

내담자의 이야기를 듣고 난 후, 그 이야기에 대해 좀 더 듣고 싶다(알고 싶다)라고 생각되면 질문기법으로 대응해도 좋다. 단지 이 경우 질문 목적은 어디까지나 "그것에 대해 좀 더 자세히 이야기해 줄 수 있을까요?"라는 식으로 더욱 깊은 이야기가 나오도록 유도하는 것이 바람직하다. 그 밖에도 "이야기를 하고 나니 기분이 어떻습니까?"라고 감정 상태를 묻는 질문이나 "앞으로 어떻게 되기를 원하십니까?"라고 상담에 대한 내담자의 기대를 묻는 질문도 해나간다. 물론 여기서도 질문에 대한 내담자의 반응을 듣고 난 후에는 그 내용에 대한 반영을 통해 자신이 정확히 이해하고 있는지를 확인해 나간다.

3 상담사의 응답경향성에 대한 평가

여기서는 상담사 자신의 응답경향성에 대해서 생각해 보자. 상담의 접근에는 인지와 감정, 행동의 측면이 있다. 행동은 이야기하고 응답하는 행위를 말하며, 여기에 인지와 감정이 관여한다. 상담심리학자 후쿠시마(福島, 1998)는 상담 장면에서의 중요한 세 가지 측면을 제안하면서 다음과 같이 설명하고 있다.

1) 인지의 측면

대상을 어떻게 볼 것인가, 문제를 어떻게 이해할 것인가 하는 것이 인지의 측면이다. 여기서는 상담사가 자신의 관점에서 내담자의 행동과 그 환경을 관찰할 것인지, 아니면 이해받는 입장, 즉 내담자의 관점이나 느낌에 가까이 접근하여 상대방의 시점에서 그 사람과 환경을 볼 것인가 하는 시점의 차이에 주목하는 것이 중요하다.

2) 감정의 측면

감정의 측면에 대해서 이해하는 측(상담사)이 이해 대상(내담자)에게 향하는 시선이 따뜻한가, 차가운가 하는 문제를 생각해 보자. 상담사의 따뜻한 시선은 호의적인 감정에 의해 표현되며 이에 의해 따뜻한 인간관계가 형성될 수 있다. 그러면 내담자는 자신에 대해서도 자연스럽게 따뜻한 시선으로 바라볼 수 있을 것이다. 내담자들은 대개 자신에 대해서 따뜻한 시선으로 바라보고 싶다는 마음을 갖고 있지만, 타인으로부터의 비판적인 내용을 그대로 받아들이면서 자신을 책망하는 가운데 결국 마음의 문을 닫아버린 경우가 적지 않을 것이다. 그런데 이러한 따뜻한 시선은 상담사의 동정(同情)이나 동의(同意)의 태도와는 다른 차원의 개념으로 이해해야 한다.

3) 인지와 감정의 조합 측면

인지 면과 감정 면을 조합하여 생각해 보자. 먼저 감정 면을 '차갑다, 따뜻하다, 어느 쪽도 아니다(중성적인 태도)'로 나누어서 생각해 보자. 인지 면에 대해서는 대상자의 시점과 본인의 시점으로 나누어 보자. 이 두 가지 차원을 조합해 보면 〈표 3-1〉과 같이 여섯 가지 태도의 형태로 나타나게 된다. 각 태도의 특성에 대해서 살펴보자.

표 3-1 인지 · 감정의 2차원 모델

감정 차원 / 인지 차원	차갑다	중성적이다	따뜻하다
본인 시점	비난적 태도	객관적 태도	동정적 태도
상대방 시점	유추적 태도	탐색적 태도	공감적 태도

(1) 비난적 태도

내담자의 문제점에 대해 엄격한 시각으로 바라보면서 지적하고 문제가 있는 것으로 인식하는 태도이다. 주로 내담자의 문제에 대해서만 관심이 쏠려 있으며, 바람직한 면에 대해서는 당연한 것으로 여기거나 발견하지 못한다. "당신은 왜 그런 행동을 했습니까? 이해할 수 없군요" 식의 표현처럼 이런 대응은 내담자와의 사이에 벽을 만드는 태도이다.

(2) 객관적 태도

이 태도는 내담자에게 이런 마이너스 면이 있지만, 한편으로는 이런 플러스 면도 있다고 분석하는 타입이다. 자기 자신에 대해서도 동일하다. 이런 시점이 필요할 때도 있을 것이다.

(3) 동정적 태도

이 대응은 "이 사람은 불행한 사람이다. 부모님의 이혼으로 고생을 많이 했고 불쌍하다"는 식으로 자기(또는 다른 누군가)와 비교하여 상대방에 대하여 '불쌍하다, 안됐다'라고 하는 관점을 갖는 태도이다. 이 태도는 상대방에게 가까이 접근하여 함께 느끼고 생각하려고 하는 자세가 아니며, 동정하는 마음에 가깝다.

(4) 유추적 태도

"왜 그런 행동을 했지. 장난하려고 했을 것이다. 아마 그런 의도일 거야. 숨겨도 알 수 있어"라는 식으로 부정적으로 이것저것 추측하는 태도이다. 이런 관점은 상대방에 대한 호의적인 태도라고 할 수 없으며, 대개는 상담사의 주관적 관점만이 아니라 감정도 포함되어 있다.

(5) 탐색적 태도

"그때의 기분은 어떠했을까? 아마 이렇게 생각했을 것이다. 그래서 그런 감정을 느끼게 되었을 것이다"라고 이것저것 냉정하게 판단하는 태도이다.

(6) 공감적 태도

내담자의 마음의 움직임에 대해 깊은 관심을 가지면서 호의를 갖고 함께 느끼고 생각하고 이해하려고 하는 태도이다. 내담자를 더없이 소중한 존재로서 받아들이면서 자기와는 다른 상대방의 관점이나 생각, 감정을 소중히 여기는 태도이다.

상담사가 이상의 여섯 가지 태도로 각각 내담자의 이야기에 대응할 경우, 〈표 3-2〉와 같은 반응이 예상된다.

표 3-2 상담사의 태도에 대한 내담자의 반응

상담사의 태도	내담자의 반응
비난적 태도	회피적, 반성적
객관적 태도	냉철한 자기객관화 내지 내면의 억제
동정적 태도	한탄과 의존(타인과 자신에 대해서)
유추적 태도	반발과 적의, 복종
탐색적 태도	저항과 회피, 혐오와 불신
공감적 태도	자기개방과 수용, 자율

먼저 상담사의 비난적 태도는 내담자에게 자신의 바람직하지 못한 점에 대한 언급을 통해 반성적인 자세를 유도하지만, 오히려 상담사와의 상담이 고통으로 와닿기 때문에 상담을 거부하거나 문제의 본질을 바라보는 것을 회피할 수도 있다.

상담사가 내담자에 대해 객관적인 태도로 대하게 되면 내담자는 점차적으로 상담사의 태도를 받아들이면서 자신을 냉정하고 객관적으로 바라보게 된다. 그러나 이런 반응은 원래 정서적으로 안정되고 자신을 객관적으로 바라볼 수 있는 내담자라면 기대할 수 있는 효과이다.

상담사가 동정적인 태도로 대응할 경우, 내담자는 상담사의 동정의 이면에 숨은

측은함을 간파하고 이에 저항감을 느낄 수도 있다. 그러나 대개 상담사에게 의존하면서 타인과 자신에 대해서 한탄(恨歎)이나 의존적인 자세를 강화시킬 수 있다.

상담사의 유추적 태도에 대해서 내담자는 이런 태도를 취하는 상담사에게 반발과 적의(敵意)를 느끼며 저항하거나 정반대로 복종적 태도를 취할 수도 있다.

상담사의 탐색적 태도는 내담자를 저항과 회피, 혐오와 불신의 태도로 유도할 수 있다. 그리고 상담사의 이런 탐색적 태도는 유추적 태도로 전환될 위험성이 크다.

상담사의 공감적 태도에 의해 내담자는 상담사나 자신에 대해서도, 그리고 타인과의 관계에 대해서도 개방과 수용의 범위를 넓혀 자신의 문제를 스스로 이해하고 해결해 나가면서 자율적인 모습을 보이게 된다.

연습 ➡ 제4부 제14장에서 반영기법을 연습해 보자.

제 4 장 자기이해 및 자기수용의 단계

1 직면전략의 필요성

상담과정에서 상담사의 주요 활동은 반영과 질문이다. 특히 반영과 질문기법으로 내담자의 이야기를 열심히 경청하면서 상담사가 이해한 것을 확인해 나가는 작업은 상담 때마다 계속되면서 상담의 전 과정에서 상당부분을 차지하게 된다. 이 과정을 통해 내담자는 자기탐색의 노력을 하게 되면서 자기 자신을 보다 정확히 이해하고 자신의 모습을 수용할 수 있는 단계로 들어선다.

이제 상담사는 내담자의 이야기를 보다 깊게 공감하면서 내담자의 마음속을 마치 산책하는 것과 같은 느낌을 갖게 된다. 이런 가운데 마침내 내담자의 이야기나 태도 만이 아니라, 내담자와의 관계도 변화하게 된다.

상담의 중반기 이후에 들어서게 되면 상담사는 나름대로의 견해나 생각을 정리하고, 그리고 이것을 내담자에게 이야기하고 싶은 마음을 갖게 된다. 다르게 표현하면 이제 상담사는 내담자와 직면해야 하는 시점에 온 것이다. 사실 이 단계에 들어서면 내담자가 자신의 모습이나 문제를 보다 적극적으로 직시하면서 자기 자신을 이해하고 수용하도록 지원해야 하며, 그러려면 상담사는 '직면기법'이라고 하는 대응 전략으로 지원하게 된다.

그런데 상담에서 사용하고 있는 '직면(confrontation)'이라는 용어는 어디까지나 상담사가 내담자에 대한 공감적 이해와 내담자를 향한 따뜻한 감정을 바탕으로 하고 있으며 내담자의 자기통찰을 지원하기 위한 하나의 전략이기 때문에 공격적 의미는 없다. 상담에서의 직면은 내담자의 모순, 즉 내담자가 느끼고 있는 것과 말하고 있는 것, 그리고 행동과의 불일치에 대해서 본인이 깨닫도록 하고, 이것을 본인이 이해하고 수용하도록 함으로써 내담자의 성장을 돕는 기법이라고 할 수 있다. 내담자와 논쟁이나 대항을 하거나 상담사 자신의 감정 해소를 위한 것은 결코 아니다. 직면사례의 예를 들어보자.

상담사 1

지금까지 당신의 이야기를 들어보았습니다만, 그 기분은 잘 알겠습니다. 그런데 하나 이해하기 힘든 것은 만일 저라면 당연히 상대방을 미워하는 마음이 들 거라고 생각하는데, 당신의 이야기에서는 그런 기분을 전혀 느낄 수 없군요. 왜 그런지 알고 싶군요.

상담사 2

아까 당신은 부정하셨지만, 그 사람의 이름이 나올 땐 목소리에 분노 같은 걸 느꼈습니다만 맞습니까?

위의 사례처럼 상담사는 자신의 느낌이나 생각을 솔직하게 내담자에게 개방한다. 이런 식의 대응이 내담자와의 직면이다. 이처럼 이 단계에서는 상담사는 단지 내담자의 이야기를 수용적으로 열심히 듣기만 하는 경청자가 아니라, 내담자의 마음을 진지하게 생각하는 인간이다. 하지만 이제까지와는 다르게 상담사의 이런 도전적인 대응은 잔잔한 강물에 던져진 하나의 돌이 점점 큰 파동을 일으키듯 내담자의 마음속에 점점 큰 파동을 일으키게 된다. 왜냐하면 지금까지 자신을 가장 잘 이해해 주던 사람이 이제는 이해할 수 없다고 말하기 때문이다. 두 사람 사이에 험난하고도 진지한 승부의 장이 펼쳐지는 순간이다.

2 직면기법의 전제조건

상담사가 내담자에게 그릇된 직면을 시도할 수도 있다. 이 시점에서의 상담사의 실수는 종종 상담사가 자신의 마음속에 맺혀 있던 감정을 내담자에게 투사하는 경우에 발생한다. 그러므로 직면기법의 사용에 있어서는 상담사의 진실성 내지 순수성이 그 어느 시점보다 절실히 요구된다. 만일 상담사가 적절하게 지적한 것이라면 내담자의 감정이 일시적으로 내담자의 자기이해를 방해하지만, 즉 내담자는 상담사의 지적을 일단 부정하지만 결국 다시 자신을 돌아보면서 "아, 그렇구나"라고 납득하면서 자신에 대한 새로운 시각을 갖게 된다.

이처럼 수용과 공감적 태도가 아닌 직면기법의 대응은 처음에는 내담자를 당황하게 만들 수도 있겠지만, 결국 나중에는 내담자가 자신의 문제의 본질을 직시하면서 자기이해와 수용을 하게 된다. 그러나 상담사의 직면기법이 이런 효과를 발휘하기 위해서는 어디까지나 다음의 세 가지 조건이 전제되어야 한다.

첫째, 상담사는 내담자에 대한 충분한 공감적 이해를 하고 있어야 한다.

둘째, 상담사는 내담자를 향한 따뜻한 마음의 자세를 갖고 있어야 한다.

셋째, 내담자가 상담사의 직면을 받아들일 준비가 되어 있어야 한다. 즉, 이것은 내담자와의 확고한 신뢰관계가 형성되어 있는가 라는 문제를 말한다.

이상의 세 가지 전제조건이 없는 상태에서 직면을 시도한다면 비록 적절한 상담사의 지적일지라도 내담자는 자신의 모순과 한심스러움에 마음이 무거워지면서 상담사를 멀리할지도 모른다.

상담사의 직면기법에 의해 기대되는 내담자의 자기직시의 형태에는 다양한 경우를 생각해 볼 수 있다. 예를 들어 내담자의 생각이나 행동이 사실과는 다르다는 것을 느끼도록 하는 것이다. 제3부 제2장의 경청 및 관찰에서 언급한 사례(등교거부를 하고 있는 아들의 문제로 상담실을 찾은 한 여성)를 예를 들어 설명해 보자. 이 사례에서 "아들문제에 대해 더 이상 신경을 쓰지 않으려고 합니다"라고 이야기하는 어머니에 대해 상담사가 "어머님처럼 꼼꼼하시고 배려가 깊으신 분이 신경을 쓰지 않으시면 오히려 본인이 힘들지 않습니까?"라고 자기 자신을 보다 정확히 바라보고 이해하도록 도움을 준다.

이 외에도 내담자의 비합리적인 사고에 대한 직면을 시도한다든지 언어와 비언어적 표현과의 모순에 대한 자기직시를 유도하는 직면도 시도할 수 있다. 예를 들어 "아들에 대해서는 신경을 쓰지 않는다고 말씀하시면서도 아까부터 계속 아드님의 문제에 대해서만 이야기하고 계시는데…"하며 대응할 수 있다. 이러한 직면에 의해 내담자는 자신의 모습을 되돌아보기도 하고, 보다 솔직한 커뮤니케이션을 하게 만드는 계기가 되기도 한다. 자기직시의 이런 과정을 통해 내담자는 자신이 안고 있는 문제나 자기에 대한 이해를 보다 정확히 하면서 문제해결의 방향을 발견하고 이를 위한 노력을 하게 된다.

상담의 초기 단계에서는 내담자의 자기탐색을 위해 상담사의 공감적 이해와 수용적 태도만으로도 충분했지만, 상담의 중반기에 들어서면 자신의 문제에 대한 적절한 이해와 수용을 유도하기 위해 상담사는 보다 적극적으로 개입하는 접근법, 즉 직면기법을 시도하여 내담자의 통찰을 촉진시키게 된다. 이러한 대응에 의해 내담자는 자신을 보다 정확히 바라보면서 앞으로 취해야 할 행동을 발견하고 문제해결을 위한 노력을 하게 된다. 그런데 내담자의 자기탐색과 통찰만으로는 행동의 변화가 일어나지 않는 경우도 있다. 그래서 그다음 상담단계에서는 상담사가 내담자의 행동화 과정을 지원하게 된다.

연습

➡ 제4부 제15장에서 직면기법을 연습해 보자.

제 5 장 행동화 단계

1 행동화 지원의 3가지 측면

여기서는 내담자의 구체적 행동 변화를 위한 지원을 하게 된다. 상담의 목적이란 원래 내담자의 문제나 증상이 사라지고 일상생활에서의 기분이나 생각, 행동의 변화가 나타나면서 자립할 수 있도록 하는 데 있다. 행동화 단계에서는 행동 변화의 목표가 명확해지고 내담자가 그 목표를 실현하고자 결단을 한 경우, 그 목표를 향해 구체적인 행동으로 옮기는 것이 중요하다. 이를 위해 상담사는 목표를 달성하기 위한 구체적인 행동 계획을 세워서 그것을 실천에 옮기도록 지원한다. 그러므로 여기서는 행동치료가 강조하고 있는 '눈에 보이는 변화'를 중요시하며 일상생활 가운데서의 변화에 대해 주목한다.

대개 내담자는 자기이해나 자기통찰의 단계에 들어서게 되면 이후 구체적인 행동 변화나 문제해결을 위한 노력을 하게 된다. 자기이해나 자기통찰은 내담자에게 구체적 변화를 위한 힌트를 제공하게 되며 일상생활 가운데 내담자 자신이 스스로 다양한 시도를 해보게 한다. 즉 내담자는 자기이해 내지 자기통찰의 단계에 들어서게 되면 자신을 수용하고 자기다운 모습을 보여주면서 적극적으로 행동하게 된다. 그래서 자신의 일이나 대인관계에 대해 새로운 관점에서 목표를 세우고 그것을 향해 자신의 행동을 조정한다. 이것이 내담자의 행동화이다. 예를 들어 한 회사원이 상사의 괴롭힘으로 그동안 힘들게 일해 왔던 회사를 그만두고 이제부터 삶의 보람을 느낄 수 있는 자기 나름대로의 일을 시작한다든지, 가까운 이성 친구에 대해 사랑의 감정을 느끼면서 그것을 표현하기 위해 노력하는 과정 가운데 적극적인 행동을 하게 되는 경우를 생각해볼 수 있다. 이처럼 행동화 단계에서 내담자는 현재의 생활을 보다 적극적인 형태로 바꾸려는 노력을 하게 된다.

그런데 내담자가 자신에 대한 이해와 통찰이 가능하다 할지라도 행동 변화의 구체적 목표가 불명확하거나 변화에 대해 주저하는 마음이 있다면 상담과정은 정체 상태에 빠지게 될 것이다. 그래서 내담자의 자기통찰 후 그 통찰을 구체적이면서 또한 효과적인 행동 변화로 이어지도록 하기 위해서는 상담사의 구체적인 지원이 필요하게 된다. 상담사는 내담자의 막연한 행동 목표를 보다 명확히 하면서 동시에 행동 변화를 위한 지원을 해나간다. 이 단계에서는 특히 행동치료의 이론과 방법이 큰 도움된다. 상담사는 내담자의 행동화를 위해서 다음과 같은 3가지 측면에 대한 단계적 지원을 한다.

① 행동 목표를 최대한 구체화한다.
② 실현 가능한 행동 목표를 세운다.
③ 행동의 동기화에 대한 격려와 행동결과에 대한 긍정적 평가를 유도한다.

2 목표행동의 구체화

행동지원 기법의 제1단계는 내담자의 목표 설정을 도와주는 것이다. 내담자는 자칫하면 너무 추상적이고 감당하기 힘든 큰 목표를 설정할지도 모른다. 예를 들면 '친구들과 잘 지내기'라든가 '공부 열심히 하기' 등 이런 추상적인 목표를 설정할 경우,

과연 만족할 수 있는 상태는 어느 정도의 수준을 말하고 있는지, 이에 대한 판단이 막연해진다. 이럴 경우 실제적인 노력으로 유도하는 힘이 약해지고, 잘못하면 부정적인 자기평가를 초래할 가능성도 있다. 또한 이로 인해서 문제를 해결하고자 하는 의욕이 떨어질 수도 있다.

그래서 이 단계에서의 상담사 역할은 내담자가 구체적이며 실천 가능한 목표를 설정하도록 도와주는 일이다. 예를 들어 '하루에 한 사람 이상의 사람과 이야기하기', '하루에 2시간 이상 공부하기'라든가 최대한 행동의 목표를 구체화하도록 한다. 이렇게 함으로써 행동의 방향과 노력의 양을 명확히 할 수 있으며, 동시에 자신의 행동에 대한 평가가 가능해지면서 행동의 동기도 강화되고 그 다음 단계의 목표행동의 설정에도 도움이 된다.

적절한 행동목표를 가이드하기 위해서는 내담자와 논의해서 목표를 분석하는 것이 중요하다. 예를 들면 '친구들과 허물없이 지낸다'고 하는 것은 구체적으로 어떤 행동을 말하는가를 내담자와 이야기해서 다양한 장면에서의 구체적인 행동을 많이 열거해서 유사한 행동항목은 하나로 묶거나 실행하기 쉬운 행동수준에서 어려운 수준까지를 평정하거나 각 수준에 따른 행동을 더욱 더 열거하거나 하나로 묶는다. 그리고 실행하기 쉬운 수준과 어려운 수준에 대한 판단은 각자에 따라 다르기 때문에 내담자의 판단을 최대한 존중하면서 결정하고 수정해 나가도록 도와준다. 이처럼 행동화 단계에서는 구체적인 목표 달성을 위해 먼저 구체적인 행동계획이나 전술을 세우는 것이 필요하다.

3 실천 가능한 목표행동의 설정

내담자의 구체적 행동을 유도하기 위해서는 목표행동의 구체화와 함께 단계적 행동계획이 필요하다. 단계적 행동계획이란 실현 가능한 쉬운 목표에서부터 실현하기 힘든 최종적인 목표를 먼저 설정해 놓고, 그 사이를 작은 간격으로 몇 단계 나누는 것을 말한다. 이를 소위 '단계화'라고도 한다. 그런데 행동 개선에 너무 의욕적인 내담자는 쉬운 행동목표에 대해 자존심이 상해서 실망하거나 거부할지 모른다. 그러나 그렇다고 해서 내담자의 요구대로 한다면 지금의 행동은 변화되지 않고 정체 상태가 지속되면서 상처받기 쉬운 심리 상태로 되돌아가 버릴지도 모른다.

구체적인 행동계획이 세워지면 그 계획에 따라 하나하나씩 실천에 옮겨 나간다. 계획의 실행에는 실행결과에 대한 평가 외에도 연습의 반복도 포함된다. 친구와의 관계형성을 목표로 두고 있는 한 내담자에 대해 단계적 행동계획의 지원을 예로 들어 보면 아래와 같다.

단계 1	하루에 한 사람 이상의 친구와 인사한다.
단계 2	하루에 한 사람 이상의 친구에게 먼저 말을 건다.
단계 3	하루에 한 사람 이상의 친구에게 도움을 준다.
단계 4	한 주에 한 번 이상 친구에게 자신의 이야기를 한다.
⋮	
단계 N	…………

4 행동의 동기화 및 긍정적 자기평가 유도

1) 동기화의 조정

목표행동이 구체화되고 실현 가능한 목표를 세웠다고 할지라도 행동으로 옮겨지지 않는 경우에는 행동의 동기화에 대한 지원이 필요하다. 즉 목표행동을 충분히 수행할 수 있다는 내담자의 능력을 인정하고 이야기해 줌으로써 행동의 동기화가 강화되도록 지원한다. 내담자가 행동화에 대한 자신감을 갖고 실천에 옮기도록 지원하는 것은 행동지원의 단계에서 상담사의 매우 중요한 역할이다. 이 역할 과정에서 다음 3가지 사항을 고려하면서 지원하자.

(1) 의욕과 긴장, 불안

의욕은 자칫하면 긴장과 불안을 고조시켜 실제 장면에서 부자연스러운 행동을 초래시킬 수 있다. 의욕은 마음속에 간직하면서 평안하게, 그러나 주의 깊게 행동하도록 도와줌으로써 상담사는 내담자의 동기화가 최적 수준이 될 수 있도록 노력하게 된다. 여기에서의 언어 표현은 "할 수 있으면 좋겠어요. 그러나 만일 할 수 없다면 또 노력하면 되니까….", "너무 열심히 하지 않아도 좋아요.", "한 번 해본다는 기분으로 해보면 어떨까요." 등의 표현도 좋다.

(2) 자기 효능감(Self-Efficacy)

장면에 따라 필요한 행동을 적절히 실행할 수 있다는 본인의 판단 또는 감각, 즉 자기효능감을 확실하게 갖도록 하기 위해 상담 중에 이야기를 듣거나 이미지 리허설을 도입한다.

(3) 결심을 굳힌다

계획을 실행에 옮기는 결심, 또는 결심을 확인하는 기회를 주는 것도 중요하다. 예를 들면 다음과 같은 방법을 사용할 수 있을 것이다.

- 상담사 앞에서 소리 내어 말해 본다.
- '지금의 자기'가 '옛날의 자기'에게, 또는 '미래의 자기'에게 편지로 결심을 전한다.
- 가족이나 친구에게 선언한다.

2) 긍정적 자기평가의 유도

행동지원 단계에서는 상담사는 내담자의 행동에 대해 긍정적 평가를 유도하여 다음 단계의 행동목표에 대한 보다 적극적인 도전욕구를 강화시켜 나간다. 한 예로 소극적인 인간관계의 문제로 상담을 하고 있는 한 청년이 적어도 매일 한 번 정도는 친구에게 먼저 말을 거는 것을 목표로 하였지만 이를 실천하지 못하여 낙담하고 있는 내담자가 있다. 상담사는 이 내담자에게 그 이전에 비해서 친구를 정면으로 바라볼 수 있고 친구와 인사를 나눌 정도로 변화된 자신의 모습을 확인하도록 하여 긍정적 자기평가를 유도한다. 즉 "… 정도밖에 할 수 없었다."라고 하는 내담자의 부정적인 표현에 대해 "그 정도까지는 할 수 있군요."라고 긍정적으로 평가해 준다.

이처럼 내담자의 행동에 대한 평가에서는 상담사의 적극적인 지지와 강화가 요구된다. 상담사의 지지나 강화는 내담자에게 자신에 대한 신뢰와 자신감을 갖게 하여 새로운 목표에 대한 도전 의욕과 용기를 자극한다. 이처럼 내담자의 부정적인 자기평가에 대해서 가능한 긍정적 자기평가가 가능하도록 유도하여 목표행동의 동기화를 강화시켜 나간다.

5 평가와 수정

만일 계속적으로 목표행동이 달성되지 않을 경우는 문제의 선택방법, 계획 내용의 구체성이나 단계 설정, 진행방법을 재검토한다. 만일 계획이나 방법의 수정이 필요하다고 판단되는 경우는 행동 변화의 재조정과 함께 평가를 통해 행동 변화의 프로세스를 반복한다. 또한 이 경우 상담사가 고려해야 할 부분이 있다. 즉 내담자가 행동을 실행하였지만 주위 환경의 영향으로 인해 효과가 나타나지 않거나 방해를 받는 등의 사정이 생기는 경우는 행동의 개선을 위해서 특별한 배려가 필요하다. 이때는 내담자가 처해 있는 인적 환경의 개선에 대한 검토가 필요하다. 예를 들어 등교거부 아동이 상담을 통해 등교를 하게 된 경우 상담사는 그 아동의 담임교사를 만나서 계속적으로 학교생활에 적응할 수 있도록 관심과 협력을 요청하는 부탁을 할 수 있을 것이다. 나아가 다른 교과목의 교사나 양호교사 등 학교 관계자와도 논의하여 필요한 협력 태세를 갖추는 것도 필요할 것이다. 내담자가 의사나 사회복지관계자로부터도 도움을 받고 있는 경우, 또는 직장의 시스템 문제가 크게 관여하는 경우도 본인이 희망하고 이해한다면 관계자와 연락하여 서로 이야기해 보는 자리를 마련하는 것도 필요할 것이다.

보다 넓은 의미에서의 상담은 상담사가 단지 상담실에 앉아서 내담자를 기다리고만 있는 것이 아니라, 상담실을 벗어나서 내담자의 입장에서 중요하다고 생각되는 사람들에 대한 생각이나 역할을 이해하고 이들에게 다가가 내담자에 대한 지원을 부탁하기도 한다. 이러한 접근은 내담자의 행동화 단계에서 상담사가 취해야 할 중요한 역할 중 하나이다.

연습 ➡ 제4부 제16장에서 행동지원 기법을 연습해 보자.

제 6 장 종결 및 자립의 단계

1 바람직한 상담 종결의 형태

상담의 이상적인 종결은 상담사와 내담자가 모두 문제해결에 대해 만족하고 상호 합의하에 종결을 맞이하는 것이다. 그러나 종결의 합의가 이루어지지 않는 경우도 있을 수 있으며, 또한 상담이라는 것이 항상 서로 합의하에 종결된다고도 볼 수 없다.

상담의 바람직한 종결은 상담의 결과, 내담자가 심리적으로나 정서적으로 안정을 되찾고 심리적 문제의 해결, 즉 증상이 사라지고 인간관계의 문제해결, 자기이해와 자기수용의 모습, 그리고 일상생활에서 바람직한 행동의 변화와 성장이 나타나게 되면 상담 단계는 종결을 맞이하게 된다.

상담의 종결 단계가 원만하게 이루어지기 위해서는 마지막 상담을 하기 전에 두 사람이 상담 종결에 대해서 합의해야 한다. 상담의 종결에 대해서 합의하게 되면 상담 종결의 예정일을 대략 정하고 준비한다. 종결 상담에서는 대개 다음의 내용을 중심으로 진행된다.

1) 상담과정에 대한 회고와 현재 상태

종결 상담 단계에서는 상담을 정리할 필요가 있으며 이를 위해서 이제까지의 상담 과정을 충분히 살펴볼 필요가 있다. 그동안의 상담과정에 대한 회고를 통해 내담자는 상담에서 무엇이 변화되었는지, 자신의 감정과 사고, 행동 면에서의 변화를 언어화하게 된다. 동시에 상담사는 내담자의 현재 상태, 즉 정서적 안정과 충분한 자기이해와 자기수용을 하고 있는지, 그리고 적응에 필요한 행동 변화도 보이고 있는지를 확인한다.

이러한 과정을 통해 내담자는 상담 종결 후, 상담사의 도움이 없어도 자립의 길에 들어설 수 있다는 자신감을 갖게 된다. 즉 내담자는 이제 자립의 길을 준비하고 있는 것이다. 그리고 매주 1회씩 해왔던 상담을 2주에 1회, 3주에 1회씩으로 상담의 간격을 조금씩 늘여 나감으로써 서서히 종결의 감각에 익숙해지도록 한다.

2) 내담자와의 작별

상담의 종결은 내담자와의 작별을 의미한다. 상담사는 내담자의 현 상태와 그동안의 상담과정에 대한 회고, 그리고 앞으로의 생활에 대한 이야기를 들어본 후 내담자의 성장이 신뢰가 되면 작별의 단계에 들어서게 된다. 여기서 간단하면서도 의미 있는 작별을 하기 위해서 상담사는 다음과 같은 대응을 한다.

① 상담사로서 지금까지의 내담자의 모습이나 이야기를 간단히 정리, 요약하고, 그동안 내담자가 주체적으로 문제를 해결해 왔다는 사실을 인정하고 격려한다.
② 앞으로 유사한 문제가 발생하였을 때 이제까지의 상담 경험을 토대로 적극적으로 대응할 것을 조언하고, 동시에 충분히 자기 스스로의 힘으로 극복해 나갈 수 있다는 사실을 인정하여 자기효능감의 감각을 갖도록 한다.
③ 종결 후, 내담자 상태를 확인하기 위해서 follow up 상담을 약속한다. 대개의

경우, 상담사는 앞으로도 필요하다면 언제라도 상담에 응할 용의가 있음을 전한다. 이를 위해 연락 방법과 그 시기에 대해서도 이야기를 한다.

사실 내담자의 입장에서는 상담사와의 작별이 그동안 자신을 있는 그대로 이해하고 수용해 주었고 신뢰의 대상이었던 사람과의 헤어짐인 만큼 무언가 아쉽다는 인간적 감정을 느낄 수도 있다. 하지만 동시에 자신이 변화하고 성장한 모습을 통해 느낄 수 있는 기쁨과 새로운 출발에 대한 희망을 체험하는 순간이기도 하다. 그러므로 상담사는 자립의 길에 들어서서 새로운 생활을 시작하는 내담자의 모습에 대해 경의를 표하고 축복한다.

2 상담의 중단 및 소개

상담과정에서 문제해결에 이르지 못하고 내담자나 상담사의 사정에 의해 어쩔 수 없이 상담이 종결(중단)되는 경우가 있다. 내담자 측의 사정에는 내담자가 일방적으로 상담을 중단하거나, 이사, 전학, 전직, 질병 등의 사유로 어쩔 수 없이 상담을 중단하는 경우 등, 다양한 이유가 있을 것이다. 물론 이때 상담사는 이런저런 노력을 통해 내담자와의 합의에 의해 종결로 이어지도록 접근하겠지만, 내담자가 일방적으로 중단을 선언하게 되면 그것을 수용할 수밖에 없을 것이다.

이사나 전학, 졸업 등의 물리적 사정에 의해 상담을 종결해야 하는 경우는 내담자가 원한다면 새로운 거주지에 있는 상담실이나 상담사를 소개해 주어 상담이 이어지도록 한다. 몸의 상태가 좋지 않거나 질병에 걸린 경우에는 회복이 된 후에 상담을 재개하는 경우도 있고, 병의 상태에 따라서는 중단되어 버리는 경우도 있다. 입원하였을 때는 입원한 병원에 상담사가 있는 경우 상담이 이어지도록 소개해 주는 것이 바람직하다.

상담사의 사정으로 상담이 중단되는 경우에는 퇴직이나 전근, 장기 해외 출장, 질병 등 다양한 사정이 있을 수 있을 것이다. 질병 이외의 경우는 상담사와 내담자 사이에 단기간일지라도 관계를 정리하는 준비를 할 수 있으며, 대개 이 경우는 다른 상담사와의 상담으로 이어지도록 도와주는 것이 바람직하다.

새로운 상담사를 소개하고자 할 경우, 기본적으로 사전에 내담자와의 충분한 의견 교환이 필요하며 내담자의 입장을 최대한 배려하면서 접근해야 할 것이다. 그리고 새로운 상담사에게 소개하는 방법이나 내담자의 문제나 그동안의 상담내용에 대해서 어느 정도의 이야기까지 할 것인가에 대한 것도 사전에 내담자와 구체적으로 이야기를 나눈다. 어떤 면에서는 내담자 자신의 역할을 존중하는 차원에서 오히려 내담자에게 전적으로 맡기는 것도 좋을 수 있다. 상담의 종결은 상담의 시작 단계와 마찬가지로 상담의 전 과정 가운데 매우 중요한 단계이기 때문에 상담사의 충분한 준비와 함께 시간을 두고 차근차근 접근해 나가는 자세가 필요하다.

연습 ➡ 제4부 제17장에서 종결기법을 연습해 보자.

제 7 장 상담과정의 총정리 및 기록

1 상담과정의 총정리

이제까지 언급한 상담의 전 과정을 간단하게 요약, 정리해 보면 다음과 같다.

1) 만남과 관계 조정의 단계

상담은 문제를 갖고 온 사람(내담자)과 문제해결을 도와주는 사람(상담사)과의 만남에서 시작된다. 내담자가 상담과정에 쉽게 참여하도록 상담사는 접촉기법으로 도와주면서 내담자와 상담사의 역할관계를 정한다(관계 조정). 이것이 상담의 첫 단계이다.

2) 자기탐색의 단계

이 단계에서는 내담자가 자신의 문제에 대해서 이야기할 때, 상담사는 반영과 질문의 기본적 응답기법으로 대응한다. 이 대응에 의해 내담자는 자신을 향해 눈을 돌리고 자신의 마음을 탐색해 나간다(자기탐색). 여기에서 상담사는 공감적 이해를 통해 내담자의 마음속을 함께 산책하는 것이 중요하다.

3) 자기이해 및 자기수용의 단계

공감적 이해의 과정을 거친 후 상담사는 직면을 시도한다. 직면기법에 의해 내담자에게 자기 자신을 직시하는 과정을 도와주게 된다. 내담자는 자신이 지금까지 깨닫지 못했던 자기 자신과 대면하게 되면서 자기이해(깨달음)를 경험하게 된다. 직면 후에는 다시 경청과 응답기법으로 되돌아가지만, 또 직면이라는 대응을 해야 하는 경우가 생길지도 모른다.

4) 행동화 지원의 단계

이제 내담자는 자기이해를 바탕으로 새로운 행동을 시도하게 된다. 이 단계에서는 상담사는 내담자의 행동 조정을 도와준다.

5) 종결과 자립 단계

행동화를 통해 내담자는 자신과 주위에 대한 생각이 바뀌게 된다. 상담의 마지막 단계에서는 지금까지의 상담과정에 의해 변화해 온 자신의 모습을 되돌아보면서 동시에 앞으로의 자신의 모습도 그려 본다. 작별의 국면에서 내담자는 자립의 길에 들어서게 되고 상담사는 이를 지켜보게 된다.

2 상담기록의 정리

상담사가 되기 위해서는 상담 경험을 토대로 많은 것을 배우려는 자세가 중요하며, 이를 위해서는 다음과 같이 상담 내용 기록과 관련된 훈련이 필요하다.

1) 상담중의 기록

상담 중에 상담사가 내담자의 이야기에 열심히 경청하는 자세를 취하려면 상담중의 기록은 가능한 피하는 것이 좋으며, 이것이 상담사의 기본적 자세이다. 그러나 내담자의 이야기 내용이 구체적인 문제 상황에 대한 것이나 그 경과에 관한 내용이라고 한다면 내담자의 동의를 얻어 기록하면서 경청할 수도 있다. 그러나 화제가 내담자의 감정이나 생각으로 전환되면 바로 메모하는 행위를 중단하고 경청과 응답에 집중한다.

2) 상담 직후의 개요 기록과 정리

상담 종료 직후 곧바로 10~15분 정도 상담의 주요 내용을 메모해 두는 습관을 몸에 익히도록 하자. 그리고 그날이 지나가기 전에 아니면 늦어도 수일 내에 상담 내용을 회상하면서 상담 내용의 전체를 정리해 둔다. 내담자가 이야기한 내용의 개요와 상담사가 말한 요점을 중심으로 기록한다. 상담 개시부터 진행 과정을 중심으로 기록해두면 나중에 정리할 때 편리하다. 특히 내담자의 감정과 생각을 나타내는 진술은 가능한 그대로 정확히 기억해서 기록으로 남기는 연습을 해보자. 그리고 동시에 이에 대해 상담사가 어떤 표현으로 대응했는지에 대해서도 기록한다.

3) 음성과 영상 기록

상담과정을 모두 녹화 내지 녹음해서 기록으로 남길 수만 있다면 나중에 반복적으로 재생하여 들어봄으로써, 그리고 녹화의 경우는 음성뿐만 아니라 표정의 변화까지 알 수 있어 상담 공부를 하는 데 대단히 유용한 자료로 활용할 수 있다. 하지만 이를 위해서는 반드시 사전에 촬영의 각도, 시간, 이용의 형태 등을 명확히 하고 내담자에게 사전에 승낙을 얻어야 한다. 물론 일정 시간이 지나면 반드시 폐기 처분을 한다.

그러나 상담 연습용이나 연구용 등이 아니라, 실제적으로 상담을 하는 경우라고 한다면 녹화나 녹음을 하지 않는 것이 원칙이다.

4) 축어록 작성

축어록(逐語錄) 작성은 상담사의 좋지 못한 버릇을 발견하거나, 내담자에 대해 바람직한 응답을 하고 있는지를 판단하는 데 도움이 된다. 동시에 내담자의 경향성을 이해하는 데 도움이 되기도 한다. 축어록 작성은 시간과 노력이 요구되는 작업이지만, 상담을 효과적으로 이끌어 가는 데 가장 유용한 정보를 얻을 수 있기 때문에 축어록을 한 번 작성해 보는 훈련을 해보자. 축어록의 형식은 내담자의 이야기와 상담사의 이야기에 번호를 붙여 순서대로 기록하는 방식이다.

5) 슈퍼바이저의 조언

상담과정이 어느 정도 진행된 단계에 이르면 그때까지의 상담 기록을 정리해서 supervisor(지도자)에게 조언을 구한다. 내담자와의 상담과정의 개요, 그리고 특별히 조언을 받고 싶은 장면에 대한 축어 기록을 제시한다.

연습 ➡ 제4부 제18장에서 상담기록을 연습해 보자.

Counseling Psychology

제 4 부

상담연습

제 1 장 수용과 공감 이해하기 연습

상담사는 상담과정에서 다음 두 가지의 모습을 요구받고 있다. 하나는 상담사의 수용적 태도이다. 이 모습은 내담자의 어떤 모습에 대해서도 비판하거나 거부하는 모습이 아닌, 수용적이면서 따뜻하고 온화한 인간미가 묻어나는 모습을 말한다. 상담사의 이런 모습을 통해 내담자는 자기 방어적 행동에서 자기 개방적 태도로 전환하게 된다.

또 하나의 모습은 공감적 이해이다. 이 모습은 내담자의 감정이나 생각을 정확히 반영해주는 민감성이 높은 거울의 역할을 요구받고 있다. 흐릿하지 않고 민감성이 높은 거울이란, 상담사의 마음에 비쳐진 내담자의 마음을 정확히 언어로 표현하는 능력을 말한다. 이러한 능력을 갖춘 상담사를 통해 내담자는 자기 자신을 바라보면서 자기와의 대면을 통해 자신의 문제를 탐색하고 이해하기 위한 노력을 하게 된다.

연습 1 수용과 공감성이라고 하는 2개의 축으로 나누어서 그 유무로 분류해 보면 〈표 4-1〉과 같이 4가지 유형의 상담사로 나눌 수 있다. 각 유형의 상담사의 특징에 대해서 토론해 보자.

표 4-1 상담사의 4가지 유형

온화함(수용) \ 반영의 민감성(공감)	있음	없음
있음	A유형	B유형
없음	C유형	D유형

해설

- A유형의 상담사는 상담과정에서 가장 효과적으로 대응을 할 수 있는 좋은 상담사이다.
- B유형의 상담사는 내담자를 의존적이며 동정형으로 빠뜨리기 쉽다. 상담사에게서 온화함을 느낄 수는 있지만 반영의 민감성이 낮아서 내담자는 자기 자신을 정확히 바라보는 것이 쉽지 않다. 때문에 이런 상담사를 만나게 되면 내담자는 자신의 생각을 포기하고 주변 사람들에 대한 불만을 토로하면서 상담사에게 동정을 구하게 될 것이다.
- C유형의 상담사에게는 결국 내담자가 오지 않게 될 것이다. 내담자는 상담사라고 하는 거울을 통해 자기 자신을 바라보게 된다. 그런데 상담사의 온화함은 없고, 반영의 민감성만 높은 거울을 통해 자신을 바라보게 되면 내담자는 자기 자신의 부끄러움과 한심스러움에 괴로워하면서 결국 상담사를 멀리하게 될 것이다.
- D유형의 상담사는 내담자의 이야기에는 관계없이 혼자만 열을 올리는 사람이다. 온화함도 반영의 민감성도 없이 단지 의자에 앉아서 자신의 의견이나 자랑만을 늘어놓으면서 혼자 열을 올리는 상담사라면 내담자는 그 상담사의 본질을 간파하고는 다른 상담사를 찾게 될 것이다. 만일 그럴 만한 용기가 없는 내담자라고 한다면 그 사람은 상담의 피해자로 전락하게 될 것이다.

연습 2

다음 사례는 등교 거부중인 학생과 선생님과의 대화 내용이다. 이 대화 내용으로 볼 때, 선생님의 대응방식은 어느 유형의 상담사에 가까운지에 대해서 생각해 보자.

선생님 1: 오늘은 시간이 조금 있으니 어때? 이야기해 보지 않을래? 음… 최근에 생각하고 있는 것이나 힘든 것이나…,

학 생 1: 음…, 얼마 전에 조금 이야기 드렸습니다만, 아무리 해도 일어날 수가 없어서… 일어났을 때는 이미 늦어버려요. 지각은 싫고…, 그래서 결국 못 가게 돼요.

선생님 2: 아, 그 이야기. 어때, 내가 또 모닝콜 해줄까?

학 생 2: (웃으며) 예, 감사합니다.

선생님 3: 그래. 그럼, 내일부터 선생님이 또 전화해 줄게. 힘내, 알겠어? 선생님도 힘낼 테니까.

해설

이 선생님의 대응에서 수용적이면서 따뜻하고 온화한 인간미가 묻어나는 모습을 느낄 수 있다. 그러나 이런 친절함이 오히려 학생을 무력하게 하는 것은 아닌지에 대해서 생각해볼 필요가 있다. 선생님3의 대응에서는 온화함보다는 적절한 반영이 필요한 시점이다. 이 선생님의 대응방식은 B유형에 가까운 상담을 하고 있다고 할 수 있다.

제 2 장 자기이해하기 연습

여기서 말하는 자기이해란 자신의 감정이나 생각, 행동을 정확히 이해하는 것에 한정하지 않고, 자신을 객관적으로 이해하는 노력, 그리고 타인에 대한 객관적 이해가 어렵다는 자신의 모습을 아는 것도 포함하고 있다. 여기서 이에 대한 연습을 해보자.

연습 1 자신의 능력 가운데 부족한 점, 즉 잘 하지 못하는 점을 몇 가지 열거해 보자.

(예) 나는 수영을 ________________________

① 나는 ________________________ 을(를) 잘 못한다.
② 나는 ________________________ 을(를) 잘 못한다.
③ 나는 ________________________ 을(를) 잘 못한다.
④ 나는 ________________________ 을(를) 잘 못한다.
⑤ 나는 ________________________ 을(를) 잘 못한다.

해설

'_____을(를) 잘 못한다'라는 술어의 부분을 다른 표현으로 바꾸어 보자. 예를 들어 '나는 수영을 잘 못한다'에서 '나는 수영을 잘 하지 않는다.'라는 표현으로 바꾸어 보자. 그리고 이 두 문장을 비교하면서 자신의 모습에 대해서 생각해 보자. 자신이 수영을 못하는 진정한 이유가 무엇인지, 자기 자신을 정확히 이해하는 시간을 갖자.

연습 2 자신을 어떤 특정 사물로 변신했다고 생각하고, 그 사물의 입장에서 주변 세계나 세상을 바라보면서 어떤 느낌이나 생각, 또는 기대나 바람을 갖게 되는지 생각해 보자. 진행의 순서는 다음과 같다.

1. 먼저 자신의 주위에 어떤 사물들이 있는지 살펴보자.
2. 자신의 주위 사물 가운데 하나의 사물을 지정하여, 이제 자신이 그 사물로 변신되었다고 가정해 보자. 예를 들어 나는 이제부터 '지우개(또는 의자, 형광등, 볼펜 등)다'라고 생각하자.
3. 그리고 난 다음, 그 사물의 입장에서 세상을 바라보고 느끼는 점이나 하고 싶은 일 등에 대해서 생각해 보자. 예를 들어 '지우개'라고 한다면 주위의 세상이 온갖 지저분하고 더러운 모습으로 느껴지게 되면서 깨끗한 세상을 만들고 싶다는 생각을 갖게 될지도 모른다.
4. 이제는 그 사물의 입장에서 세상을 바라보고 느낀 점이나 하고 싶은 일에 대해서 노트에 적어보자.
5. 마지막으로 노트에 적힌 내용을 천천히 보면서 이제는 사물의 입장이 아니라, 지금 현재 자신의 입장에서 느끼는 감정이나 생각과 일치되는 부분이 노트에 적혀 있다면 그 부분에 밑줄을 쳐보자.

해설

이 연습 과정을 통해 자신이 사물의 입장에서 세상을 바라보고 느낀 점이나 생각하는 점은 결국 사물의 입장이 아니라, 지금 현재 자기 자신의 감정이나 생각이 반영되어 있다는 것을 깨닫게 될 것이다. 상담사는 인간이란 타인을 객관적으로 이해한다는 것은 쉽지 않으며, 결국 자신의 감정이나 생각을 투사하여 이해하고 있다는 자신의 모습을 깨닫는 게 중요하다. 이런 사실을 알고 있는 상담사는 자신의 성급한 판단보다는 경청과 관찰에 집중하여 내담자에 대한 정확한 이해를 위해 노력하게 될 것이다.

제 3 장 상담이론 이해하기 연습

1 대표적인 5가지 상담이론 비교하기

상담 및 심리치료 이론에는 크게 대표적으로 다음 5가지 이론 - 정신분석 상담이론, 행동주의 상담이론, 인간중심 상담이론, 인지상담 이론, 가족상담 이론으로 보고 있다. 각 이론의 차이에 대한 이해를 위한 연습을 해보자.

연습 1 다음 사례에 대해 5명의 상담사의 해석 및 대응방식은 각각 어느 이론에 가까운지에 대해 생각해 보자.

A(남자)는 중학교 2학년 때부터 학교를 가지 않는 등교거부의 행동을 보이고 있다. 가족관계는 부모, 여동생(초등학교 5학년) 1명 있으며, 부모는 모두 대학원을 졸업했다. 부모는 모두 교육에 대한 열정이 대단하며, 아버지는 자녀교육에 있어 엄격한 타입이다. A는 이제까지 부모의 기대에 어긋나지 않도록 열심히 공부해왔다. 학교가 끝나면 곧바로 학원에 가서 공부하는 등 부모의 말을 거역하지 않고 열심히 해왔다. 하지만, 최근 감기에 걸리고 열이 나자 이후 학교 가는 것을 포기해버렸다.

상담사 A

A는 환경에 존재하는 자극, 예를 들어 시험, 친구, 괴롭힘 등에 적절하게 대처하는 능력이 결핍되어 있는 상태라고 할 수 있다. 사회적 기술 훈련을 통해 현재 놓여 있는 상황에 대처하는 능력을 습득하도록 지원하는 게 중요하다. 또한 그 방법은 단계적으로 접근해야 한다.

상담사 B

A가 성장할 수 있도록 주위 사람들은 A의 마음을 수용하고 이해해 줄 필요가 있다. A가 마음속에 느끼는 감정을 부정하거나 무시하지 않고 있는 그대로 느낄 수 있도록 배려해야 한다. 진실하고 공감적인 인간관계를 구축함으로써 단단한 껍질로 싸여 있는 인간성이 밖으로 표출되어 A가 본래 갖고 있는 개인적 특성을 충분히 살리면서 살아갈 수 있도록 해야 한다.

상담사 C

A는 어릴 때부터 자신의 기분을 억압해 왔으며, 정작 자신의 실제 모습과도 대면하지 못했다. 6살 때에 한 때 부모에게 반항적 행동을 보였지만, 엄격한 아버지에게 혼이 나면서 그때부터 계속 자신의 기분을 억압해왔다. 하지만 중학교 2학년이 되면서 자기 자신을 발견하게 되고 아버지의 억압으로부터 해방되고 싶다는 욕망을 갖게 되었다. 때마침 감기에 걸리고 몸도 좋지 않는 상태가 되자, 이를 빌미로 억압에 대한 무의식적 해방욕구가 분출된 것으로 해석된다.

상담사 D

A가 처해있는 시스템(가족)의 기능이 제대로 작동하고 있지 않다. 가족이 A와 너무 밀착되어 있으며, 특히 아버지는 A가 자신과는 다른 특성을 갖고 있다는 것을 인정해주지 않고 있다. 부부간의 갈등이 크며, 그 갈등의 에너지가 A에게로 향하고 있다. 그래서 A는 자신의 세계에 머물러 있음으로써 부모로부터의 강한 스트레스를 피하려고 하고 있다.

상담사 E

A는 다음과 같이 잘못된 생각을 하고 있다. 실패가 허용되지 않는다는 사실, 완벽한 인간이 되어야 한다는 사실, 부모에게 자신의 의견을 말해서는 안 된다는 사실 등이다. 모든 사람으로부터 인정을 받아야 한다는 것, 이러한 신념은 비현실적이며 잘못된 것이다. 그러므로 A의 이런 잘못된 생각을 앞으로 바로 잡아주면 기분이 좋아지게 되면서 행동도 변하게 될 것이다.

해설

상담사 A는 내담자의 문제를 학습이론적 관점(행동주의 상담이론)에서 이해하고 행동치료적 접근을 시도하고 있다고 할 수 있다. 상담사 B는 내담자의 문제에 대한 공감적 이해를 통한 변화를 시도하려고 하는 점으로 봐서 인간중심 상담이라고 하는 이론적 입장을 취하고 있다고 할 수 있다. 상담사 C는 무의식 욕구와 관련지어서 문제의 본질을 해석하고 있기 때문에 정신분석적 입장에서 상담을 하고 있다고 할 수 있다. 상담사 D는 시스템의 관점에서 문제 해결을 시도하려고 하는 접근을 취하고 있기 때문에 가족상담이라고 입장에서 분석하고 있다고 할 수 있다. 끝으로 상담사 E는 그릇된 인식의 변화에 초점을 맞춘 치료적 접근을 하고 있기 때문에 인지상담을 하고 있다고 할 수 있다.

2 가족상담 이론에 대해 이해하기

가족상담 이론에서는 가족을 하나의 시스템으로 간주하며, 가족과 같이 친밀감이 강한 관계는 '하나의 감정 단위'를 형성하고 있다고 본다. 그래서 가족의 일원이 신체적 병이나 정신적 문제, 사회적 부적응 등의 문제가 발생하게 되면 가족의 기능을 유지하기 위해 다른 가족 구성원의 감정기능이나 사회기능의 변화가 나타나게 된다.

연습 1 다음은 가족 시스템에서 나타나는 변화의 사례이다. 이 변화에 대해 가족상담 이론을 어떻게 대응하는가에 대해서 생각해 보자.

예 그동안 사이가 좋지 않았던 부모의 문제로 인해 자녀가 비행을 저지르는 문제행동이 나타났다.

해설

가족 구성원은 가족의 기능을 유지하기 위해 한 명의 가족 구성원에게 발생된 신체, 정신, 또는 사회 부적응의 문제에 대해 각각의 역할을 해나가게 된다. 이 사례의 경우, 부부가 서로 협력하여 자녀의 문제를 해결하기 위해 노력하게 되고, 이를 통해 이제까지 좋지 않았던 둘의 관계가 회복되는 결과를 가정해 볼 수 있다. 가족이 시스템으로서 기능하게 되면 상담은 부적응을 보이는 사람에게 직접적으로 대응하지 않아도 된다. 가족의 한 명의 구성원이 변화를 하게 되면 개인과 가족 시스템과의 관계에 변화가 발생하고, 그 결과 가족 시스템 그 자체가 변화하게 된다.

제 4 장 긍정적 감정을 높이는 연습

긍정심리학에서는 긍정적인 감정을 높이는 훈련으로 '매일 3가지 좋은 일 떠올리기', '감사 편지 직접 전달하기', 그리고 '긍정적 관점에서 다시 생각해 보기'를 제안하고 있다. 이런 심리학적 개입 방법은 연구에 따라 다르지만, 그 결과는 거의 동일하게 이런 훈련이 긍정적 감정을 강화시키는 효과가 있는 것으로 나타났다. 즉 이런 경험을 통해 자신의 인생이 보다 행복하고 만족스러운 감각을 갖게 한다는 사실을 확인할 수 있다. 여기서 이 3가지 연습을 해보자.

훈련 1 매일 3가지 좋은 일(Three Good Things) 떠올리기

매일 밤 잠자리에 들기 전에 그날 일어난 일 가운데 좋은 일 3가지를 종이에 적어보자. 그리고 왜 그러한 좋은 일이 일어났는지에 대해서도 생각해 보자. 만일 좋은 일이라고 생각되는 일이 없다면 좋은 일을 만드는 데 도움이 되는 일이라든가, 자기 성장에 도움이 되는 일이라고 생각되는 일이 있다면 적어보자.

좋은 일 1:

좋은 일 2:

좋은 일 3:

훈련 2 **감사 편지 직접 전달하기(Gratitude Visit)**

감사의 마음을 전하고 싶은 사람에게 편지를 써보자. 그리고 직접 그 사람에게 찾아가서 적은 편지를 전달하거나 읽어드리자.

훈련 3 **긍정적 관점에서 다시 생각해 보기(Positive Reframing)**

긍정적 관점에서 다시 생각해 보기 훈련은 '생각의 재구조화(Reframing) 훈련'의 하나로서 부정적 상황이나 자신의 실패 경험을 배움이나 성장의 기회로 생각해 보는 시간을 갖게 하는 훈련이다. 이 훈련은 인지행동치료에서 많이 사용하고 있는 ABCDE 훈련과 유사한 것으로 ABCDE의 내용을 채워봄으로써 긍정적 관점에서 자신을 다시 생각해 보는 시간을 가져보자.

(A) 부정적 사건은 무엇인가?

____

(B) 그 사건으로 인해 입은 피해는 무엇인가?

____

(C) 왜 그런 문제가 발생했다고 생각하는가?

(D) 문제 발생 원인에 대한 자신의 신념을 반론해 보자(다른 관점에서 생각해 보자).

(E) 반론을 통해 느껴지는 마음에 대해서 한 번 생각해 보자.

해설

- 훈련1: 매일 3가지 좋은 일 떠올리기 훈련을 최소한 1주일간 계속하면 행복감이 향상되고 우울한 기분이 감소된다는 연구 결과를 확인할 수 있다. 또한 그 효과는 6개월 이상 지속된다는 연구 보고도 있다(Seligman et al., 2006).
- 훈련2: 감사의 마음을 전하고 싶은 사람에게 편지를 써서 직접 그 사람을 만나서 읽어주거나 편지를 전달하는 경험은 행복감, 삶의 만족도, 긍정적 감정, 대인관계의 강화 등에 효과적이라는 사실을 확인할 수 있다(Seligman et al., 2005).
- 훈련3: 긍정적 관점에서 다시 생각해 보는 훈련은 인지행동치료법에서 많이 사용하는 기법이다. 이 훈련은 레지리언스 향상과 함께 심리적 스트레스 경감 효과가 있는 것으로 알려져 있다(Fredrickson, B. L., 2004).

제 5 장 나의 레지리언스(회복력)에 대해 알아보기

어떤 힘든 상황에도 마음의 상처를 받지 않고 그 상황을 잘 견디어 나가거나 극복하는 정신적 강인함, 즉 레지리언스의 힘이 자신에게는 어느 정도 있는지를 검사도구를 통해 확인해 보자. 레지리언스 검사도구는 그 나라의 기준에 맞게 표준화된 다양한 외국어판이 나와 있지만, 여기서는 아시아용으로 개발된 S-H식 레지리언스 검사도구(竹井機器工業株式会社開発)를 사용하고자 한다. 이 검사도구는 아시아 대학생 및 사회인을 대상으로 무작위로 2,581명을 샘플링해서 신뢰도와 타당도를 검증받은 표준화된 도구이다. 그 내용은 다음과 같이 3요인(A, B, C요인)으로 구성되어 있다.

- A요인(사회적 자원) : 가족, 친구, 동료 등의 주위 사람들로부터의 지원이나 협력 정도에 대한 본인의 생각
- B요인(자기효능감) : 문제해결이 어느 정도 가능한지에 대한 본인의 생각
- C요인(사회성) : 타인과의 관계에서의 친화성이나 협조성의 정도에 대한 본인의 생각

❖ 실시 방법

- 각 질문(총 27개) 내용에 대한 본인의 생각을 질문별로 〈표 4-2〉에 나와 있는 5단계(5 전적으로 그렇다 ~ 1 전혀 그렇지 않다) 중, 하나를 선택하여 ○표시한다.
- 대답에 대한 평가에는 「정답 · 오답」, 「옳은 대답 · 옳지 않은 대답」은 없다. 때문에 너무 깊게 생각하지 말고 있는 그대로 대답해본다.

- 제한 시간은 없지만, 약 10분 이내로 해본다.
- 27개 질문 항목에 대한 기입이 완료되면 기입 누락된 항목은 없는지 확인해본다.

표 4-2 레지리언스(회복력) 평가척도

질문내용	전적으로 그렇다	그런대로 그렇다	어느 쪽이라고 말할 수 없다	그렇지 않다	전혀 그렇지 않다
1. 당신은 가족이나 친한 사람들과 보내는 시간을 소중히 하고 있습니까?	5	4	3	2	1
2. 당신은 애정을 쏟고 있는 것이 있습니까?	5	4	3	2	1
3. 당신은 사람에게 너무 의존적이지 않도록 노력하고 있습니까?	5	4	3	2	1
4. 당신은 익숙한 일을 하는 것보다는 누구도 시도하지 않았던 일을 해보고 싶습니까?	5	4	3	2	1
5. 당신은 자신과 맞지 않는 사람일지라도, 그 사람에게 맞춰서 사귀는 방법을 바꿀 수 있습니까?	5	4	3	2	1
6. 당신에게는 정신적 치유를 경험할 수 있는 것이 있습니까?	5	4	3	2	1
7. 이제까지의 힘든 경험 가운데 당신에게 도움이 되었던 경험도 있습니까?	5	4	3	2	1
8. 당신은 그때그때의 상황에 따라 적절하게 계획을 변경할 수 있다고 생각합니까?	5	4	3	2	1
9. 당신은 힘든 일일지라도 그에 맞는 다양한 방법을 취할 수 있습니까?	5	4	3	2	1
10 당신은 어떤 사람과도 잘 사귈 수 있습니까?	5	4	3	2	1
11. 당신에게는 당신의 고집을 들어주는 사람이 있습니까?	5	4	3	2	1
12. 당신에게는 당신을 그 누구보다도 소중히 여겨주는 사람이 있습니까?	5	4	3	2	1
13. 당신은 힘든 일로 인해 생각지도 않았던 문제가 발생할지라도 어떻게 해서든 그것을 극복해 나갈 수 있습니까?	5	4	3	2	1
14. 당신은 이제부터 하는 일이 힘들 것이라고 예상되더라도 잘 해나갈 수 있다고 생각합니까?	5	4	3	2	1
15. 당신은 싫은 사람일지라도 일을 위해서라면 그 사람과 관계를 잘 맺어 나갈 수 있다고 생각합니까?	5	4	3	2	1
16. 당신은 가족 이외에 자신의 고민을 이야기할 수 있는 사람이 있습니까?	5	4	3	2	1
17. 당신은 앞으로 신뢰할 수 있는 사람을 만날 수 있을 것이라고 생각합니까?	5	4	3	2	1
18. 당신은 남들이 실패할 것이라고 생각하는 일일지라도 잘해 나갈 수 있다고 생각합니까?	5	4	3	2	1

질문내용	전적으로 그렇다	그런대로 그렇다	어느 쪽이라고 말할 수 없다	그렇지 않다	전혀 그렇지 않다
19. 당신은 싫어하는 일일지라도 자신이 해야 하는 일에는 적극적으로 하고 있습니까?	5	4	3	2	1
20. 당신은 직장(학교)에 새로운 사람이 들어와도 그 사람과 잘해 나갈 수 있습니까?	5	4	3	2	1
21. 당신에게는 본받고 싶은 사람이나, 그러한 사람이 되고 싶다고 생각하는 사람이 있습니까?	5	4	3	2	1
22. 당신에게는 주변에 신뢰할 수 있는 사람이 있습니까?	5	4	3	2	1
23. 당신은 의욕을 잃게 하는 문제가 발생할지라도 그 문제 해결을 위해 노력할 것이라고 생각합니까?	5	4	3	2	1
24. 당신은 하나의 문제에 대해 다양한 해결방법을 모색하려고 하는 타입입니까?	5	4	3	2	1
25. 당신은 어떤 사람과도 그런대로 잘 사귈 수 있는 타입입니까?	5	4	3	2	1
26. 당신에게는 도움이 필요할 때 도움을 줄 수 있는 사람이 있습니까?	5	4	3	2	1
27. 초등학교 시절, 당신 주위에는 당신에게 애정을 쏟았던 사람이 있었습니까?	5	4	3	2	1

❖ 요인별 점수 합산하기

각 질문에 대해 대답한 것을 각 요인별로 〈표 4-3〉 기입표에 기입하여 합산해 보자. 각 요인별 질문항목은 다음과 같다. 그리고 A, B, C요인점수도 합산해 보자.

- A요인 질문항목 : 1, 2, 6, 7, 11. 12, 16, 17, 21, 22, 26, 27번,
- B요인 질문항목 : 3, 4, 8, 9, 13, 14, 18, 19, 23, 24번.
- C요인 질문항목 : 5, 10, 15, 20, 25번.

표 4-3 기입표

요인	1	2	3	4	5	6	7	8	9	10	11	12	13	14	15	16	17	18	19	20	21	22	23	24	25	26	27	합계
A																												
B																												
C																												

총 합계(A+B+C): ____________

표 4-4 판정표

남성				단계	여성			
A요인	B요인	C요인	합계		A요인	B요인	C요인	합계
52이상	40이상	20이상	108이상	높음	55이상	38이상	21이상	110이상
51~44	39~33	19~16	107~95	보통	54~48	37~32	20~17	109~98
43이하	32이하	15이하	94이하	낮음	47이하	31이하	16이하	97이하
				득점				

해설

A요인(사회적 자원), B요인(자기효능감), C요인(사회성) 각각의 합계 득점이 판정표(표 4-4)를 통해 '높음', '보통', '낮음' 중, 어느 수준에 해당하는지를 확인해 보자. 3요인 가운데 적어도 하나 이상 '보통'이나 '높음'이 있다면 당신에게는 레지리언스의 힘이 어느 정도 있다고 평가하게 된다.

만일 3요인 모두 '낮음' 수준으로 나왔다고 할지라도 낙담할 필요는 없다. 이 검사도구만으로는 레지리언스를 정확하게 평가하기에는 아직 조금 부족하다. 레지리언스 평가는 생각의 레벨만이 아니라, 자신의 생각을 행동하고 실천하고자 하는 부분에 대한 평가도 필요하다(이 부분에 대한 검사는 본서에서는 생략한다). 자신의 생각은 소극적이지만, 행동의 레벨에서는 적극적이려고 노력하는 경향이 있다면 그 사람도 어느 정도 레지리언스의 강점을 발휘할 수 있다고 본다.

사실 모든 검사도구에 해당하는 이야기이지만, 검사도구는 모두 극복하기 힘든 한계점을 갖고 있다. 때문에 의사처럼 검사 결과로 그 사람의 문제를 진단하는 것은 바람직하지 않다. 검사도구의 한계점이란, 예를 들어 자신의 주관적 판단을 제한된 척도(1~5단계)로 점수화한다는 것, 각 단계에 대한 판단 기준이 사람마다 다르다는 사실, 그리고 검사 결과는 검사 시점에 보인 한정된 인간의 모습을 말하고 있을 뿐이라는 사실이다. 그러므로 검사결과로 그 사람을 이분법으로 '문제 있다. 없다', '정상, 비정상'으로 판정하는 것은 과학적으로도 윤리적으로도 옳지 않다.

상담사는 검사결과의 이런 한계점을 이해하면서 검사결과를 통해서 내담자를 바라보는 것이 아니라, 내담자의 모습을 통해서 검사결과를 참고로 하거나 재검토하는 역량이 요구된다. 그리고 무엇보다도 검사결과에 구속받지 않고 매일 매일 변화하는 내담자의 모습에 주목하는 상담사의 노력이 중요하다.

제 6 장 신뢰관계를 만드는 연습

내담자는 상담사에 대한 신뢰를 바탕으로 자신의 문제나 과제를 이야기하기 시작한다. 특히 상담 초기장면에서 내담자의 자기개방은 매우 중요하며, 이는 상담사에 대한 신뢰관계를 통해 달성될 수 있다. 여기서 내담자와의 사이에 편안한 분위기를 만들어 두 사람 사이에 신뢰관계를 만드는 하나의 기법을 연습해 보자.

그 방법은 상담의 기본인 '상대방의 신체언어를 거울에 비추는 것처럼 따라해 보는 것' 소위 '모방'과 같은 연습이다. 이것은 이야기하고 있는 상대방의 특징적인 자세나 동작의 일부를 거울에 비추는 것처럼 따라해 보는 것이다. 이 방법은 첫만남에서 심리적으로 편안하고 낯설지 않은 분위기를 만드는 데 효과적이다.

연습 1 내담자의 신체 언어에 대해서 모방해 보자.

두 사람이 한 조가 되어서 먼저 한 사람이 자신의 일상생활에 대한 이야기를 해본다. 이야기하는 사람이 알아차리지 못하도록 또 한 사람은 그 사람의 특징적인 자세나 동작의 일부를 몇 분 동안 거울로 비추는 것처럼 자연스럽게 모방해 본다.

질문 1 | **모방한 동작은 무엇인가?**

예 다리를 포개고 의자 깊숙이 걸터앉아 있다. 가끔씩 다리의 위치를 바꾸기도 한다. 이야기 속도는 조금 빠른 편이며, 얼굴은 상하로 조금씩 움직인다. 표정은 긴장하고 있으며 상반신은 앞쪽으로 조금 기울이고 있는 상태이다. 표정의 변화는 별로 없으며, 두 손을 강하게 쥐고 있다.

질문 2 | **그 결과 무엇이 변했는가?**

예 상대방이 점점 편안해지면서 기분이 잘 전달된다는 느낌이 든다. 대화가 부드럽게 진행된다.

해설

내담자의 자세나 동작을 모방하는 것은 내담자와의 심리적 관계성을 만들어 나가는 데 하나의 도움이 되는 방법이다. 상대방의 동작을 모방함으로써 그 사람의 세계로 가까이 나갈 수 있다. 여기에서는 신체 언어를 모방하는 것을 연습해 보았는데, 상대방의 이야기하는 방식을 모방하는 것도 관계형성에 도움이 된다. 이야기하는 속도나 톤, 언어 표현의 정중 수준 등에 대해서도 그대로 자연스럽게 모방하는 것은 상대방에 대한 존중이나 상대방이 보거나 느끼거나 하는 세계를 그대로 인정한다는 감각을 느끼게 한다. 또한 중요한 것은 단순히 상대방을 흉내를 내는 것이 아니라 상대방의 특징적인 신체동작이나 언어사용 습관에는 중요한 의미가 있다는 것을 생각하는 것이다.

연습 2 **내담자의 언어표현에 대해 모방해 보자.**

내담자 1: 저의 아버지는 너무 엄격하셔서 제 말을 전혀 들으려고 하지 않아요. 아버지는 자신의 프라이드만 중요하게 생각하시고 저에 대해선 전혀 관심이 없어요.

상담사 1 ______________________________

____

내담자 2: 네, 그렇습니다. 아버지는 가족보다는 자기 생각대로 가족을 지배하는 것을 더 중요하게 생각하고 있는 것 같아요.

상담사 2 ______________________________

____

해설

내담자의 언어에 대한 모방 포인트는 상대방 이야기의 요점을 잘 파악해서 상대방의 언어를 빌려서 무엇을 말하고 싶은지를 이해하고 있다는 것을 상대방에게 전하는 것이다. 이런 대응이 내담자에 대한 공감성을 높이며, 신뢰관계를 만드는 기술이 된다. 다음 사항에 주목하여 모방해 보자.

① 상대방이 사용하고 있는 중요한 단어나 문장을 반복한다.

② 상대방의 목소리 상태나 톤, 음량, 이야기하는 속도에 맞추어 본다.

③ 상대방이 강한 감정이나 분노, 절망, 초조함을 보이면 상대방보다는 조금 약한 수준의 감정으로 자연스럽게 표현해 보자.

다음은 앞의 상담사례에 대한 상담사의 대응이다.

상담사 1: 아버지가 당신에 대해서 거의 관심이 없다고 생각하고 있군요. 그래서 마음이 상하신 모양이군요.

상담사 2: 당신은 아버지가 자신의 방식으로 가족을 지배하는 것을 더 중요하게 생각하고 있다고 보시는 모양이죠?

해설

이런 식의 대응은 내담자와의 신뢰관계를 형성하는 데 도움이 될 수 있다. 상담 장면에서 신뢰감의 형성에 대한 판단은 내담자의 표정이나 고개를 끄덕이는 행동, "네 그렇습니다" 등의 반응을 통해서 알 수 있다. 신뢰감 형성을 위해 상담사는 자신의 페이스를 고정적인 것으로 생각하지 말고, 상대방의 눈높이에 맞추어 각각의 상황에 맞게 유연하게 자신을 변화시키는 노력이 필요하다.

제 7 장 공감성을 높이는 연습

로저스는 공감의 기본을 '타인이 보는 것처럼 보는 것'이라고 기술하고 있다. 그러나 사실 인간은 타인과 동일하게 느끼는 것은 거의 불가능하다고 할 수 있다. 상담 장면에서의 진정한 공감적 태도란 상대방의 세계를 각색하지 않고 있는 그대로의 모습을 진지하게 받아들이는 태도를 말한다. 즉 상담에서의 공감성이란 내담자의 모습을 있는 그대로 이해하는 것이며, 자신의 경험과 동일시하거나 이야기를 증폭시키거나 자신의 관점에서 해석하고 이해하는 것이 아니다. 다양한 공감의 예에 대해 생각해 보자.

❖ 다양한 공감

연습 1 **다음 상담을 받았을 때, 당신은 어떻게 대응할 것인지에 대해서 생각해 보자.**

내담자: 오늘 2학기 성적표를 받았는데, 1학기 때보다 성적이 많이 떨어졌어요. 부모님께 어떻게 말씀을 드려야 할지 모르겠어요. 이번 겨울방학은 즐겁게 보내려고 했는데… 아마 이런 성적으로는 부모님이 방학 동안 가정교사를 부르든지 학원에 보낼 것 같아요.

상담사 1: 그렇구나. 성적이 생각대로 안 나와서 부모님을 어떻게 속일 수 있을까 생각하고 있는 건 아닌지. 만일 그렇게 생각하고 있다면 학생은 자신의 공부가 부족하다는 걸 반성하고 있지 않다는 이야기인데…

➜ 이런 대응에 대한 당신의 생각은?

상담사 2: 그렇지, 모처럼 맞이한 방학인데 말이야, 놀고 싶지? 방학 동안 무슨 계획을 세우고 싶어요?

➜ 이런 대응에 대한 당신의 생각은?

상담사 3: 이번 학기 성적이 안 좋아서 부모님께 어떻게 말을 해야 할지 몰라 걱정하는구나.

➜ 이런 대응에 대한 당신의 생각은?

상담사 4: 그렇구나, 학생도 많이 실망되겠지. 부모님의 기대에 못 미쳤다는 생각 때문에… 그래서 부모님께 어떻게 말을 해야 할지 몰라 힘들어 하구나.

➜ 이런 대응에 대한 당신의 생각은?

해설

• 상담사 1의 경우

상담사가 내담자에 대한 부적절한 충고나 조언, 판단을 하고 있다고 할 수 있다. 또한 상담사는 내담자에 대한 진지한 관심이나 공감보다는 문제해결에만 초점을 맞춘 나머지 너무 성급하게 동기부여를 하려고 하고 있다.

• 상담사 2의 경우

내담자의 기분이나 이야기하고 싶은 내용의 핵심을 파악하지 못하고 표면적인 응답만을 하고 있다. 또한 내담자의 이야기와 관계없는 질문을 하고 있다. 내담자에 대한 공감성을 느낄 수 없는 응답이다.

• 상담사 3의 경우

상담사는 내담자의 이야기와 감정을 정확히 파악해서 적절하게 응답하고 있다. 내담자에 대한 깊은 관심을 보이면서 충분한 공감을 하고 있다고 볼 수 있다. 적절한 공감적 대응이라고 할 수 있다.

• 상담자 4의 경우

상담사는 내담자가 표현한 내용이나 표면상의 감정보다는 보다 깊은 수준의 대응을 하고 있다고 할 수 있다. 내담자의 기분을 이해하고 관심을 보이면서 때로는 조금은 위험스럽지만 내담자의 언어와 신체적 메시지를 해석하여 내면의 보다 깊은 수준에 근접한 공감적 태도를 보이고 있다.

여기에서 상담사가 유의할 점은 처음부터 너무 깊이 있는 해석이나 수용적 태도를 보이는 것은 바람직하지 않다는 것이다. 내담자가 상담사의 깊은 공감적 이해를 받아들일 준비가 되어 있지 않는 경우에는 공감의 효과보다는 오히려 마음의 상처가 되어버리는 경우도 있다. 내담자의 이야기보다 너무 앞서나가지 말고, 한 발자국만 앞으로 나아가는 대응이 필요하다.

연습 2 다음 내담자의 이야기에 대해 적절한 공감적 태도로 대응해 보자.

내담자: 나는 내가 좋아하는 사람이라면 누구라도 섹스해도 된다고 생각해요. 나쁘다고 생각 안 해요. 자신이 좋아하는 사람과 섹스하고 싶은 마음은 자연스러운 거잖아요.

➜ 당신이라면 어떻게 응답할 것인가?

해설

이에 대한 상담사의 마음은 다양할 것이다. 상담사에 따라 '비도덕적이고 불결하다', '그런 생각을 할 수도 있다' 또는 '무언가를 전하고 싶은 메시지가 있은 것은 아닌지, 그게 무엇일까?' '섹스로 그녀가 추구하는 것을 얻을 수 있을까' 등, 생각이 다양할 것이다. 사실 이런 내용의 상담인 경우 강한 반발심을 느끼는 상담사도 있을 것이다. 또는 어떤 상담사는 무언가를 적극적으로 조언해 주어야겠다는 생각이 들지도 모른다.

상담사는 내담자의 이야기에 대해 적절한 공감적 대응을 하기 위해서는 다음과 같은 사항에 대한 노력이 필요하다.

① 상담사는 끝없이 자신의 내면에 존재하는 감정을 의식적으로 대처해야 한다. 자신의 약점이나 장점을 정확히 파악하고 여러 가지 일에 대한 감정을 의식 수준으로 끌어올리는 훈련이 필요하다.

② 상담사는 자신의 능력을 정확히 파악할 필요가 있다. 과소평가도 과대평가도 하지 않는다. 자신의 한계를 인식하고 모든 것을 할 수 있다는 생각을 버린다. 어떻게 해야 할지 모르는 경우에는 슈퍼비전을 받는다.

③ 상담사는 명확한 가치관을 갖고 있어야 하며, 그 가치관의 신념에 어긋나는 행동이라고 판단되는 경우는 자신의 입장을 표명한다. 또한 자신이 상담하는 사례(예: 이혼이나 프리섹스 등의 문제)가 자신의 능력으로는 적절한 대응이 어렵다고 판단되는 경우는 다른 적절한 상담사를 소개한다.

④ 상담사는 자신의 감정이나 가치관의 관점에서 이야기하고 있는지, 아니면 내담자의 이익을 위해 이야기하고 있는지를 의식하고 있어야 한다.

제 8 장 자기개방 연습

상담의 초기 장면인 '만남과 관계형성'의 단계에서 중요한 것은 내담자의 자기개방이다. 자기개방을 효과적으로 유도하기 위한 연습을 해 보자.

연습 1 **상담사의 훈련과정에서 흔히 사용되고 있는 자기개방 연습을 소개해 보자. 조 편성 및 진행방법은 다음과 같다.**

- 먼저 4명 또한 5명씩 한 조를 만든다.
- 내담자 역할자과 상담사 역할자, 그리고 나머지는 관찰자가 된다. 관찰자 중 한 사람은 상담사를, 한 사람은 내담자의 모습을 관찰, 기록한다. 그리고 또 한 사람이 있는 경우는 상담 전체를 관리하는 역할을 맡도록 한다.
- 역할은 서로 교대로 하며, 누구라도 모든 역할을 경험하도록 한다.
- 하나의 역할 시간은 3 ~ 5분 정도로 한다. 이 정도의 시간일지라도 결코 짧은 시간은 아니다.
- 상담사는 내담자와 인사를 나누면서 자리에 앉도록 권한다.
- 내담자는 자기 자신에 대한 이야기를 솔직하게 개방한다.
- 상담사는 내담자가 표현한 내용을 반영하거나 질문을 한다.
- 상담사는 질문에 대한 내담자의 반응을 반영한다.
- 기록자는 내담자 또는 상담사의 발언 내용 가운데 중요한 부분, 특히 생각이나 감정에 초점을 맞추어 메모한다.

- 역할이 끝난 후, 각자 자신의 느낌을 약 4~5분간 메모하고 전체 구성원이 이야기를 나누어 본다.
- 다음은 두 명의 관찰자가 메모를 토대로 상담사와 내담자의 상호작용을 가능한 충실하게 재현해 본다. 그리고 상담자와 내담자는 그것을 관찰한다.
- 각자 자신의 느낌을 이야기해본 후, 잠시 휴식을 취한다. 이제는 역할을 바꾸어서 해본다.

❖ 자기개방의 유도

내담자 역할일 때 자신에 관한 이야기를 하기 쉽도록 다음과 같은 작업을 미리 해두는 것이 좋을 것이다. 여기에는 다음과 같은 방법이 있다.

방법 1 20응답

- 그 중에 하나는 Twenty Statement 또는 Who are You(am I)가 있다.
- 각자에게 용지를 배포하고 좌측 부분에 (1)에서 (20)까지의 번호를 매긴다.
- "당신은 어떤 사람입니까?"라고 하는 질문을 20회 반복하고, 참가자에게 자신에 대해서 자유롭게 적도록 한다.
- 이런 작업은 자신에 대해서 생각하고, 이야기를 할 마음의 준비를 갖게 만든다.
- 가능한 20문항 전부 기록하고 나서 상담연습에 들어가는 것이 좋다.

방법 2 문장 완성법

- 자신에 대한 관점이나 생각을 유도하는 자극어를 제시하고, 문장을 완성하도록 한다.
- 다음은 그 한 예이다.

1) 나의 즐거움은 ____________________

2) 자랑스럽게 생각하는 것은 ____________________

3) 가족은 ____________________

4) 나의 걱정은 ____________________

5) 불만스럽게 생각하는 것은 ______________________________

6) 슬플 때 나는 ______________________________

7) 공부(직장 일)에 대해서 나는 ______________________________

8) 자신이 있는 것은 ______________________________

9) 나의 성격은 ______________________________

10) 지금 나는 ______________________________

11) 옛날에 나는 ______________________________

12) 나의 미래는 ______________________________

제 9 장 경청기법 연습

상담은 경청으로 시작하여 경청으로 끝나는 세계이다. 때문에 경청기법을 기초로 하지 않은 상담은 의미가 없다고 할 정도로 모든 상담 과정에서 가장 기본이며 필수가 되는 기법이다.

경청기법은 다음 3가지 주요 목적을 갖고 있다. 첫째, 내담자를 정확히 이해하는 것이다. 경청을 통해 상담사는 내담자가 경험하는 외적 상황과 내적 현실을 가능한 한 정확히 이해하기 위한 노력을 하게 된다. 둘째, 상담사가 이해한 내용을 내담자에게 알기 쉬운 언어를 사용하여 피드백하는 것이다. 상담은 이해와 피드백의 두 가지 면으로 성립된 세계이며, 어느 한쪽이라도 결핍된다면 상담이라고 할 수 없다. 셋째, 상담사와 내담자 사이의 긍정적 인간관계(rapport)의 형성에 있다. 두 사람 사이의 긍정적 인간관계는 내담자에 대한 지속적인 이해와 피드백에 의해 달성될 수 있다. 이러한 인간관계를 헤븐스(Havens, L., 1989)는 '안심할 수 있는 장(a safe place)'이라고 부르기도 했다. 상담사는 경청기법을 통해서 내담자가 이러한 심리적 안심감을 느끼도록 노력하게 된다. 여기서 경청기법을 연습해 보도록 하자.

연습 1

다음과 같은 요령으로 간단한 듣기 확인 게임을 해보자. 처음에는 어색할지 모르겠지만 이것이 상담의 기본을 익히기 위한 방법이라는 사실을 생각하면서 몇 번이고 반복해 보자. A와 B가 한 조가 되어 다음과 같은 게임을 해보자.

• 먼저 한 사람이 A가 되어서 지금의 기분을 이야기한다.
→ "나는 A입니다. 지금 나의 기분은 … 합니다."

• B는 그것을 듣고 A의 기분이 어떻게 들렸는지를 표현해 본다.
→ "A씨는 지금 기분이 … 하시군요?"

• A는 B의 말을 듣고 자신의 기분과 일치한다고 생각하면
→ "예, 그렇습니다."라고 말한다.

• 그러나 확실하게 틀리다고 생각하면
→ "아닙니다. 나의 기분은 … 라고 할 수 있습니다."라고 수정해준다.

• 대강은 맞지만 정확하다고 할 수 없으면
→ "그렇게 생각할 수도 있겠지만, 좀 더 정확히 말하자면 … 한 기분입니다."라고 보완한다.

• A가 수정하거나 보충을 하면 B는 다시 A의 기분을 수용하면서
→ "지금 기분이 … 하다는 이야기이군요?"라고 말한다.

• 이렇게 해서 A가 "예, 그렇습니다."라고 정확하다는 반응을 보이면 이제 역할을 바꾼다. 이번에는 B가 자신의 이름과 함께 지금의 기분을 말한다.
→ "나는 B입니다. 지금 나의 기분은 … 합니다."

• A는 그것을 듣고 B의 기분이 어떻게 느껴졌는지를 표현한다.
→ "B씨는 지금 기분이 … 하군요?"

• B는 A의 말을 듣고 자신의 기분과 일치한다고 생각하면
→ "예, 그렇습니다."라고 말한다.

• 그러나 확실하게 틀리다고 생각하면
→ "아닙니다. 나의 기분은 … 라고 할 수 있습니다."라고 이야기해 준다.

• 대강은 맞지만 정확하지 않다면
→ "그렇게 생각할 수도 있겠지만, 좀 더 정확하게 말하자면 … 라는 기분입니다."라고 보완한다.

이렇게 해서 B가 "예 그렇습니다."라고 반응을 보이면 다시 역할을 교대한다.

연습 2 **다음 방법으로 조편성과 진행을 통해서 상대방의 이야기에 대한 경청기법을 연습해 보자.**

- 두 사람(A, B)씩 한 조가 된다. A가 먼저 자기소개를 하고, B는 소개를 받는다. 자기소개의 내용은 자신의 소속이나 연령에 대한 이야기보다는 자신의 기분을 중심으로 자기개방적 소개를 해보자.
- B는 A의 그때그때의 기분을 확인하면서 듣는다.
- 이대로 3 ~ 5분 동안 지속한다. B는 A의 이야기나 인상을 마음에 새기도록 하자.
- 이제 역할을 교대하여 다시 3 ~ 5분 동안 자기개방적 자기소개를 해본다.
- 이번에는 다른 2인조(C, D)와 합류하여 4인조가 된다.
- 그리고 타인 소개를 서로 해본다. 즉 상대방을 들은 이야기를 잘 요약해서 다른 2인조에게 전달해본다(예, B는 A에 대한 이야기를 C, D에게 전달한다).
- 이때 A는 자신이 한 말을 B가 어떻게 이해했는지를 알 수 있게 된다. B가 "나는 ~ 이해하였습니다"라고 하는 전달이 정확한 내용이라고 한다면 A는 "네, 그렇습니다"라고 B의 올바른 전달을 인정해준다. 즉 올바른 전달인지를 평가한다.
- 그러나 만일 B의 이해가 자신(A)의 생각과 다르면 주저하지 말고 보충 설명을 해준다. "그게 아니라 … 라고 이야기하고 싶었어요"라고 수정한다.
- 이렇게 해서 4인조 집단내에서 각자 돌아가면서 타인 소개와 평가가 끝나면 각자가 지금까지의 경험에 대해서 한 번 더 생각해 본다.
- 그 다음에는 4명과 다른 4명이 하나의 조가 되어서 해보거나 다른 2인조와 합류하여 동일한 방법으로 해보는 것도 좋다. 또는 대표 조를 뽑아서 전체 학생들이 함께 보면서 학습하도록 하는 것도 좋을 것이다.

해설

이런 연습을 통해 내담자의 기분을 체험해 볼 수 있다. 상대방이 자신의 이야기를 열심히 경청하고 이해해주면 기분이 좋지만, 열심히 경청해 주지 않거나 이해를 하지 못하면 더 이상 이야기하고 싶지 않다는 느낌을 체험했을 것이다. 상담사의 중요한 역할은 내담자가 이야기하기 쉬운 분위기를 만들어주면서 내담자의 이야기를 열심히 경청하고, 동시에 자신이 어떻게 수용했는지를 내담자에게 전달하는 것이다. 이러한 과정을 통해 상담사는 내담자의 마음속에 점차적으로 들어가는 여행을 하는 것이다.

연습 3 **경청연습의 하나로서 이번에는 상담사가 경청하고 있지 않은 모습을 연기해 보고 이를 통해 무엇을 느낄 수 있는지에 대해서 이야기를 나누어 본다.**

- 먼저 두 명이 한 조가 되어서 상담사 역할과 내담자 역할을 정한다.
- 내담자 역할자는 자신의 상담 내용을 이야기하지만 상담사 역할자는 모든 수단을 동원하여 상대방의 이야기를 경청하지 않으려고 하는 태도를 보인다.
- 경청하지 않으려는 태도에는 다음과 같은 행동을 연상해 볼 수 있다. 예를 들어 「상대방을 바로 쳐다보지 않는다. 책상 위나 창밖을 응시하거나 천장이나 옆 사람을 바라본다. 팔짱을 끼고는 시선을 돌린다. 눈을 아래쪽으로 향하기도 하고 책을 읽거나 수첩을 꺼내서 보거나 핸드폰을 힐끔힐끔 들여다본다. 또는 화제를 일방적으로 바꾸어 버리거나 자신의 이야기만 한다.」 등의 태도를 보인다.
- 이제는 역할을 바꾸어서 해본다.
- 상대방이 자신의 이야기를 경청하지 않았을 때 어떤 느낌이 들었는지에 대해서 서로 이야기해 본다.

해설

이 역할연습을 통해 무엇을 느꼈는가? 아마 상당히 허전함이나 답답함, 분노 같은 것을 느꼈을 것이다. 그러면서 평소 자신도 상대방에게 그러한 행동을 하지는 않았는지 반성하는 시간이 되었는지도 모른다. 일상적 대화 가운데서 상대방의 이야기에 경청하지 않는 모습이 자신도 모르게 비언어적 태도에 의해 얼마나 많이 표현될 수도 있는지를 깨닫는 경험이 되었을 것이다.

제10장 명료화 기법 연습

명료화(clarification) 기법이란, 말 그대로 내담자의 애매모호한 발언이나 행동을 명확히 하는 상담기법이다. 내담자의 발언은 본질에서 벗어나기도 하고 감정에 동요되는 말을 하기도 하는 등, 상담사로서는 이해하기가 쉽지 않는 경우가 많다. 경우에 따라서는 의도적으로 내담자가 불명확한 발언이나 허위 진술을 하는 경우조차 있다. 때문에 상담사는 내담자의 발언을 이해하기 위한 노력을 지속적으로 해나가야 한다. 명료화란 내담자의 애매모호한 사고, 감정, 행동, 태도를 명확히 하게 하여 상담사가 이해한 것을 내담자에게 확인하는 기법이다. 여기서 명료화 기법에 대해서 연습해 보자.

연습 1

내담자: 얼마 전 동창회에 갔었는데 모처럼 만나는 자리여서 이런저런 이야기를 하고 싶었는데 모두들 자기 이야기만 하고 가버리더군요. 좋은 친구를 사귀는 게 쉽지 않군요. 고향에는 좋은 친구들이 많은데 ….

해설

명료화에는 다음 4가지 방법이 있다.

① 문제를 어떻게 인식하고 있는가를 확인한다.

응답의 예: 동창회에 기대를 하고 나갔었다. 그런데 생각했던 모습은 아니었고, 모두들 자기밖에 모르는 것 같아서 당황했고 씁쓸하다는 느낌…

② 무엇이 가장 핵심적인 문제인지를 명확히 한다.

응답의 예 : 당신을 정말로 힘들게 하는 것은 무엇입니까? 동창회에 대한 불만인지, 아니면 친구관계에 대한 문제인지…

③ 정확하게 이해하기에는 부족한 정보이기 때문에 더욱 구체적으로 물어본다.

응답의 예 : 잘 이해되지 않는 부분이 있습니다만, 좀 더 구체적으로 이야기해 줄 수 있겠습니까?

④ 어떠한 기분인지를 명확히 한다.

응답의 예 : 동창회의 분위기가 생각했던 분위기가 아니어서 어떤 느낌이 들었습니까? 기분이 침울했다고나 할까 아니면 좀 씁쓸했는지, 그래서 고향 친구가 그리워지는 느낌이 들었는지 궁금하군요.

이와 같이 명료화 기법에 있어서 중요한 것은 내담자로부터 들었던 내용을 요약해서 상담사가 이해한 것이 정확한지를 확인하는 것이다. 상담사는 이야기의 톤이나 어조, 주요 표현의 반영 등을 통해 자신이 이해한 것을 내담자에게 확인한다.

연습 2 다음 내용은 중학교 2학년 학생의 상담 내용이다. 명료화 기법으로 대응해 보자.

내담자: 3학년에 올라갈 자신이 없어요. 공부도 힘들고 친구들에게 또 괴롭힘을 당할까 두려워요.

명료화의 내용에는 다음과 같은 것이 있다. 각 목적에 따른 명료화를 시도해 보자.

① 문제 인식에 대한 명료화

➜ 당신의 대응은 : ____________________

② 문제의 본질에 대한 명료화

➜ 당신의 대응은 : ____________________

③ 부족한 정보에 대한 명료화

➜ 당신의 대응은 : ____________________

④ 기분의 명료화

➜ 당신의 대응은 : ____________________

해설

다음 대응은 각 목적에 따른 명료화를 위한 대응으로 하나의 예가 될 수 있을 것이다.

① 문제 인식에 대한 명료화

→ 그렇군요. 자신감을 잃어버렸군요. 그런데 어느 정도 자신감을 잃어버렸는지?

② 문제의 본질에 대한 명료화

→ 자신감도 없다… 공부도 힘들고, 친구들로부터 괴롭힘을 당할까 두렵기도 하고 …. 도대체 학교에서 무슨 일이 있었나요?

③ 부족한 정보에 대한 명료화

→ 자신감이 없다고 하는 것이 공부나 친구관계의 문제를 말하고 있는 건지, 아니면 다른 문제도 있는 건지?

④ 기분의 명료화

→ 공부나 친구 때문에 불안하고 자신감도 잃어버리고 힘이 나지 않는다는 느낌을 갖고 있는 모양이군요?

명료화의 유도에서 주의해야 할 점은 다음과 같다.

① 이야기를 잘 못하는 타입의 사람, 자신에 대해서 이야기를 못하는 사람은 무언가 명쾌하지 않고 표면적인 표현 밖에 못한다. 또한 자신의 이야기를 포장해서 표현하는 경향이 있는 사람은 대개 사실을 과장되게 표현하기도 한다. 반대로 자신을 너무 낮추어서 표현하는 사람도 있다. 특히 주의가 필요한 것은 자신을 실제보다 나쁘게 그리고 낮게 표현하는 경우이다. 명료화 기법을 사용할 때는 표현된 내용이 내담자의 세계에서 진실을 이야기하고 있는 것인지를 확인해야 한다. 그리고 진실은 각자의 입장에 따라 다양한 모습으로 나타날 수 있어, 제3자의 진실, 문제 당사자의 진실, 피해자, 가해자, 지원자의 진실을 각각 검토해서 전체를 통합한다.

② 상담에 대한 저항이 강한 경우는 먼저 라포 형성을 위한 노력을 한다.

③ 상담사는 자신의 직감으로 느낀 부분이나 이해가 되지 않는 부분 등이 있으면 반드시 확인이나 질문을 통해 정확한 이해를 위한 노력을 해나가야 한다.

④ 상담사는 자신의 실수를 두려워해서는 안 된다. 내담자에 대한 이해가 부족하거나 상황을 정확히 파악하지 못했다고 할지라도 이를 솔직하게 이야기하면 내담자가 보충 내지 수정해 주거나 정확한 정보를 알려 준다.

제 11 장 재진술 기법 연습

상담사가 내담자의 말을 반영할 때, 내담자의 감정이나 생각의 표현을 내담자가 사용한 언어로 그대로 인용하여 돌려줄 것인가, 아니면 내담자의 감정이나 생각을 그대로 담아내면서 상담사의 언어로 바꾸어서 돌려줄 것인가, 라고 하는 2가지 방법이 있다. 전자는 내담자의 언어를 빌려서 사용하는 방법, 즉 반복기법(똑같이 한 번 더 말함)이며, 후자는 '재진술' 기법이라 부른다. 여기서는 내담자의 발언 내용 가운데 핵심이 되는 사실이나 감정을 파악해서 다른 언어로 표현하는 '재진술' 기법에 대해서 연습해 보자.

연습 1

내담자: 내일 담임선생님과 면담하기로 했습니다만, 무슨 이야기를 들을까 생각하다보니 책이 손에 잡히지 않아요.

상담사1(반복기법): ______________________________

____

상담사2(재진술 기법): ______________________________

____

➔ 그리고, 이 두 가지 대응기법의 차이에 대해서도 생각해 보자.

해설

상담사가 만일 "내일 담임선생님에게 무슨 이야기를 들을까 생각하다 보니 공부가 제대로 안 되는군요"라고 대응하게 되면 반복기법에 해당된다. 그러나 "내일 담임선생님에게 들을 이야기를 생각하니 걱정이 많이 되나 보군요."라고 반응한다면 재진술 기법으로 대응하고 있다고 할 수 있다. 상담과정에서 상담사가 전자와 같이 반복기법으로 줄곧 대응한다면 내담자는 자신의 문제를 깊이 있게 통찰하기 어렵고, 상담사 자신도 상담사로서의 감성을 발전시키기 어려워진다. 바람직한 방법은 후자와 같이 내담자의 이야기, 표정, 동작, 목소리 등을 통합적으로 이해해서 상담사의 언어로 내담자의 감정이나 생각을 정확하게 표현해나가는 노력을 해나가는 것이다. 상담사의 적절한 재진술 기법은 내담자의 자기 이해를 촉진시킬 수 있으며, 또한 내담자 자신의 가치관이나 생각, 문제의 핵심을 명확히 해서 의사결정을 하는데 도움이 되기도 한다. 그러나 정확하지 않은 부적절한 재진술은 오히려 내담자의 혼란을 초래하거나 상담이 깨어질 위험성이 있기 때문에 세심한 주의가 요구된다.

제 12 장 요약기법 연습

내담자의 이야기는 반드시 명확하다고 할 수 없다. 하나의 문장에 복합적 정보가 들어있는 경우가 드물지 않다. 내담자의 이야기 내용에는 생각, 감정, 행동, 신체적 반응이라고 하는 요소로 성립되어 있고, 이러한 정보가 여러 형태로 혼재되어 표현된다. 내담자의 이야기가 특히 복잡하고 정리되지 않는 경우, 상담사는 그 내용을 간단하게 정리하여 피드백하는 요약기법을 사용하게 된다. 이 기법을 통해 내담자에 대한 이해가 더욱 깊어지기도 하고, 이제까지 명료하지 않았던 패턴이나 주제 등도 드러나게 된다.

요약기법의 방식은 일반적으로 내담자의 사고와 감정표현에 초점을 맞추면서 그것을 상담사의 언어로 바꾸어 피드백하게 된다. 일반적 표현으로는 다음과 같은 식이 될 것이다.

- 정리해서 말한다면~
- 몇 가지의 이야기를 하셨는데, 그런 이야기는 결국~
- 잠깐 정리해봐도 될까요. 먼저 첫 번째로~
- 이야기하신 내용을 정리해 보면 ~

연습 1 **등교를 거부하는 고등학생의 사례를 통하여 내담자의 긴 이야기를 간단하게 요약, 정리해 보는 연습을 해보자.**

내담자: 어제 고등학교 친구를 만났는데 그 친구를 만나 보니 역시 학교는 다녀야겠다는 생각이 들어요. …갔으면 좋겠다는 생각이… 근데 가야겠는데… 어떻게 하면 좋을지? 이미 오랫동안 가지 않았어요. 이제 학교 공부도 따라갈 수 없겠죠. …이미 많이 늦었다고 생각해요. …엄마는 평소에 잔소리를 많이 하시지만 아빤 아무 말씀 안 하시고 정말 무관심이에요. 학교에 가야겠다고 생각했을 때도 무관심이에요. 그래서 결국 갈 기회를 놓치게 되고… 이러다가 점점 갈 마음도 사라지는 건 아닌지… 이젠 매일매일 재미도 없고 시간은 가고…, 요즘은 자주 짜증이 나요. …빨리 대학생이 되었으면 좋겠는데…. 그러면 회사라도 다닐 수 있을 텐데….

➜ 상담사의 마음에 그려지는 내담자의 기분을 " … 이렇게 들렸어요."라고 정중하게 반영해 보자. 먼저 마음에 떠오르는 대로 순차적으로 적어 보자.

(1) ______________________________

(2) ______________________________

(3) ______________________________

(4) ______________________________

(5) ______________________________

(6) ______________________________

(7) ______________________________

➜ 이번에는 내담자의 기분을 요약, 정리해서 표현해 보자.

____

____

• 응답의 예

(1) 가고 싶다는 기분

(2) 갈 수 있으면 얼마나 좋을까.

(3) 이미 오랫동안 안 갔기 때문에 어떻게 하면 좋을지?

(4) 이미 늦었다고 생각한다.
(5) 힘들다. 지금 좋아서 집에 있는 게 아니다.
(6) 빨리 대학생이 되어 사회인이 되면 얼마나 좋을까.
(7) 마음이 조급하다.

해설

이 상담 사례에서 등교거부를 하고 있는 내담자의 기분을 요약, 정리해 보면 '학교를 가지 않는 자신의 모습을 바라보면 이대론 안 되겠다는 생각이 든다. 하지만 어떻게 해야 할지 몰라 마음이 초조하다'의 내용으로 정리해 볼 수 있을 것이다.

연습 2 **다음 상담 사례에 대해서 적절하게 요약, 정리해서 반영해 보자.**

내담자: 왜 제가 경찰서까지 오게 됐는가 하면, 아버지에게 얻어맞아 화가 났어요. 그래서 차를 과속하게 되었고, 어린 애가 앞으로 오는 것은 알고 있었지만, 이놈이 나를 방해하구나라고 생각해서 그만 계속 달리다 큰 부상을 입히게 되었어요. 아버지가 좀 엄하게만 하지 않았더라도 저는 이렇게 되지 않았을 거예요.

➜ 당신의 대응 : ____________________

해설

요약을 할 때는 내담자의 이야기를 전부 정리할 필요는 없다. 어디까지나 복잡한 내용을 간단히 정리하여 내용을 알기 쉽게 하는 것이 목적이기 때문에 내담자의 이야기 가운데 본질적인 부분을 정리하여 피드백하는 것이 이 기법의 중요한 점이다. 여기서 내담자의 감정과 판단을 중심으로 요약, 정리해서 반영해 보자. 요약, 정리한 내용에는 "아버지에게 얻어맞아 화가 났어요.", "아버지가 좀 엄하게만 하지 않았더라도 저는 이렇게 되지 않았을 거예요."라고 하는 내용이 중심이 되어야 할 것이다.

제13장 관찰기법 연습

상담기법이라고 하면 대개 언어에 의한 응답기법으로 생각하기 쉽다. 그러나 상담에서는 내담자를 이해해 나갈 때, 비언어적 행동 요소에 대한 정보를 통해 내담자의 심리상태를 이해하는 것도 매우 중요하며, 이런 요소가 상담의 기초가 되기도 한다. 여기에서 상대방의 비언어 요소에 대해 세심하게 관찰하고 그 내용을 기록하는 연습을 해보자.

연습 1 **다음과 같은 조 편성과 진행을 통해 관찰기법에 대해 연습해 보자.**

- 두 사람씩 한 조가 된다. 한쪽이 먼저 자기소개를 하고, 다른 한쪽은 소개를 받는다. 자기소개의 내용은 자신의 현재 기분이나 생각을 중심으로 자기개방을 해보자.
- 경청자는 상대방의 그때그때의 기분이나 생각을 확인하면서 듣는다.
- 이대로 3~5분 동안 지속한다. 경청자는 특히 상대방의 이야기하는 모습에 주목하면서 경청하도록 하자.
- 이제 역할을 교대하여 다시 3~5분 동안 해본다.
- 그리고 난 다음 상대방의 8가지 비언어적 요소에 대해 다음 양식에 따라 기억나는 대로 적어보자.

• 상대방의 8가지 비언어 요소를 기록해 보기

➜ 몸짓(제스처, 동작, 자세 등)

➜ 표정(미소, 우는 얼굴, 난색, 뾰로통한 얼굴, 무표정 등)

➜ 생리반응(얼굴이 붉어짐, 몸 떨림, 발한, 가쁜 호흡 등)

➜ 체형과 신체 특징(체격, 체중, 신장, 혈색, 치아의 고르기, 문신 등)

➜ 용모(풍모, 옷차림, 복장, 머리스타일, 액세서리, 화장 등)

➜ 목소리와 말하는 모양(음성, 음양, 언어 사용, 어조 등)

➜ 신체 공간(상대방과의 거리, 좌석 위치 등)

➜ 시간 개념(정확성 또는 느슨함)

해설

상담 장면에서 내담자에 대해서 관찰해야 할 주요 비언어적 요소는 앞에 열거한 8가지 항목이라고 할 수 있다(Cormier & Cormier, 1998; Cormier & Nurius, 2003). 이 가운데 몸짓, 표정, 생리반응, 체형과 신체특징, 용모의 5가지는 신체언어(body language), 목소리와 말하는 모양은 준언어 요인(paralinguistic elements)이라 부른다. 신체 공간과 시간 개념은 자신을 둘러싼 공간과 시간에 대한 의식이며, 동시에 개인의 성격 및 자신이 속한 문화에 의해 영향을 받는다. 비언어적 요소에는 이러한 다양한 형태가 포함되어 있으며, 이러한 모든 것이 커뮤니케이션의 수단이 된다. 이러한 요소는 각각 내담자의 감정, 사고, 신체감각, 가치관 등의 정보를 의도적으로나 무의식적으로 전달하는 역할을 하게 된다. 그러므로 비언어적 행동에 대한 정보를 소홀히 하면 내담자에 대한 올바른 이해를 그르치기도 한다.

그런데 관찰기법의 유의점은 비언어적 요소에 대한 관찰에서 얻은 정보는 애매모호하여 상담사의 주관적 관점에 의해 왜곡될 위험성이 매우 크다는 사실이다. 때문에 상담사는 자신이 감지한 내담자의 비언어 행동에 대한 해석이 타당한지를 신중하게 검토해야 한다. 비언어 요소에 대한 정확한 관찰을 위한 효과적인 방법은 내담자가 반복적으로 보이는 일관성 있는 비언어적 행동에 대한 주목이 중요하다. 성급한 판단은 절대 금물이다. 내담자의 언어 정보를 함께 활용하면서 내담자의 복잡한 심리상태를 이해해 나가야 한다.

제 14 장 반영기법 연습

내담자는 상담사라고 하는 거울을 통해 자기 자신을 바라보게 된다. 그러기 위해서는 상담사는 내담자가 표현한 것을 반영(reflection)하게 된다. 반영을 비유적으로 설명하면 '내담자의 내면을 거울로 비추는 것과 같다'고 할 수 있다.

연습 1-1 다음 상담 장면에서 상담사는 적절히 반영하고 있는지를 생각해 보자.

내담자 1 : 최근 치매에 걸리셔서 제가 조금만 한눈을 팔고 있으면 어디론가 가버려요. 그리고는 경찰이나 이웃 사람들에게 저에 대한 욕을 하고 다녀요. 정말 힘들어 죽겠어요.

상담사 1 : 그래요, 그렇다면 뭐가 문제일까요?

내담자 2 : 이제 얼마 안 있으면 80세가 되세요. 시동생 부부가 조금이라도 신경을 써주면 좋을 텐데. 마치 다른 사람 일처럼 전혀 모른 척을 해요. 아무리 독립해서 살고 있다지만, 자기를 낳아준 부모잖아요. 이건 정말 너무 해요.

상담사 2 : 시동생 되시는 분은 독립해서 살고 있어서 부모님을 돌보지 않아도 된다고 생각하시나 봐요?

내담자 3 : 하지만 그래서야 되겠어요? 사람에겐 도리라는 게 있잖아요? 제 남편도 문제예요. 좀 딱 부러지게 이야기해 주면 좋을 텐데. 나한테만 떠넘기고는.

상담사 3 : 남편께서는 아무 이야기도 하지 않으십니까?

내담자 4 : 조금씩은 이야기하는 것 같지만, 소귀에 경 읽기예요. 그쪽은 아예 무신경하다고요.

상담사 4 : 참, 힘드시겠군요.

해설

- 내담자는 50대 가정 주부이다. 고령이 되어 치매가 시작된 시어머니의 뒷바라지로 피곤에 지쳐서 푸념을 늘어놓고 있다. 이 장면을 역할 연기로 재현해 보자. 상담사역과 내담자역을 맡은 사람은 각각 무엇을 느끼게 될까?
- 본 사례는 상담사가 내담자의 편이 되어서 내담자의 불만을 부채질하고 있지는 않는가? 그리고 주위 사람에 대한 내담자의 적대 감정이나 비난을 강화하거나 상담사에 대한 의존을 촉진시키고 있지는 않는가? 과연 이런 식의 대응은 내담자를 자기 성장의 길로 안내해 줄 수 있을까?
- 상담사가 표현하는 내용의 주어가 바로 눈앞에 있는 내담자, 즉 "당신은 …"이 아니라, 내담자가 이야기하는 화제의 인물, 즉 "그 사람은 …"으로 표현하고 있다는 사실에 주목해 보자.
- 상담은 내담자의 시점에서 내담자의 기분을 거울에 비추어 주는 것이 중요하다. 하지만, 본 상담 사례는 이런 기본에서 이탈한 경우라고 볼 수 있다.

연습 1-2 **내담자의 시점에서 내담자의 기분을 거울로 비추는 상담사의 기본을 연습해 보자. 내담자의 이야기를 듣고 상담사로서 어떻게 말해야 할지를 아래의 빈칸에 적어 넣어보자. 예를 들면 "당신이 하고 싶은 말은 … 이군요."라고 확인하는 형식이나 "당신의 기분은 … 합니까?"라는 질문 형식으로 상담사가 이해한 것을 내담자에게 전하는 노력을 해보자.**

내담자 1: 최근 치매에 걸리셔서 제가 조금만 한눈을 팔고 있으면 어디론가 가버려요. 그리고는 경찰이나 이웃 사람들에게 저에 대한 욕을 하고 다녀요. 정말 힘들어 죽겠어요.

➜ 상담사 1 ______________________

내담자 2: 이제 얼마 안 있으면 80세가 되세요. 시동생 부부가 조금이라도 신경을 써주면 좋을 텐데. 마치 다른 사람 일처럼 전혀 모른 척을 해요. 아무리 독립해서 살고 있다지만, 자기를 낳아준 부모잖아요. 이건 정말 너무해요.

→ 상담사 2

내담자 3: 하지만 그래서야 되겠어요? 사람에겐 도리라는 게 있잖아요? 제 남편도 문제예요. 좀 딱 부러지게 이야기해 주면 좋을 텐데. 나한테만 떠넘기고는.

→ 상담사 3

내담자 4: 조금씩은 이야기하는 것 같지만, 소귀에 경 읽기예요. 그쪽은 아예 무신경하다고요.

→ 상담사 4

→ 여기까지의 내용을 통해 내담자가 이야기하고 싶은 것이 무엇인지를 정리해서 표현해 보자.

→ 상담사 5 : 지금까지 당신의 이야기를 들어보았습니다만, 저에게는 당신의 기분이 이렇게 느껴집니다. (이 이후에 대해서 적어보자.)

해설

응답의 예는 다음과 같은 내용으로 생각해볼 수 있다. 상담사가 다음과 같은 내용으로 응답을 하게 되면, 보다 바람직한 방향으로 상담이 전개될 것이다.

- 상담사 1 : 최근에 시어머니 일로 힘들어하고 계시는군요.
- 상담사 2 : 시동생 부부도 시어머니를 돌보아 주었으면 하는데, 조금도 그런 기미가 보이지 않으니 너무하다고 생각하시는군요.
- 상담사 3 : 남편께서도 좀 도와주기를 원하시는군요.
- 상담사 4 : 혼자 힘들어하고 계시는데, 주위 사람들은 태연한 것 같군요.
- 상담사 5 : 지금까지 당신의 이야기를 들어보았습니다만, 혼자서 힘들어하시는 모습이 충분히 이해가 됩니다. 좀 더 주위 사람들이 자신의 일처럼 관심을 가져 주기를 원하고 계시는군요.

연습 2-1 **다음 상담 장면에서 상담사는 적절하게 대응하고 있는지에 대해서 생각해 보자.**

상담사 1 : 지난번에는 가족에 대해서 여러 가지 이야기해 주셨는데 저는 '당신에게 있어서는 가족이 가장 큰 비중을 차지하고 있구나'라는 느낌을 받았습니다. 오늘은 무슨 이야기를 하고 싶으시죠?

내담자 1 : 잘 부탁드립니다.

상담사 2 : 음 …. 요즈음은 벌써 가을 느낌이 드는 것 같던데, 오실 때 어떠셨어요? 은행나무 가로수는 보셨어요?

내담자 2 : 저 … 여유가 있을 때는 여기저기 보면서 옵니다만(웃으며), 안타깝게도 요즘은 마음의 여유가 없어서 ….

상담사 3 : 그래요, 괜찮아요. 여유가 없으면 누구라도 다 그렇게 되니까요.

내담자 3 : 옛날에는 저도 여러 가지로 관심이 많았었죠. 아마 옛날이었다면 여기에 올 때도 주변 경치를 즐기면서 왔을 거라고 생각해요. 전에는 저도 그러한 여유가 있었는데.

상담사 4 : 아 …, 그러한 여유가 있었다. 음 ….

해설

- 중학생 아들을 둔 40세의 주부가 자녀의 등교 거부 문제로 상담하고 있다. 이 내용은 2회째 상담의 시작 부분이다. 이 상담의 문제점에 대해서 생각해 보자.
- 상담의 주역은 어디까지나 내담자이며, 상담사는 보조 역할에 충실해야 한다. 그러므로 상담사가 주의해야 할 점 가운데 하나는 'be patient', 즉 '기다려 보자'라는 자세가 필요하다. 이 상담에서 상담 2는 내담자의 이야기가 어떻게 나올까, 좀 느긋하게 기다리는 것이 좋을 듯 싶다.
- 그리고 상담사 3처럼 일반화(누구라도 …)는 적절하지 못하다. 여기에서는 반영기법을 사용해보자.

  상담사는 '옛날'보다는 '지금, 여기에서(here and now)'에 대해 계속 관심을 갖도록 노력한다. 그러면 상담사 4는 어떻게 응답하면 좋을까?
- 상담사는 내담자의 변화에 대해 민감하게 반영해야 한다. 그렇다면 어떻게 응답하면 될까? "전에는…, 지금은…"의 형태가 될 것이다.

연습 2-2 내담자의 이야기를 듣고, 상담사로서 어떻게 반응하면 좋을지를 다음 빈칸에 적어 넣어보자. 내담자의 시점에 서되 내담자의 기분을 상담사의 마음의 거울을 통해 반영해서 내담자에게 상담사의 공감적 이해를 전달하는 노력을 시도해 보자.

내담자 2: 저 … 여유가 있을 때는 여기저기 보면서 옵니다만(웃으며), 안타깝게도 요즘은 마음의 여유가 없어서 ….

→ 상담사 2 ______________________________

내담자 3: 옛날에는 저도 여러 가지로 관심이 많았었죠. 아마 옛날이었다면 여기에 올 때도 주변 경치를 즐기면서 왔을 거라고 생각해요. 전에는 저도 그러한 여유가 있었는데.

→ 상담사 3 ______________________________

내담자 4: 아이 때문에 너무 지쳐서 그런지. 지금의 저의 모습은 진짜 제가 아니라는 느낌마저 듭니다. 예전엔 좀 더 여유 있고 밝았었는데.

→ 상담사 4 ______________________

____

____

상담사 5: 지금까지 당신의 이야기를 듣고 나니, 당신에 대해서 이런 인상이 느껴집니다만, 그러니까 …

해설

- 상담이라는 드라마에서는 내담자가 주연이고, 상담사는 조연이다. 그렇기 때문에 상담사는 마음의 거울이 흐릿해지지 않도록 주의하면서 내담자의 이야기를 거울에 비추듯이 내담자에게 제시하고 "이렇게 이해해도 좋습니까?"라고 확인을 구한다.
- 상담사 5는 종합적인 반영이다. 어떻게 말하면 좋을까?

연습 3 다음은 상담내용의 일부분을 발췌한 것들이다. 각 상담 사례에서 상담사의 응답을 검토하여 정확한 반영을 하고 있는지, 자신의 생각을 적어보자.

〈장면 1〉

내담자: 무엇을 하든지 구시렁거려요. 우리 애는…
상담사: 관심을 받고 싶어 하는 걸까요?
내담자: 글쎄요, 모르겠네요. 하지만 그럴까요?
상담사: 아이란 원래 부모에게 관심을 받고 싶은 마음이 간절하죠.
내담자: 하지만 안절부절못하겠어요. 아이 때문에…

→ ______________________

____

〈장면 2〉

내담자: 지금까지 이쪽에서 전화해야만 겨우 만날 수 있는 정도였는데, 이번에 그쪽에서 전화가 와서 왠지 기분이 좋아요…

상담사: 그래요. 잘됐네요, 정말 잘됐군요.

내담자: 근데, 음-, 그냥. … (침묵) …

상담사: 전화가 왔잖아요. 잘된 거죠.

내담자: 그렇죠. 그렇게 생각해야 하는데…

→ ____________________

____

〈장면 3〉

내담자: 손주 같은 애들이 매일 수업시간에 시장판 같이 떠들어서 애들을 조용히 시키는데 내 모든 에너지를 소모하고 있는 것 같아요. 그러다보니 지금까지 난 뭘 했는지라는 생각이 들면서 일에 대한 의욕이 점점 없어지는 것 같아요.

상담사: 교직에 대해 이제 어떤 희망도 없다는 건지?

내담자: 그런 건지, 음…

상담사: 인생이 허무하다는 느낌…?

내담자: 그런 감정보다는 좀 의욕을 갖고 싶어요. 어떻게 해서든 삶의 보람을 느끼고 싶어요.

→ ____________________

____

〈장면 4〉

내담자: 제 적성에 맞지 않는 일을 하다 보니 매일 우울해서 미치겠어요.

상담사: 자신에게 맞지 않는 일을 해야 한다는 건 참 힘든 일이죠. 이해가 돼요.

→ ____________________

____

〈장면 5〉

내담자: 제가 신참이라는 것 때문에 저한테만 일을 떠넘기고는 둘이서 잡담만 하고 있어요. 화가 나요.

상담사: 화가 난다.

내담자: 그래서 제가 말했죠. '일을 조금이라도 하시지' 라고. 그러자 입을 삐쭉 내밀고는 제가 하는 일 족족 심술부려요.

상담사: 심술부린단 말이죠?

내담자: 너무하죠? 도대체 왜 그런 사람들이 활개 치면서 살고 있는지 모르겠어요.

➜ ____

____

〈장면 6〉

내담자 : 제가 대학 졸업할 때도 회사 취업 때문에 망설였어요. 부모님은 제가 가게를 물려받길 원하셨기 때문이죠. 그래도 저는 나름대로 힘들었지만 그래도 저는 지금의 회사에서 근무하며 열심히 살아왔습니다. 그런데….

상담사 : 가게 일도 신경이 쓰인다는 거죠?

내담자 : 네, 부모님도 이제 젊지 않으시기 때문에, 만일…

상담사 : 만일의 경우를 생각하는군요.

내담자 : 그런 것도 있지만, 언젠가 제가 해야 하지 않는가 싶어서…

상담사 : 그렇군요. 이해할 수 있어요. 부인은 어떤 생각을 하고 있는지요?

➜ ____

____

해설

장면 1_ 이 상담사는 눈앞에 있는 내담자보다는 이야기에 등장하는 아이의 기분을 이해하려고 하고 있다. 상담은 내담자의 감정에 초점을 맞추는 것이 기본이다. 상담 내용에 나오는 인물은 그다음에 생각해도 좋다.

장면 2_ 이 상담사는 내담자의 감정에 근접하여 이야기를 듣고 있는 것 같지만, 반영기법의 기본을 망각하고 있다. 내담자도 함께 기뻐하면 그런대로 괜찮지만 상담사는 내담자보다 더 좋아하고 있다. 이 때문에 내담자의 기분이 가라앉은 듯한 느낌이 든다. 이 상담사는 내담자와 어느 정도 거리를 두는 것이 좋을 듯싶다.

장면 3_ 상담사가 내담자보다도 사실을 더욱 부정적으로 받아들이고 있다. 내담자의 감정을 넘어선 상담사의 반응은 바람직하지 않다. 내담자가 "일에 대한 의욕 같은 게"라고 말하고 있음에도 불구하고 상담사는 "어떤 희망도 없다는 건지"라고 응답하고 있다. 게다가 "인생이 허무하다"라고까지 이야기하고 있다. 이 상담사가 반영한 감정은 내담자가 아니라, 상담사 자기 자신의 감정이 아닌지? 만일 내담자가 상담사의 이런 대응에 말려들어 절망감을 느끼게 되면 어떻게 할 것인가? 이 사례에서 보면 상담사의 대응은 내담자를 부정적인 방향으로 유도할 수도 있기 때문에 주의해야 한다. 또한 내담자의 감정에 대한 서투른 반응보다는 내담자의 사고에 주목하는 것이 바람직하다.

장면 4_ 이 상담사는 동정과 공감을 혼동하고 있지는 않는지? 상담사는 내담자에게 아부하거나 자신을 투사하지 않도록 조심하자.

장면 5_ 상대방의 말 끝부분을 반복하는 버릇이 있지는 않는지, 생각해 보자.

장면 6_ 내담자보다 먼저 앞서가는 것도 상담사가 범하기 쉬운 실수 중의 하나이다.

제15장 직면기법 연습

내담자와의 직면은 상담사의 입장에서는 결코 쉬운 일이 아니다. 내담자와의 신뢰관계가 충분히 확립되고, 직면 대응을 하는 것이 내담자에게 도움이 된다고 판단될 때 상담사는 주저하지 말고 진지하게 직면을 시도해본다.

여기에서의 연습은 상담과정에서의 직면의 의미를 체험적으로 이해하는 기회를 제공한다. 먼저 반영과 질문에 의해 내담자의 자기탐색을 도와주는 과정을 한동안 지속하면서 직면의 기회를 엿본다. 이런 가운데 직면의 필요성이 느껴질 때 부드러우면서도 예리하게 직면해서 내담자의 자기 직면화를 지원하는 접근을 시도해 보자. 직면은 다양한 방법으로 내담자의 모순을 지적하는 일이다. 이전의 이야기와 모순된 부분을 지적하거나 지금의 상태에서 모순된 감정 또는 언어와 표정의 불일치를 지적하는 경우도 있다.

연습 1 **다음 사례를 통해 적절한 직면기법에 대해 생각해 보자.**

내담자: 천식이 전혀 낫질 않아서. 몇 년 동안 계속 몸에만 … 그래서 즐겁지도 않고, 몸만 생각하게 돼요. 어쨌든 조금만이라도 천식이 나아지길 바래요. 그러면 하고 싶은 것도 생기게 되고, 즐거움도 느낄 것 같은데….

→ 이에 대해서 당신의 직면적 응답을 적어보자.

비교 검토의 예

다음 5명의 상담사(A, B, C, D, E)의 반응과 자신의 반응에 대해서 각각 비교해 보자. 그리고 5명의 상담사 중, 어느 상담사가 가장 적절한 직면기법을 사용하고 있다고 생각하는지에 대해서 토론해 보자.

상담사 A

당신은 항상 천식 때문에 몸만 생각하게 되고, 그래서 몸에 너무 신경을 쓴 나머지 하고 싶은 것이나 즐거운 것을 할 수 없군요. 이런 이야기이죠?

상담사 B

안됐군요. 천식이 전혀 낫질 않아서. 아무리 힘을 내려고 하지만 그게 쉽지 않죠. 힘든 기분 충분히 이해할 수 있어요. 정말로 빨리 회복되었으면 좋겠어요. 그리고 하고 싶은 것, 즐거운 일이 생겼으면 좋겠네요.

상담사 C

천식이 전혀 낫질 않는다. 그래서 항상 몸만 생각하게 되고 즐거움을 느낄 수 없다. 천식이 조금이라도 나아지길 바라고 있다. 그렇게 되면 '하고 싶은 일이나 즐거운 일도 생기질 않을까'라고 생각하고 있군요.

상담사 D

지금 당신은 천식이 전혀 낫질 않는 것에 대해 신경을 쓰고 있어서 하고 싶은 것도 즐거운 것도 찾질 못하고 있다. 하지만 천식이 호전되면 하고 싶은 일도 즐거운 일도 생길 것이다. 그렇게 말씀하시는군요. 하지만 저로서는 그런 생각을 이해할 수가 없어요. 건강 문제가 핑계가 되는 것 같다고 생각해요. 건강이 좋지 않다고는 하지만, 오히려 그럴수록 더욱 생활 속에서 즐거움을 만들어 나가거나 자신이 하고 싶은 일을 찾는다면 어떨까요?

상담사 E

당신은 천식이라는 지병으로 인해 고생을 하고 있어서 인생의 즐거움이나 하고 싶은 것을 찾고자 하는 마음을 갖는 것을 힘들어 하고 있군요. 빨리 몸이 회복되어서 하고 싶은 일이나 즐거운 일을 찾아서 하고 싶다는 당신의 바람을 느낄 수 있습니다. 그런데 저의 생각에는 오히려 당신이 그러한 어려움 속에서 조금이라도 자신이 하고 싶은 일을 찾는다거나 생활 속에서 즐거움을 찾는다면 더욱 좋을 것 같습니다. 그렇게 되면 천식도 조금 나아질지 모르죠. 그런 희망이 떠오릅니다만 어떻습니까?

해설

• 상담사 A에 대해서

반영의 기본에 충실한 응답이다. 상담은 '반영에서 시작해서 반영로 끝난다'고 할 정도로 반영은 상담의 기본이다. 이것을 확실하게 몸에 익힌 다음 직면을 시도해 보자.

• 상담사 B에 대해서

동정형의 응답이다. 이러한 형태의 상담은 내담자를 일시적으로 안심시키거나 상담사에 대한 신뢰와 존경을 느끼게 할 수는 있으나, 장기적으로 보면 이런 일시적 효과와는 반대로 마이너스 효과가 크다는 사실을 생각해야 한다. 즉 상담사는 내담자를 동정함으로써 좋은 일을 했다는 기분이 들지 모르나, 내담자는 자신이 불쌍하게 여겨지면서 자신의 의지가 약화될 수 있다. 이 때문에 자신을 이해하고 자기 나름대로의 문제 해결을 위해 노력하는 의지와는 반대 방향으로 유도된다. 상대방의 고통스런 기분에 자신도 빠져버리는 상태가 되어서는 곤란하다.

• 상담사 C에 대해서

기본이 갖추어져 있는 응답이다. 내담자와의 관계가 적절하게 형성될 수 있으며, 상담을 안정적으로 지속시킬 수 있다. 그러므로 이런 식의 응답은 상담을 배우고 있는 학생이라면 그런 대로 무난한 대응이라 볼 수 있다. 내담자의 이야기와는 차이가 없기 때문에 상담과정은 그런 대로 원만하게 진행될 것이다. 상담사의 어떠한 응답이 그 때, 그 장면에서 가장 적절했는가라고 하는 판단은 내담자의 특징에 따라서 달라진다. 자신에 대한 이해가 조금씩 진행되고 있는 내담자에게는 이런 대응법이 가장 적합할지도 모른다. 그러나 자신과 타인을 예리하게 볼 줄 아는 내담자에게는 이런 식의 응답은 답답하게 들릴지도 모른다.

• 상담사 D에 대해서

이런 식의 대응은 내담자에게 너무 엄하다는 느낌을 주기 때문에 부담을 느끼게 하고 수용하기를 거부할지도 모른다. 이런 식의 응답을 하는 사람은 특히 자신의 생각을 상대방에게 일방적으로 밀어붙이는 경향이 없는지를 반성해 보자. 내담자는 이런 부담이나 고통을 견디지 못해 자신과의 대면을 회피하려고 할지도 모른다. 그렇게 되면 자신을 이해하고 자기 나름대로의 문제 해결을 위한 노력을 유도해야 하는 상담의 기본적 취지와는 반대 방향으로 전개되어 버릴 위험성이 크다. 이런 엄한 지적을 하는 상담사에 대해 내담자는 자신의 마음을 솔직히 개방하는 것을 두려워하면서 상담 관계에서 벗어나려고 할지 모른다. 설령 이 표현이 핵심을 찌른 내용이라고 할지라도 적절한 대응이라고 말할 수 없다. 그렇다면 어떻게 표현하면 될까? 직면의 전제가 되는 3가지 조건이 충족되도록 노력하는 자세가 중요하다.

• 상담사 E에 대해서

바람직한 직면적 응답이다. 본문 속에서도 언급하였듯이 직면 시도에는 다음 3가지의 전제가 필요하다. 하나는 내담자의 마음의 움직임과 함께 걸어온 공감적 이해의 경험, 둘째는 내담자에 대해서 따뜻한 감정을 느끼고 있을 것, 그리고 마지막으로 내담자가 직면을 받아들일 만한 준비 상태에 있는가라는 것이다. 이 3가지 조건이 갖추어졌을 때 비로소 직면형의 응답이 그 의미와 효과를 보이게 된다.

연습 2 다음과 같이 직면의 역할연습을 해보자. 조 편성 및 연습 방법은 다음과 같다.

- 두 명이 한 조가 되어 내담자와 상담사의 역할을 정한다. 또는 4~5명이 한 조가 된다. 또는 전체 학생들 앞에 상담사와 내담자가 시연하는 형식이라도 좋다. 어떤 형식이 좋은가는 집단의 규모나 준비 등을 고려하여 결정한다.
- 일상생활 장면의 어떤 상황에서 어떤 직면을 경험한 적이 있는지를 각자의 기억을 더듬어서 이야기해 보자.
- 일상적 상황을 소재로 직면 장면을 재현해 보자. 그리고 어떤 직면이 감정적 반발을 초래하지 않고 비교적 가볍게 수용될 수 있는지를 이야기해 보자.
- 역할연습을 하는 가운데 직면의 기회를 엿보아서 직면을 하거나 직면을 당하는 것을 통해 어떤 경험을 하게 되었는지를 솔직하게 이야기해 보자.
- 먼저 상대방의 이야기에 대해 반영과 질문기법에 의한 대응을 통해 내담자의 자기탐색을 도와주는 과정을 잠시 유지하면서 직면의 기회를 엿본다. 그리고 부드러우면서 예리하게 직면을 시도하여 내담자의 자기 직시를 유도하도록 노력해 보자.
- 상담사의 머리에 떠오르는 의문이나 내담자와 다른 감정이나 감각을 따뜻한 감정으로 유지하면서 솔직한 표현으로 내담자에게 전하는 노력을 해보자. 이것이 직면이다.
- 직면은 간단히 말하면 다양한 방법으로 내담자의 모순을 지적하는 것이다. 이전의 이야기와 모순된 부분을 지적하거나 지금의 마음에서 모순된 감정, 또는 언어와 표정의 불일치를 지적하는 경우도 있다.
- 이것은 연습이다. 가벼운 기분과 즐거운 분위기에서 해보자. 그리고 감정의 흐름에 주목해 보자.
- 소요시간은 각각의 진행 상황에 따라 길어질 수도 있다.

❖ 개입과 이후의 대화, 참가 모델링

- 여기서는 특히 리더의 역할이 중요하다. 어느 정도 상담 경험이 있거나 학습자 가운데 상담에 대해서 관심을 갖고 공부하고 있는 사람을 리더로 한다. 또는 그 자리에 참가한 사람들이 서로 의논해서 정해도 좋다.
- 리더는 내담자와 상담사의 상담과정을 관찰하면서 중간 중간에 보충발언을 하거나 상황에 맞게 보다 적절한 표현을 하는 등 일시적 개입을 한다. 소위 교통정리를 한다.
- 또한 리더는 내담자와 상담사의 상담과정을 관찰하고 있는 다른 참가자에게 주목하여 의문이나 의견을 물어 보거나 상담과정을 재현해 보도록 한다.

- 중간에 개입할 때는 적절한 타이밍을 보고 간단하게, 그리고 동의를 얻어서 하도록 한다. 이야기의 중간 중간에 너무 자주 개입하게 되면 이야기의 흐름을 방해하기 때문에 가능한 자제하도록 한다.
- 리더나 참가자는 "이렇게 해보면 어떨까요"라는 제안을 해본다. 이런 즉각적 모델링에 의해 그 자리에서, 그 시점에서의 대응법을 구체적으로 배울 수 있다.
- 악수와 같이 화해를 의미하는 행동을 상황에 따라 도입한다.
- 내담자와 상담사가 악수를 하고, 참가자 역할을 한 사람과도 악수를 해보자. 이때 서로 수고했다는 말을 잊지 말자.
- 이 과정이 끝난 다음에 도입되는 '이후의 대화'는 서로 긴장이나 갈등을 푸는 데 효과적이다.
- "이 점은 이렇게 해보면 어떨까" 등의 의견을 나누어 본다.
- 제안된 의견에 대해서는 어떻게 생각하는지를 당사자에게 물어 보는 것이 중요하다.
- 대화를 할 때는 가능한 판단적 태도를 지양하고 "이렇게 하면 어떨지?"라는 제안을 하거나 어떤 기분을 느꼈는지에 대해 이야기를 나누어 보는 등 견해를 넓히는 기회로 삼는다.
- 끝으로 무엇을 배웠는지를 정리해 본다.

연습 3

자신의 인생과의 직면 연습

한 장의 종이 위에 자신과 가족의 인생을 각각 선으로 표현하는 작업을 해본다. 과거, 현재, 미래에 있을 일을 각자의 선 위에 표현하고 전체를 조감하면서 자기 인생과의 대면을 도와주는 상담을 경험해 보기 바란다.

- 준비 자세를 취하자. 먼저 심신의 긴장을 풀고, 눈을 감고, 이제까지의 인생에서 있었던 많은 일들과 만남을 회상하면서 지금부터 앞으로의 일들을 상상해 본다.
- 흰 종이(B4 크기)와 펜을 준비한다.
- 종이를 긴 쪽으로 해서 중앙에서 위쪽의 위치에 자신의 인생의 출생에서 현재를 지나서 죽음에 이르는 시간의 경과를 나타내는 횡선을 왼쪽에서 오른쪽으로 하나 그어본다.
- 선의 왼쪽 끝에 0세라고 기입하고, 오른쪽 끝에는 자신이 살고 싶은 연령을 기입한다.
- 그 다음, 이 선을 약 5년 내지 10년 간격으로 등분해서 표시한다. 그리고 연령을 기입하고, 현재의 위치에 ○표시를 한다.
- 과거에서 미래에 걸쳐 자신의 인생에 있어 중요한 일을 선 위에 적어 넣는다.

• 그 다음, 자신의 출생에서부터 부모님의 인생을 자신의 선 밑에 각각 선으로 표현하고, 자신의 중요한 일이 있는 시기에 있어서의 부모님 연령을 기입하고, 부모님과 자신과의 사이를 점선으로 연결해 본다.
• 결혼 및 퇴직할 때의 부모님 연령을 기입한다.

이 단계에서는 부모님의 죽음을 생각하게 될 것이다. 언제가 세상을 떠나는 것은 자연의 순리이지만, 그때까지 살아계시는 모습을 보고 싶다는 바람을 해본다.

• 그 다음 결혼할 나이를 생각하면서 자신의 인생 반려자를 나타내는 선을 자신의 선 위에 또 하나의 선으로 표현하고 중요한 일과 연령을 예상하고 기입한다.
• 그리고 자녀들이 태어날 시기를 예상하면서 자녀들의 인생을 직선으로 표현하고, 예상되는 중요한 일들을 기입하고, 그때 그때의 자신과 아내(남편)의 연령을 상호 점선으로 연결해 본다.
• 끝으로 자신의 인생과 가족의 인생에서 중요한 일들을 일람하고, 가족의 시점에서 선의 형태를 전체적으로 보면서 생활을 점검한다.
• 그리고 난 후, 이 경험으로부터 머리에 떠오르는 생각이나 감정에 주목해 보자.

해설

인생 코스(Course of Life) 그림이란 자신을 포함해서 가족들의 일생의 중요한 일들을 시계열적으로 선 위에 표시하는 그림을 말한다(福島, 1998). 여기서 이 그림 작성을 통해 많은 참가자들이 여기에서의 경험을 다음과 같이 회고하고 있다.

• 과거에서 미래로 이어지는 자신의 인생을 조감해 보는 경험이 되었다.
• 가족이 자신에게 버팀목이 되고 있다는 사실을 깨달았다.
• 부모님이 언젠가는 돌아가신다는 사실을 생각해 보지 않았다. 선을 조금 지웠을 때 괴로웠다.
• 인생이란 짧구나. 하는 일이 없이 세월이 그냥 지나가는 것 같아 마음이 편하지 않았다. 종이에 적어보니 과거의 일이 새삼스럽게 떠올라 감정이 복받쳤다.
• 과거에서 미래로 이어지는 인간관계와 자신의 인생을 생각하게 되었다.
• 여러 사람과의 관계를 통해 자신이 살아가고 있다는 것을 실감했다.
• 부모에서 자녀로, 자녀에서 자녀로 생명이 이어지고 있다는 것을 새삼 느꼈다.
• 자신이 그린 앞으로의 인생을 살아가기 위해서 지금 내가 무엇을 해야 하는지를 생각하게 되었다.

당신은 이 과제를 통해 무엇을 느꼈는가? 내담자가 되어서 자신의 인생을 이야기하고, 상담자가 되어서 상대방의 이야기를 들어보자. 그리고 직면기법을 통해 내담자의 직면화를 도와주도록 하자.

연습 4 **다음 상담 사례에서 직면 장면의 내용을 담고 있는 부분은 어느 것인지, 그리고 이 상담사의 직면은 적절하다고 생각하는지에 대해서 생각해 보자.**

내담자 1: 인생 코스 그림을 그리고 나니 좀 생각하게 되군요. 이건 너무 심하다고 생각하지 않습니까? 선생님께는 죄송한 말씀이지만, 왜 먼 미래까지 생각해야 합니까?

상담사 1: 너무 심하다고? 그렇게까지 하지 않아도 된다고 라고 생각하는구나.

내담자 2: 네, 그렇게 생각했어요. 사람이란 자신의 기분을 자유롭게 느끼거나 생각하고 싶어 하잖아요. 그런데 이건 억지로 생각하게 하는 거잖아요.

상담사 2: 자네는 자신의 의사가 아니라, 시켜서 한다는 느낌이 들어서 화가 나는 모양이지?

내담자 3: 네, 그래요. 부모님이 죽다니 너무 하잖아요. 안 그래요?

상담사 3: 부모님이 죽는다는 사실을 생각하고 싶지 않았는데 그걸 상상하게 되었다.

내담자 4: 그래요. 연기도 아닌데…

상담사 4: 화가 났구나. 부모님의 죽음을 무리하게 생각하게 만들어서.

내담자 5: 우리 부모님이 죽다니 정말 화가 났어요.

상담사 5: 자네의 기분에 대해서 지금 언뜻 생각난 게 있는데 이야기해도 괜찮을까? 지금 자네가 화를 내고 있는 대상은 선생님인지, 누군지…?

내담자 6: 항상 살아계시기를 바라는 것은 아니지만 돌아가시면 곤란해요. 그래서 무서워요. 그래서 화가 나요. 사실 화낸다고 해서 별 도리는 없지만….

상담사 6: 그래? 항상 살아계셨으면 하는데 부모님의 죽음이 현실처럼 보여서 무서움을 느꼈구나. 그래서 화가 난다. 화를 내도 소용없는 것을 알고 있지만 화가 난다는 이야기구나.

내담자 7: 부모님이 안 계시면 저는 응석부릴 곳이 없어지잖아요. 그래서 화가 나려고 해요. 농담이 아니에요. 정말로….

상담사 7: 그래? 아직 자네가 응석을 부리고 있었다니, 그게 안 되면 무섭다. 이 문제가 자네를 화나게 하는 것과 무관하지 않은 것 같구나.

내담자 8: 왠지 부모님에게 화를 내고 있는 것만 같은 기분이에요. 아무 이유도 없이…. 그리고 자신에게도 화를 내고 있는 것 같아요. 응석부리는 자신에게도….

상담사 8: 지금 자네는 자세를 반듯이 하고, 천천히 이야기하고 있군. 매우 중요한 기분을 느끼고 있다는 생각이 드는구나.

내담자 9: 그렇습니까? 음…그렇죠. 지금 그런 느낌이 좀 듭니다.

해설

- 이 상담 장면에서 직면적 접근의 내용을 담고 있는 것은 '상담사 5, 7'이라고 할 수 있다. 나머지는 공감적 내용으로 반영하고 있다.
- 이 상담사는 꽤 적극적으로 직면의 의지를 보이고 있다.
- 이 상담 사례에서는 상담사의 적절한 공감과 직면에 의해 내담자 8, 9의 자기이해라는 성과로 나타나고 있다.
- 상담사 5에서 상담사의 느낌을 전하려고 하고 있다. 이때 "괜찮을까?"라고 내담자의 승낙을 받는 자세는 현명한 태도라 볼 수 있다. 일방적으로 밀어붙이는 인상을 주지 않도록 하는 태도가 중요하다.
- "분노의 대상이 선생님인지?"라고 하는 상담사의 의문은 아직 내담자에게는 어떻게 받아들여질지는 모르지만 핵심을 찌르고 있는 표현이다. 이 표현을 통해 나중에 내담자가 정작 분노의 대상이 누구인지를 깨닫게 될지도 모른다. 내담자 6에서 "화를 낸다고 해서 별도리는 없지만…"라고 이야기하는 것으로 보아서 이 분노는 자신을 두고 가버릴지도 모르는 부모에 대한 불만이나 자신의 당황스러움을 표현하고 있는 것일지도 모른다. 내담자 8에서 "부모에게… 자신에게… 화를 내고 있는 것 같아요. 응석부리는 자신"이라고 표현하고 있는 것을 통해서 알 수 있다.
- 내담자로부터 느껴지는 분노나 공포심은 내담자의 표정이나 목소리의 상태 등에 주목한 결과로 볼 수 있으며 이에 대한 상담사의 지적을 내담자가 수용하고 있다.
- 상담사 7은 철저한 관계형성을 바탕으로 한 직면으로 생각할 수 있다. 이제부터 내담자의 자기 직면화가 어떻게 전개될지 궁금하다.
- 상담사 8에서는 내담자의 의연한 기분이 앉아 있는 자세나 이야기를 통해 전해졌다는 사실이 표현되어 있다.

연습 5 **다음 직면 사례에 대해 서로 토론해 보자.**

상담사 1: 이야기를 들어보니 당신은 자신이 능력도 있고 충분히 좋은 자질도 갖추고 있다고 생각하고 있는 것 같습니다만, 한편으로는 전혀 자신감이 없는 것처럼 말씀하시니 좀 이해하기가 쉽지 않군요.

내담자 1: 지금은 전혀 자신이 없습니다. 이제 진학을 포기해야겠다고 생각해요.

상담사 2: 정말 그렇게 해도 괜찮아요? 왠지 또 다른 마음도 있다고 생각되는군요. 지금 하신 말씀이 본심이라고 생각되진 않군요. 아직 상담 중인데 벌써 결정을 내리는 것은 너무 성급한 판단이라고 생각되네요.

이 사례는 상담사가 매우 적극적으로 내담자의 모순된 모습에 대해서 직면을 시도하고 있다. 상담이 진행되는 동안 내담자의 마음에는 다양한 기분이 작용한다. 중대한 결정과 관련된 상담을 하는 경우는 도중에 성급한 결정을 내리지 않고 상담이 원만하게 종결될 때까지 진행될 수 있도록 노력해 나가야 한다.

제16장 행동지원 기법 연습

내담자가 상담사와의 직면을 통해 자기 자신과 여러 경험을 정면으로 직시하면서 자신의 문제를 새로운 관점에서 바라보게 되면 그 다음 단계에서는 문제해결을 향해서 내담자가 보다 긍정적이며 적극적으로 행동하도록 도와주는 지원을 한다. 즉 내담자가 이해한 것을 행동으로 옮길 수 있도록 지원하는 단계에 들어선 것이다. 행동화 단계에서 상담사는 행동지원 기법에 대한 이해와 실천이 필요하며, 이를 통해 내담자가 행동 목표와 실천 계획을 세우고 동시에 이런 일련의 실천과정을 자기 평가해서 목표와 계획, 행동을 조정해 나갈 수 있도록 돕게 된다. 이 과정은 상담의 후반부에 진행된다. 여기에서 행동지원 기법의 구체적인 3가지 실천 방법, 첫째 행동목표의 구체화에 대한 연습, 둘째 행동목표의 단계화에 대한 연습, 셋째 내담자의 행동에 대한 긍정적 평가연습을 각각 해보자.

1 행동 목표의 구체화에 대한 연습

행동지원 기법의 제1단계는 내담자의 행동 목표 설정을 도와주는 것이다. 내담자의 행동 목표가 구체화될 수 있도록 그 지원 방법을 습득하는 것은 중요하다.

연습 1-1 다음 목표행동 1, 2는 그 행동의 표현이 구체화되었는지에 대해서 토론해 보자.

- **목표행동 1** | 오늘 수업은 열심히 공부하기
- **목표행동 2** | 오늘 친구들과 즐거운 시간 보내기

해설

위의 목표행동 1, 2는 구체화된 행동목표라고 할 수 없다. 이 두 가지의 행동에 대해 각각 횟수나 시간으로 측정할 수 있도록 구체적인 행동 목표를 세워보자. 예를 들어, 목표행동 1의 경우는 '오늘 수업 중에는 핸드폰 보지 않기, 자리 이탈하지 않기 등'의 목표를 세울 수 있을 것이다. 목표행동 2의 경우에는 '친구와 영화 보러 가기', '친구와 1시간 동안 대화하기' 등의 목표를 세울 수 있을 것이다.

연습 1-2 다음 2가지 행동에 대해서 각각 횟수나 시간으로 측정할 수 있도록 구체적인 행동 목표를 하나씩 세워보자.

- **목표행동 1** | 오늘 수업은 열심히 공부하기
  당신이 설정한 행동목표 ⇒ ____________________
- **목표행동 2** | 오늘 친구들과 즐거운 시간 보내기
  당신이 설정한 행동목표 ⇒ ____________________

해설

모리스(Morris, R. J., 1976)는 행동 목표 설정에 있어 다음 3가지 질문에 대해 '예'라고 대답할 수 있으면 그 목표행동은 충분히 구체화되었다고 할 수 있다고 보았다.

첫째, 목표 행동이 예를 들어 하루에 몇 번 발생했는지, 그 횟수를 셀 수 있는가? 또는 그 행동의 지속 시간을 측정할 수 있는가?

둘째, 목표 행동을 다른 사람에게 말했을 때 그 사람이 어떤 행동을 관찰하면 되는지를 이해할 수 있는가?

셋째, 목표 행동을 더 이상 구체적인 행동으로 표현할 수 없는가?

자신이 세운 행동 목표가 이 세 가지의 기준에서 볼 때, '예'라고 대답할 수 있는 표현으로 기술되었는지를 평가해 보자.

2 행동 목표의 단계화에 대한 연습

행동 지원 단계에서의 상담사 역할은 내담자가 구체적이며 실천 가능한 작은 목표를 설정하도록 도와주는 일이다. 지금 당장 실현 가능한 작은 목표와 실현하기 힘든 큰 목표를 설정해서 그 사이를 작은 간격으로 몇 단계로 나눈다. 이것을 '행동의 단계화'라고 하며, 여기서 이에 대한 연습을 해보자.

연습 2 이성과 어울리지 못하는 문제를 갖고 있는 내담자의 행동에 대해 단계화하는 작업을 해보자.

단계 1: 하루에 한 사람의 이성과 인사한다. 이성이 인사하면 같이 인사한다.
단계 2: 하루에 한 사람 이성에게 말을 건다. 이성이 말을 걸면 대답한다.
단계 3: ______________________
단계 4: ______________________
단계 5: ______________________
단계 6: ______________________
.
.
.
단계 N: ______________________

해설

행동 단계화의 개수는 각자에 따라 다를 것이다. 중요한 것은 이전 단계보다는 그 다음 단계가 목표 행동의 수준이 높아야 한다는 것이며, 단계화의 과정은 최대한 점진적으로 설정해야 한다는 것이다. 단계 N은 문제가 완전히 해결된 상태를 나타내는 행동으로 기술되어야 할 것이다.

3 내담자의 행동에 대한 긍정적 평가 연습

상담사는 내담자가 자신의 행동에 대해 최대한 긍정적 자기평가를 하도록 유도함으로써 내담자가 그 다음 행동 목표에 대한 의욕과 자신감을 갖도록 지원하게 된다. 여기서 이에 대한 연습을 해보자.

연습 3-1 **다음 상담 장면에서 내담자의 부정적인 자기평가를 긍정적 자기평가로 유도할 수 있도록 상담사 3의 공란을 채워보자.**

내담자 1: 역시 저에게는 힘든가요? 지난주는 3번밖에 못했습니다.
상담사 1: 좀 더 하고 싶었는데 3번밖에 못해 실망하셨군요.
내담자 2: 역시 무리인가요?
상담사 2: 빨리 잘해야 한다고 조급해하는 기분을 갖고 있는 것 같군요.
내담자 3: 예, 빨리 다음 단계로 나아가고 싶은데 아직 이 수준에서 못 벗어나고 있어요.
상담사 3: ______________________________

해설

내담자는 목표달성을 못한 것에 대해 낙담하면서 자포자기의 심리를 보이고 있다. 이에 대해 상담사 2에서는 직면기법의 내용을 담고 있는 표현을 통해 내담자의 자기 직면화를 유도하고 있다. 그러자 내담자 3에서 내담자는 자신의 조급해하는 마음을 수용하고 있다. 이때 상담사 3에서 내담자의 긍정적 평가를 유도하기 위해 "그럼 지지난주와 비교하면 어때요?"라고 질문해볼 수 있을 것이다. 그러면 내담자 4에서 "그때는 한 번이었어요. 그전에는 한 번도 못했어요."라는 반응을 하면서 낙담 심리에서 그 다음 행동목표의 달성을 위한 동기화가 강화될 것이다.

연습 3-2 상대방의 내면적 단점을 장점으로 바꾸는 연습을 해보자.

- 두 사람이 한 조가 된다.
- 먼저 각자 자신의 단점과 그 이유를 자신의 노트에 적어본다.
  예를 들어, '나의 단점은 ~입니다. 왜냐하면 ~이기 때문입니다.'라는 식이다.
- 그리고 난 다음, 자신이 쓴 문장을 한 조가 된 상대방과 교환을 한다.
- 이제는 각자 상대방이 쓴 글의 내용을 이렇게 수정해준다.
  예를 들어 '당신의 장점은 ~입니다. 왜냐하면 ~이기 때문입니다.'라는 식이다.
  이때, '당신의 장점은 ~'에 들어갈 내용은 상대방의 단점을 그대로 옮겨놓는다. 즉 만일 상대방이 '나의 단점은 우유부단한 성격입니다'라고 한다면 '우유부단한 성격'이라는 표현을 그대로 옮겨 적는다. 그러면 이렇게 될 것이다. 즉 '당신의 장점은 우유부단한 성격입니다'라는 식이 된다. 그리고 난 다음 우유부단 성격이 장점으로 작용하는 이유를 논리적으로 설명해준다.
- 상대방의 단점을 장점으로 바꾼 내용을 서로 보여준다.
- 상대방이 수정한 내용을 읽어보고 자신의 단점이 오히려 장점이 되는 이유에 대해서 각자 생각해본다.

해설

예를 들어 '자신의 단점은 '우유부단한 성격'입니다. 왜냐하면 어떤 결정을 내릴 때 생각이 많아서 즉각적인 대응을 하지 못하고 망설일 때가 많기 때문입니다.'라고 적었다고 하였을 경우, 이에 대해 상대방은 이렇게 수정할 수 있을 것이다. '당신의 장점은 '우유부단한 성격'입니다. 왜냐하면 당신은 어떤 결정을 할 때 무엇이든지 깊이 있게 생각하여 실수나 실패할 확률이 낮기 때문입니다.'라는 식이 될 것이다.
인간의 단점이나 약점은 보는 관점에 따라서는 얼마든지 긍정적으로 해석할 수 있기 때문에 상담사는 내담자가 자신의 행동을 부정적이거나 비관적으로 생각하지 않고, 단점의 이면에 감춰진 긍정적인 측면을 인식하도록 도와주는 노력이 필요하다.

제 17 장 종결기법 연습

상담의 종결단계에서는 내담자의 문제해결을 확인하는 과정을 밟게 된다. 그러기 위해서는 내담자의 현 상태를 확인하고 이제까지의 상담과정을 되돌아본다. 그리고 내담자의 미래에 대한 이야기를 해봄으로써 내담자의 적응과 자립을 확인하게 된다. 이런 과정이 원만하게 진행될 수 있도록, 여기서 이에 대한 연습을 해보자.

1 현 상태의 점검

연습 1 **종결 단계에서는 내담자의 생활과 심신의 상태에 대해서 총 점검해본다. 최근의 일상생활, 기분, 신체 상태, 인간 관계, 대인 감정, 일(학업), 자신에 대한 이해 등에 대해서 내담자가 자기점검을 할 수 있도록 유도해 보자.**

- 두 사람씩 한 조가 되어 한 사람은 내담자, 다른 한 사람은 상담자 역할을 각각 맡는다. 상담사 역할자는 내담자의 현 상태를 점검하는 질문기법을 연습해 보자. 질문은 최대한 내담자의 자유로운 반응을 유도하는 개방적인 질문을 해나간다. 질문에 따른 응답에 대해서는 적절하게 반영하거나 내용을 명확히 해나간다. 그리고 난 후 현 상태에 대한 내담자의 자기 이해와 내담자에 대한 상담자의 이해가 어느 정도 일치하는지에 대해서 이야기해 보자.

• **최근 기분에 대해서**
요즘 기분은 어떻습니까?
최근에는 주로 어떤 느낌이 듭니까?

• **최근의 일상생활에 대해서**
요즘 어떻게 지내고 있습니까?

• **식욕이나 수면 등 신체 상태에 대해서**
요즘 건강은 어떠세요?

• **대인 관계, 대인 감정에 대해서**
다른 사람들과의 관계는 어떻습니까?
최근 주위 사람들에 대해 어떤 기분이 듭니까?

• **일이나 학업에 대해서**
요즘 일(공부)은 잘 되고 있습니까?

• **자기태도, 자기감정에 대해서**
자기 자신에 대해서 어떻게 생각하고 있습니까?
요즘 당신의 눈에는 자기 자신이 어떻게 비치고 있습니까?
자기 자신을 바라보는 눈이 요즘 어떻게 달라졌습니까?

이런 기본적인 질문에 덧붙여 필요에 따라 각 내담자에 따른 개별적인 질문을 추가적으로 해 본다.

(예) 이전에 문제가 되었던 A씨와의 관계는 최근 어떻습니까?
학원 공부는 최근 어때요?
엄마, 아빠에 대해서는 요즘 어떻게 생각하나요?

2 상담과정의 회고

연습 2 **만남에서 종결까지의 상담과정을 회고해 보자. 상담사는 내담자가 회고하기 쉽도록 질문과 반영기법으로 대응한다. 이에 대한 연습을 해보자.**

먼저 두 사람씩 한 조가 되어 상담사 역할자와 내담자 역할자를 정한다.
상담사 역할자는 다음과 같이 상담과정을 회고해 보는 역할을 해보자.

- 지금까지의 상담과정을 한 번 되돌아보지 않겠습니까?

- 당신이 여기에 처음 오신 날은 언제였는지 기억나십니까?
  그 날의 일이 기억나십니까?
  그 날은 눈이 많이 내린 날이었죠?
  (내담자: 맞아요. 그날은 눈에 젖은 코트를 어디에 두어야 할지 몰라 당황했었는데, 미소 띤 얼굴로 대해주시고 말을 걸어주셔서 안심이 되었던 기억이 나는군요.)

- 그땐 어떤 상태였습니까?
  그땐 어떻게 되기를 원했습니까? 한번 생각해 보세요.

- 그 동안 당신 자신에게나 주변에 어떠한 일들이 있었죠?

- 그 동안 상담과정에서 당신은 무엇을 생각하게 되었습니까?
  그 동안 상담과정에서 무엇을 배우게 되었습니까?

- 상담 가운데 상담사는 당신에게 어떤 존재였습니까?
  상담사와의 그 동안의 관계에 대해서 자신의 생각을 한 번 이야기해줄 수 있을까요?

- 이제 주위 사람들이 어떻게 느껴집니까? 왜 그렇게 생각하게 되었습니까?

- 다른 사람과의 관계는 어떻게 변했습니까?

- 상담 경험을 정리해 본다면 자신에게는 어떤 경험이었습니까?

3 미래의 이미지

연습 3

상담의 종결단계에서는 내담자의 장래에 대해서도 이야기를 들어본다. 미래는 현재에 영향을 미치고 있으며, 현재는 미래에 영향을 주기 때문에 미래는 언제나 현재와 공존하고 있다고 할 수 있다. 미래의 계획에 따라서 현재의 생활이 달라지고, 현 상태에 따라 미래에 대한 이야기 내용이 달라질 수 있기 때문에 내담자와 미래에 대해 이야기를 해보는 것은 내담자의 지금 상태를 점검하는 것과 같은 맥락이라고 할 수 있다.

두 사람씩 한 조가 되어 상담사와 내담자 역할자를 각각 정한다. 상담사는 내담자의 미래에 대한 생각을 물어보고 그 반응을 들어보는 연습을 해보자. 그리고 난 다음 역할을 바꾸어서 해보자. 미래에 대한 이야기를 통해서 자신의 마음 상태에 어떤 움직임이 일어나는지에 대해서 세심하게 주목해 보자.

- 지금부터 몇 년 후의 당신의 모습에 대해서 한번 상상해 보십시오.

- 앞으로 힘든 일이 생긴다면 어떤 문제로 생길까요?

- 그런 힘든 일 때문에 당신은 어떤 영향을 받게 될까요?

- 당신은 그 문제를 어떻게 대처할 것 같습니까?

- 미래에 대해서 이야기하는 경험을 통해 무엇을 느끼게 되었습니까?

제 18 장 상담기록 연습

실제 내담자와 상담한 내용을 아래 표의 양식에 따라 기록하는 연습을 해보자. 먼저 〈표 4-5〉에서 내담자에 대한 기본 정보를 적어보자. 그리고 상담내용은 〈표 4-6〉과 같이 축어록 형식으로 적어보자. 상담이 종료된 후에는 상담과정의 회고표를 〈표 4-7〉와 같이 만들어보자. 그리고 난 다음 이번 상담을 통해 깨달은 점 등에 대해서 토론해 보자.

표 4-5 상담기록 양식

상 담 기 록

상담사 명: ____________　　작성일: ____________

내담자명(가명 · 기호) :　　연령 :　　성별 :　　직업 :

• 신청 경위

• 주요 문제

• 가족 구성

• 특기 사항

• 내담자 인상

• 경과 개요

• 특히 상담 희망 사항

표 4-6 축어록

축어록 제 회 년 월 일(요일). 시간 : ○시 ○○분~ ○시 ○○분
내담자 1 : 상담사 1 : 내담자 2 : 상담사 2 : 내담자 3 : 상담사 3 : 내담자 4 : 상담사 4 : 내담자 5 : 상담사 5 : 내담자 6 : 상담사 6 : 내담자 7 : 상담사 7 : 내담자 8 : 상담사 8 : 내담자 9 : 상담사 9 : 내담자 10 : 상담사 10 : (다음 페이지에 계속)

표 4-7 상담과정의 회고표

상 담 회 고 표

[상담일] 제1회: 년 월 일 (시 간 : 시 분 ~ 시 분)
제2회: 년 월 일 (시 간 : 시 분 ~ 시 분)
제3회: 년 월 일 (시 간 : 시 분 ~ 시 분)
· ·
· ·
제N회: 년 월 일 (시 간 : 시 분 ~ 시 분)

1. 상담사는 내담자에 대해서 어떠한 인상을 받았는가?
2. 내담자는 상담사에 대하여 어떠한 인상을 갖고 있다고 생각하는가?
3. 내담자는 마음의 문을 열어서 솔직히 이야기했다고 생각하는가?
4. 상담사는 내담자의 마음을 공감하면서 경청했는가?
   특히 어떤 점이 어려웠는가?
5. 내담자의 주요 화제는 무엇이었나?
6. 내담자의 주요 관심은 무엇이었나?
7. 내담자의 주요 감정과 생각은?
8. 주위 사람들에 대한 내담자의 생각이나 감정은?
9. 내담자의 자기 태도에 대해서
10. 기타

제 5 부

다양한 상담의 형태

제 1 장 학교상담

1 학교상담의 필요성

오늘날 교육현장에서는 학업 스트레스, 집단따돌림, 학교폭력, 등교거부, 학급붕괴, 이성문제, 인터넷중독, 약물복용, 자살충동 등 청소년들의 다양한 문제가 제기되면서 이에 대한 대응책이 시급히 요구되고 있다. 그러나 현실적으로 학교 교사들은 과중한 수업부담과 잡무 등으로 인해 이런 문제에 대해 적절하게 대응을 못하고 있는 실정이다. 오늘날 학교 장면에서는 교사가 감당하기 힘든 학생들의 다양한 문제를 전문가적 입장에서 상담해 주고 학교생활에 적응해 나갈 수 있도록 도와줄 수 있는 제도적 지원이 필요한 실정이다.

상담은 상호 기본적 신뢰감을 바탕으로 상대방의 문제를 이해하고 수용하면서 그 사람이 주체성을 갖고 문제를 풀어나갈 수 있도록 도와주는 활동이라고 할 수 있다. 그러나 현실적으로 학교교육 장면에서는 교사의 역할과 이런 상담사의 역할의 병행이 쉽지 않는 경우가 많다. 그러므로 상담에 관련된 이론적 습득과 이에 기초한 상담기법을 충분히 익히고 훈련받은 학교상담사의 육성이 필요하다고 하겠다.

2 학교상담의 특징

학교 장면에서의 상담은 대부분 교육상담이라고 할 수 있다. '학교상담'에는 일반적인 학습상담이나 가이던스(guidance)에서부터 학생들의 자아성장을 지원하는 것까지 교육과 관련된 모든 문제가 포함되어 있다. 학습상담이나 가이던스는 주로 교육전문가인 교사의 영역이며, 학생의 자아성장에 대한 지원은 심리전문가인 상담사(소위 학교상담사)의 영역이라고 할 수 있다. 학교상담이라는 용어의 개념에는 이 두 영역의 경계가 명확하지 않고 광범위하게 해석되고 있다. 한편 교육에 관한 '교육상담'은 학교 내에서만 이루어지는 것이 아니며, 학교 밖의 교육전문가나 상담전문가에 의해서도 독자적인 상담활동으로 전개되고 있다. 학교 장면에서는 담임교사나 학생지도교사, 상담교사, 또는 양호교사 등의 교사가 학교교육의 일환으로 학생들의 자아성장을 지원하고 문제행동을 예방하기 위한 노력을 하고 있다. 문제에 따라서는 외부의 전문상담기관에 부탁하는 경우도 있다.

예전에는 교사의 지시나 명령, 조언, 충고 등의 방법으로 학생을 지도해 왔지만, 오늘날은 학업 스트레스나 비행 등 학생들의 문제가 이전보다 다양해지고 심각해지면서 교사들에게도 이런 문제에 대한 보다 효과적인 대처를 위해 상담사적 역할이 요구되고 있다. 그래서 대부분의 학교에서는 교과지도를 하고 있는 교사가 학생이나 보호자를 대상으로 상담사의 역할을 병행하고 있는 실정이다.

학교상담의 특징 중 하나는 학생이 상담실을 찾기 전에 상담교사는 그 학생의 문제에 대해서 어느 정도 정보를 갖고 있는 경우가 많다는 것이다. 그래서 상담교사의 입장에서는 어느 정도 마음의 준비가 되어 있는 상태에서 상담을 시작할 수 있다. 한편 학생의 입장에서도 상담교사에 대한 개인적 정보를 갖고 있는 경우가 많아서 이 두 사람은 상담 전에 이미 어떤 형태로든 관계형성이 되어 있는 상태라고 할 수 있다. 설령 두 사람이 직접 대화를 해본 적은 없을지라도 면식(面識)은 있는 관계이기 때문에 낯선 사람을 대하는 것보다는 편안한 마음으로 상대방을 대할 수 있을지 모른다. 그러나 여기에도 문제점은 있다. 즉, 상대방에 대한 정보가 많으면 많을수록 상담 장면에서 그 학생에 대한 이해는 이미 갖고 있는 정보의 틀 안에서 접근하기 쉽기 때문에 그 학생의 실체를 놓치는 부분이 생길 수도 있다. 그 학생에 대한 정보 가운데는 전달자의 개인적 생각이나 편견 등이 혼합되어 있어 정보 제공자가 만들어 버린 허상의 부분도 있을 수 있다는 점도 유의할 필요가 있다.

상담 장면에서는 이런 허상에 휘말리지 않고 '지금, 여기'에서의 실상에 주목하여 상담교사 자신의 감성과 지성으로 그 학생의 전체상을 이해해 나가는 노력이 요구된다. 이를 위해서 교사는 자신의 경험에 의한 판단만이 아니라, 그 학생에 대한 객관적 이해를 위해 심리학적 기초지식의 습득과 함께 교사 자신의 인격도 학생에게 영향을 준다는 사실을 인식하면서 정확한 자기이해를 위한 노력도 병행되어야 한다.

인간은 각자 지금까지 살아온 세월과 자라온 환경에 의해 만들어진 그 사람 특유의 대인 인지 스타일이 있으며, 이 스타일은 타인과의 만남을 통해서 나타나게 된다. 그러므로 학생의 심리적 성장의 지원을 목표로 하는 교사는 학생에 대한 선입견이나 편견, 왜곡된 이해를 가능한 억제하기 위한 노력을 해나가야 한다. 이를 위해서 교사는 자신의 인격의 양면성을 항상 의식하면서 심리적 자극에 대한 자신의 반응양식을 이해하기 위한 훈련을 게을리하지 말아야 한다. 학교상담은 '교사와 학생의 관계'라고 하는 틀 안에서 이루어진다. 그렇기 때문에 이런 상담에서는 플러스 면만이 아니라, 마이너스 면도 있다는 사실을 인식하면서 접근해야 한다.

3 학생지도와 상담 마인드

학생지도라고 하는 것은 학생들 각자의 인격적 성장과 함께 학생 한 명 한 명이 충실하고 의미 있는 학교생활을 보낼 수 있도록 지원하는 데 그 목표를 두고 있는 교육활동이다. 그러므로 이 활동은 결코 상담활동과 별개가 아니다.

학교현장에 상담을 보급시키는 것이 교사의 직무수행에 상당히 도움이 된다고 하지만, 사실 교사의 역할과 상담사의 역할을 동일 인물이 동일 장소에서 수행한다는 것은 쉽지 않다. 그래서 학교 장면에서는 상담 마인드를 갖고 있는 교사의 지도가 필요하다는 이야기가 나오고 있다. 그런데 '상담 마인드(counseling mind)'라고 하는 것이 널리 사용되고 있는 용어임에도 불구하고 아직 그 개념의 규정이 명확하지 않아 사람마다 그 의미해석이 부분적으로 다르기도 하지만, 상담 마인드의 핵심적 내용은 '학생과의 관계를 형성하고자 하는 마음'이라고 할 수 있다.

인간관계를 소중히 여기는 마음은 상담사의 가장 기본적인 자세이며, 특히 오늘날 청소년 상담에서는 매우 중요한 포인트가 된다. 관계성 회복은 문제해결에 있어 그 무엇보다도 중요하기 때문에 교사가 관계성에 기초로 한 지도를 하게 되면 학생들은 학교생활의 규칙이나 제한을 필요한 학교규범으로 이해하면서 거부감 없이 받아들이게 된다.

학교에서의 상담관계는 1 : 1의 인간관계의 성립에서 시작되면서 상담교사는 학생의 내면세계로 들어가게 된다. 예를 들면 학생이 교사에게 자신의 도벽을 고백하였을 때, 교사는 그 학생이 자신의 심리적 위기를 이런 방식으로 표현하는 심정을 이해하고 수용하면서도 그 행위에 대해서는 수용할 수 없다는 입장에 놓이게 된다. 이 학생은 남의 물건에 손을 댄 행위에 대해서는 심리적으로 힘들어하고 있으면서, 한편으로는 오히려 자신이 신뢰할 수 있는 사람 앞에 그것을 표출함으로써 심리적인 부담감을 덜려고 하고 있는지도 모른다.

그러나 상담교사의 입장에서는 그 학생의 심정은 이해하지만, 그 행위는 용납할 수 없다는 생각에 마음이 무거워지면서 대응에 고민을 하게 된다. 자칫 섣불리 대응하게 되면 오히려 학생에게 상처를 줄 수 있기 때문에 적절한 대응책을 모색해야 하는 고민에 빠지게 된다. 자신의 그릇된 행위로 인해 고민하는 학생과 함께 상담교사도 함께 고민하는 관계는 '수용과 직면'이라고 하는 상담의 명제 앞에 경험해야 하는 상담의 엄연한 현실적 관계인 것이다.

그런데 여기서는 교사로서의 역할보다는 상담사로서의 모습으로 접근해 나가야 한다. 이처럼 상담 장면에서 교사라는 신분을 포기하고 아이와 함께 고민하는 교사의 비일상적인 접근방식은 현실적으로 쉽지 않을지는 모르나, 이런 접근을 통해서만이 그 학생은 자기방어 기세를 누그러뜨리면서 자신의 감정을 자유롭게 표현하면서 문제를 풀어나갈 수 있다.

4 문제의 조기발견과 호출상담

학교는 동일 연령의 집단으로 구성되어 있기 때문에 동일 연령 학생들의 평균적인 모습을 대체적으로 파악할 수 있으며, 또한 이런 평균적인 모습이라고 하는 기준으로 각 학생들을 바라보기 때문에 학생의 이탈적 행동을 쉽게 발견할 수 있어서 문제의 조기발견이 용이하다는 이점을 갖고 있다. 그러나 학교상담에서는 문제행동에 대한 지도도 중요하지만, 그 행동이나 증상을 하나의 신호로 생각하여 그 이면에 숨어 있는 그 학생의 정서에 대한 관심과 이에 대한 상담도 중요하다.

문제나 증상의 예방이라는 측면에서는 양호교사가 기여하는 역할도 크다고 할 수 있다. 학생들은 의식적이든 무의식적이든 마음의 문제를 신체적인 문제로 호소하면서 양호실을 찾는 경우가 적지 않기 때문이다. 이런 학생들 중에는 양호교사의 한 마디에 힘을 얻는 경우도 적지 않다. 그래서 오늘날은 학교 양호실이 학생들의 마음의 안식처로서 기능하고 있는 곳이 많아서 양호교사는 본연의 역할 이외에도 상담사 역할도 수행하고 있다고 할 수 있다.

학생들은 자발적으로 사회의 일반상담기관에 찾아가는 경우는 극히 드물다. 대개 부모의 손에 이끌려 어쩔 수 없이 상담실을 찾는 경우가 많을 것이다. 이처럼 청소년을 대상으로 하는 상담은 대개 학생 본인의 의사보다는 주위 사람들의 걱정이나 우려에서 타의적으로 상담실을 찾는 경우가 많다. 학교상담의 경우는 평소 학생의 모습에 대해 조금 신경이 쓰이거나 염려되는 단계에서 교사가 개별 상담의 기회를 갖

는 형태가 일반적이다. 그런데 상담이란 내담자의 자발성에 대한 존중에서 시작되는 관계이다. 그러므로 비록 학교상담이라고 할지라도 학생들의 자발적 상담을 기대할 수 없다고 해서 상담교사가 반강제적으로 불러서 상담을 시작하는 것은 바람직하지 않으며, 어디까지나 상담의 기본에 충실한 형태로 접근해야 할 것이다. 만일 교사의 설득을 통해 상담실로 유도하고자 한다면 학생과의 관계형성을 통해 자연스럽게 상담으로 이어질 수 있도록 해야 할 것이다. 하지만 이 경우라도 어디까지나 기본은 학생 자신의 의지로 결단을 유도하는 형태가 되어야 한다.

5 학교상담의 효력과 한계

상담의 효력에 대한 맹신은 금물이다. 즉, 상담을 받기만 하면 문제는 자연스럽게 해결된다는 인식은 바람직하지 않다. 사실 일상적 인간관계에서 각자 자신의 역할을 다하면서 친밀한 관계형성을 맺어 나간다면 특별한 상담적 지원은 필요로 하지 않을 것이다. 학교생활에서는 교사와의 관계나 또래관계 등 일상적인 관계가 학생들의 심리적 건강에 있어 매우 중요하기 때문이다. 대개 상담만으로는 또는 상담사의 노력이나 기술만으로는 문제가 해결되는 경우는 거의 없다. 그 학생과의 친밀한 관계형성과 함께 주위 사람들의 지속적인 지원이 병행될 때, 비로소 기대했던 행동의 개선을 바라볼 수 있다.

학교상담의 기능은 학교생활에 부적응 상태에 놓여 있는 학생에 대한 치료적인 도움만이 아니라, 그 징후를 조기에 발견하여 더 악화되지 않도록 하는 데 있다. 또한 전체 학생들을 대상으로 정신건강의 유지를 위한 지원도 해나가야 한다. 이처럼 학교상담은 결코 1:1의 치료적 모델만이 아니다.

학교는 집단교육의 장이며, 소집단이 응집한 곳이기도 하다. 어떻게 보면 학급집단을 활용하는 것도 치료적 의미가 있어, 소집단의 기능을 살린 집단상담도 전개할 수 있다. 집단에서의 체험학습은 타인에 대한 이해만이 아니라, 자기이해를 위해서도 큰 도움이 된다. 또래끼리 상담을 하는 소위 '또래상담(peer counseling)'도 또래라고 하는 인간관계를 활용하여 경청을 중심으로 한 미니상담이며, 이런 방법도 학교에서 전개할 수가 있다. 그런데 이런 상담은 서로가 항상 가까이 있기 때문에 공감은 쉽게 이루어지는 이점은 있지만, 반면 거리를 두고 객관적으로 바라보기 어렵다는 단점도 있다. 그러므로 또래 상담에서는 자신과 타인에 대한 보다 객관적인 이해를 지원하는 방법으로서 역할놀이(role play)도 도입하여 함께 활용해 보는 것이 좋을 것이다. 물론 이 경우에도 교사는 상담에 대한 어느 정도의 지식이나 이해가 필요하다는 것은 두말할 나위도 없다.

제 2 장 직장상담

1 직장과 스트레스

직장에는 스트레스를 비롯한 다양한 심리적 문제가 있으며, 이런 문제로 상담실을 찾는 직장인들이 적지 않다. 직장에서 경험하는 스트레스나 심리적 문제에는 어떤 것이 있으며 이에 대한 바람직한 대응은 무엇인지 알아보자.

우리 몸에는 생명을 유지하거나 다양한 환경의 변화에 효과적으로 적응하도록 하기 위해 항상 생체 내부를 균형 상태로 유지하고자 하는 움직임이 있다. 그러나 외·내적 원인에 의해 이 균형 상태가 파괴되는 경우, 일반적으로 생체 내에서 다양한 심리적·생물학적 반응이 생성된다. 생체 내의 균형 상태가 파괴된 상태를 일반적으로 '스트레스'라고 하며, 여기에는 비타민이나 영양소 등의 결핍에 의한 생물학적 스트레스, 불안이나 공포, 우울, 피로감, 인간관계에 있어서의 부적응 등에 의해 발생되는 심리적 스트레스가 있다.

오늘날은 스트레스의 개념이 광범위하게 사용되고 있으며, 아이들조차도 일상생활에서 스트레스를 느낀다고 할 정도로 스트레스는 우리 누구나 경험하고 있는 일상적 문제이다. 일상생활에서 이제까지 경험하지 못했던 새로운 적응행동이나 대처행동의 요구로 인해 기존의 생활양식에 큰 변화가 초래될 수 있는 일은 대개 스트레스를 느끼게 한다. 예를 들어 새로운 직장에서 원만한 인간관계를 만들어 나가는 일이나 자신에게 익숙하지 않는 직무수행 등은 스트레스를 느끼게 한다. 그래서 스트레스를 이해할 때는 생활에서 경험하는 이러한 일들이 그 개인의 심리적 · 신체적 증상의 변화에 어떻게 관련되어 있는가 라고 하는 관점에서 출발하게 된다.

스트레스 상태가 지속되면 일반적으로 신체저항력의 저하, 체온 · 혈압 · 혈당치의 변화, 근육의 긴장, 부신피질의 확대, 아드레날린의 과다분비 등 다양한 신체적 증상이 나타난다. 심리적인 문제로는 다양한 심신증적 증상, 능력 저하, 집중력 상실, 고독, 불안, 긴장, 소극적 행동, 침착성 결여 등의 행동장애, 계산오류나 무의미한 사고의 증대, 결단력의 상실 등의 사고장애가 발생하기도 한다.

라자루스(Lazarus, R. S., 1993)는 직장 스트레스 문제를 어떻게 이해하고 대처하면 좋은가에 대해서 하나의 모델을 제시하고 있다. 그 내용을 보면 스트레스는 자극에 대해 획일적으로 발생하는 것이 아니며, 그 자극이 본인에게 어느 정도 위협적인가 라고 하는 개인의 판단과정과 동시에 그 장면의 대처능력에 대한 개인의 판단과정에 의해 결정된다고 보고 있다. 즉, 자극 장면을 본인이 어떻게 이해하고 있으며, 이에 대해 본인이 얼마나 잘 대처할 수 있다고 판단하는가가 스트레스 발생에 결정적인 요인으로 작용하고 있다고 보는 것이다.

스트레스에 대한 이런 심리학적 이해는 스트레스 상담에 대한 이해와 지원에 있어서 하나의 중요한 틀을 제공해 준다. 즉, 스트레스 문제를 상담 장면에서 다룰 때 상담사는 상담실을 찾은 내담자가 어떤 주관적인 불안이나 긴장감을 갖고 있으며, 또한 이런 정서적 문제가 어느 정도의 강도인지, 그리고 이 스트레스 상황에서 본인은 어떻게 대처할 수 있다고 생각하고 있는지에 대한 이해를 바탕으로 전문가적 입장에서 상담을 해나가게 된다.

2 직장에서의 상담

직장에서의 상담은 주로 '계발(啓發)적 활동'과 '상담 지원활동'의 두 가지 기능을 갖고 있다. 전자는 심신의 건강유지와 증진을 목적으로 한 상담이다. 구체적으로는 직장 스트레스에 대한 내성을 강화시키며 다양한 심리적 문제를 예방할 수 있도록 직장의 물리적 · 인적 환경을 정비하고 심신의 건강관리 시스템을 관리한다. 이것은 직장인을 심리적으로 보다 건강한 방향으로 이끌어내기 위한 지원활동이라고 할 수 있다. 한편 후자는 다양한 스트레스나 심리적 문제를 갖고 있는 사람을 대상으로 한 상담활동을 말한다. 직장상담에서 고려해야 할 점을 몇 가지 알아보자.

1) 불안에 대한 대처

스트레스 반응이나 신경증과 같은 다양한 증상의 중심에는 어떤 형태로든 불안반응이 존재한다. 그러므로 스트레스나 신경증, 심신증에 대한 대응의 문제는 불안에 대해 어떻게 대처할 것인가가 중요한 포인트가 된다. 일반적으로 불안을 비롯하여 정서적 문제로 발생하는 변화는 다음 세 가지를 생각해 볼 수 있다.

① 주관적인 반응: 불안이나 스트레스를 느꼈을 때 '싫다, 무섭다, 긴장된다, 어떻게 해야 할지 모르겠다' 등의 불쾌한 주관적인 체험이 반드시 수반된다.

② 신체적 반응: 불안이나 스트레스를 느꼈을 때 마음이 두근거리거나 식은땀이 나거나 신체가 굳어지는 등, 주로 자율신경계의 반응에 변화가 나타난다.

③ 행동의 변화: 불안이나 스트레스를 느끼게 하는 대상이나 장면을 회피하거나 도피하려고 하는 행동이나 태도의 변화가 보인다. 이유도 없이 직장을 나오지 않거나 지각이나 조퇴를 반복하는 등, 일의 능률이 급격히 떨어지는 행동경향을 보인다.

불안이나 스트레스의 개선은 결국 이 세 가지 문제에 대한 효과적인 대응방법을 얼마나 몸에 익히는가에 달려 있다. 불안이나 스트레스의 감소를 위한 지원은 다음 세 가지 관점에서 접근하게 된다.

① 불안이나 긴장 등의 정서적 반응이나 가슴이 두근거리거나 얼굴이 빨개지거나 몸이 굳어지는 신체적 반응이 보인다. 이를 위한 구체적인 지원방법으로는 자율훈련법이나 긴장완화법, 바이오피드백 훈련, 요가, 다양한 명상법 등을 통해 신체적 반응을 컨트롤할 수 있도록 지도한다.

② 규칙적인 생활습관을 몸에 익히거나 외부로부터 관찰할 수 있는 행동을 자기관리하는 방법을 습득한다. 이 방법에는 자기 자신의 행동을 객관적으로 이해하기 위한 자기감시법(자기모니터링법), 목표행동에 도달하였을 때 자기 자신에게 어떤 형태로든 보수를 제공하여 행동을 관리하는 자기강화법, 반대로 목표를 달성하지 못하였을 때는 자기 자신에게 어떤 형태로든 벌에 해당하는 것을 제공하는 자기처벌법, 그리고 행동을 발생시키는 자극을 관리하는 자극제어법 등이 있다.

③ 생각을 정리하거나 객관적으로 사물을 판단할 수 있도록 지원한다. 이를 위한 구체적인 기법으로서는 자기가 자기에게 '교시'를 제시하여 언어로 행동을 제어하는 자기교시법(self-instruction), 자신의 사고에 대하여 합리적인 부분과 비합리적인 부분을 비교, 검토하여 여기서 느낀 기분을 확인하면서 사고의 불합리한 점을 스스로 지적하여 바꾸고자 하는 '인지적 재체제화법' 등을 들 수 있다.

2) 개인의 특징에 대한 객관적 이해

불안을 쉽게 느끼거나 스트레스를 받기 쉬운 사람은 대개 성격이나 행동 면에서 완벽주의, 그리고 정도를 넘어선 성실성 등의 성향이 어느 정도 공통적으로 보인다. 또한 언뜻 보기에는 상당히 활동적이고 성실하며 능력이 있다고 판단되는 경우일지라도 주의해서 관찰할 필요가 있다. 이런 타입은 나중에 모든 열정이 소진(burnout)되어 버리는 현상이 나타나기도 한다.

그리고 이 가운데 '타입A 행동패턴'의 특징적 행동을 보이는 사람도 있다. 프리드먼과 로젠먼(Friedman & Rosenman, 1974)은 타입A 행동패턴의 특징으로 '보다 많은 것을 단시간 내에 달성하려고 하는 욕심, 지속적이면서 만성적으로 고군분투하는 행동, 필요하면 때로는 타인의 의견을 거역해서라도 행동하려는 경향성'을 들고 있다. 타입A 인간의 구체적인 행동을 열거하면 다음과 같다.

① 자신이 정한 목표에 매진한다(시간적 절박감).
② 주위로부터 인정받고 싶다는 욕구가 너무 강하다.
③ 경쟁심이 왕성하여 때로는 경쟁 장면이 아닐지라도 타인에게 도전하고자 하는 경향이 강하다.
④ 일을 민첩하게 처리하려고 하며, 동시에 두 가지 이상의 활동을 하려고 하는 경향이 강하다(행동의 템포가 빠르다).
⑤ 주위에 대해 너무 신경을 쓴다.
⑥ 폭발적으로 큰 소리로 빠르게 말을 한다.
⑦ 때로는 적대적 행동을 보이기도 한다.

심리적 문제로 상담실을 찾는 사람들에게는 어느 정도 공통적으로 보이는 성격이나 행동의 경향성을 보이는 경우가 많다. 상담 장면에서 이 점을 정확히 파악하기 위해서 내담자의 특징을 어떻게 객관적으로 이해할 것인가 하는 문제는 중요하다. 물론 상담사는 내담자에 대한 공감적 이해도 필요하지만, 동시에 내담자에 대한 올바른 이해를 위해 다양한 심리검사나 체계적인 행동관찰 등을 통해 보다 객관적이면서 정확한 진단을 위한 노력도 해나가야 한다.

내담자의 문제가 발견되었을 때, 단지 "신경과민이야, 열심히 하면 돼"라고 하는 정도의 격려나 조언으로는 문제가 개선되기 어렵다. 이것은 문제의 본질을 이해하지 못한 대응이다. 상담사는 내담자에 대한 바람직한 대응을 하기 위해 무엇보다도 내

담자에 대한 정확한 이해가 필요하며, 이를 위해서는 지금 내담자가 어떤 일을 하고 있으며, 그 일이 본인에게 어느 정도 부담이 되고 있는지, 내담자의 성격이나 행동패턴은 어떠한지, 최근 일의 속도는 어떠한지, 직장에서 상사, 동료, 부하들과의 인간관계에는 문제가 없는지 등, 내담자와 관련된 정보를 최대한 많이 수집한다. 정보가 많으면 많을수록 내담자를 객관적으로 이해하는 데 도움이 될 것이다.

3) 조기발견의 중요성

직장상담에서는 무엇보다도 문제의 조기발견이 중요하며, 여기에는 능률이나 집중력의 저하, 지나친 긴장감, 무단결근의 증가, 언뜻 보기에는 뚜렷한 원인이 보이지 않지만 상사나 부하와의 인간관계가 급격히 무너지는 등의 행동 변화는 의외로 직장 문제의 조기발견에 도움이 되는 경우가 많다.

4) 사회적 지원 네트워크의 확립

내담자가 상담실을 찾아왔을 때 "내 부하이기 때문에 내가 책임을 지겠다"고 하는 것은 책임감 있는 상사의 바람직한 모습일 수도 있다. 그러나 혼자서 어떻게 해보겠다고 하는 것보다는 다른 사람에게 피해를 주지 않는 범위 내에서 상사나 동료, 그리고 부하 등과의 인적 네트워크 안에서 문제해결을 위해 노력하는 것이 바람직하고 보다 효과적이다.

신경증이나 심신증의 증상으로 힘들어하는 내담자의 경우는 상담사의 대응만으로는 오히려 문제해결을 지체시킬 수 있는 가능성도 있기 때문에 직장에서의 상담 시스템은 담당 상담사와 의사, 법률 전문가 등의 다양한 분야의 전문가들과의 연대 구축이 매우 중요하다. 상담사에게는 이런 인적 네트워크의 구성과 함께 이를 잘 활용하는 역량이 요구된다.

제 3 장 전화상담

1 전화상담이란

전화상담의 형태는 그 내용이 다양하지만, 여기서는 단지 어떤 궁금한 점이나 방법을 묻는 질문에 대한 대답 등, 상담사의 일방적인 정보전달이거나 상담사의 학식이나 경험에 근거하여 조언이나 충고하는 정도의 인생상담은 전화상담으로 간주하지 않는다. 일본의 임상심리학자 다나까(田中, 1982) 박사가 제안하고 있는 전화상담의 세 가지 기능을 소개하면 다음과 같다.

1) 구급지원 기능

전화상담은 내담자가 호소하고 있는 문제를 위기상태로 이해하고 신속하게 대처하는 데 그 의의를 두고 있으며, 언제라도, 누구라도, 어디에서라도 상담할 수 있다는 전화의 특성을 최대한 활용한 것이다.

2) 조언 · 경청자의 기능

전화상담사는 내담자의 고민을 열심히 들어 주는 경청자의 역할과 함께 친구와 같은 친밀하고 대등한 관계에서 도움을 주고자 하는 특성의 측면도 갖고 있다. 물론 전화상담사의 역할은 대면상담 장면에서의 상담사 역할과 부분적으로 다른 점도 있지만, 조언과 경청자의 역할이라고 하는 기본적인 자세는 크게 다르지 않다.

3) 사회지원 시스템에 관한 정보 제공의 기능

내담자가 호소하는 모든 문제를 전화에 의한 접촉만으로 해결할 수 있다고는 볼 수 없다. 그러므로 문제해결을 위해 내담자에게 가장 적합한 지원기관에 대한 소개나 내담자가 가장 손쉽게 이용 가능한 사회지원 시스템에 관한 정보를 제공하는 것도 전화상담사의 중요한 역할 중 하나이다. 그러므로 전화상담사는 사회지원 시스템에 관한 다양한 지식을 갖고 있어야 하며, 동시에 내담자의 입장에서 지금 정말 필요로 하고 있는 것이 무엇인지를 적절하게 판단할 수 있어야 한다.

2 전화상담의 특징

전화상담은 대면상담과는 달리 구조적으로 다음과 같은 면에서 큰 차이가 있다.

1) 적합성 · 수시성 · 편리성

전화상담의 가장 특징적인 부분은 누구라도 어디에서라도 걸 수 있다는 전화의 특성만이 아니라, 생명의 전화처럼 24시간 언제라도 상담할 수 있다는 이점을 갖고 있다. 고민이나 불안으로 인해 고통받고 있는 사람이 실제로 상담사와 만나기까지는 물리적으로나 심리적으로 상당한 에너지가 요구된다. 그러나 전화상담은 문제의 특성이나 경중(輕重)에 관계없이 처음부터 비교적 부담 없이 쉽게 접근하여 도움을 받을 수 있다는 이점이 있다. 특히 지리적으로 상담기관까지 가는 것이 힘든 사람이나 심리적 저항이나 불안감, 긴장감이 강하고 외출이 힘든 중증 신경증 환자나 우울증 환자의 경우 치료적인 도움을 쉽게 받을 수 있다는 이점이 있다.

2) 익명성

전화상담의 또 하나의 특징은 두 사람이 얼굴을 서로 마주 보지 않는다는 것과 익명으로 상담할 수 있다는 점이다. 대면상담에서는 내담자가 익명으로 하는 것은 힘들지만, 전화상담에서는 내담자의 익명성이 보장될 수 있다. 내담자의 익명성은 다음과 같은 면에서 이점이 있다고 할 수 있다.

(1) 관계를 끊을 수 있는 자유의 보장

대면상담에서는 내담자가 상담사를 선택하는 것은 일반적으로 어렵다. 그리고 대면상담을 하는 동안 아무리 상담사가 자신의 기분을 이해해 주지 않거나 자신과는 맞지 않는다고 할지라도 마음대로 자리를 뜨는 것이 쉽지 않다. 이후부터는 상담을 하지 않는다고 할지라도 이미 자신을 개방한 것에 대한 후회와 불쾌감은 어떻게 할 수 없다. 그러나 전화상담에서는 상담사의 대응이 불만족스러운 경우 얼마든지 바로 전화를 끊을 수 있기 때문에 앞에서 언급한 심리적 문제는 거의 발생하지 않는다. 이처럼 전화상담은 내담자가 상담에 대한 불만족을 느끼는 경우 상담의 초기 단계부터 후회나 죄악감을 느끼지 않고 바로 그 관계를 끊을 수 있다는 이점이 있다.

(2) 익명에 의한 자기보호

익명성은 자기 자신의 진실을 저항감 없이 이야기하는 데 도움을 준다. 전화상담은 대면상담에 비해 이런 이점이 훨씬 보장되어 있다. 그러나 전화상담이라고 할지라도 내담자는 상담의 초기 단계에 이미 상담사가 자신의 이야기를 얼마나 수용하고 공감하고 있는지를 직관적으로 민첩하게 판단할 수 있으며, 이에 따라 내담자의 자기개방의 정도가 달라진다.

(3) 일회성

대면상담에서는 1회 이상의 상담을 전제로 시작하는 경우가 일반적이지만, 전화상담의 경우는 한 번으로 끝나는 상담도 많다. 특히 '생명의 전화'처럼 상담사가 매번 바뀌는 것을 원칙으로 하는 곳에서는 동일한 상담사와 전화상담을 하는 경우는 극히 드물다. 그러므로 전화상담에서는 한 번의 상담으로 모든 것이 결착되는 경우가 적지 않기 때문에 전화상담사는 모든 전화상담을 일회성의 상담으로 생각하면서 내담자의 이야기에 집중해서 경청해야 할 것이다.

3) 입에서 귀로 통하는 채널

전화는 상대방과의 물리적인 거리를 해소시킬 뿐만 아니라, 심리적인 거리도 단축시키는 힘을 가지고 있다. 전화에 의한 대화가 비록 기계라는 매개체를 통해서 이루어지지만, 대면상담에 비해 의외로 친밀감의 형성이 빠르고, 또한 시각적 자극의 결핍에서 생기는 환상 증폭 효과도 더해져서 전이감정이 생성되기 쉽다.

3 전화상담의 문제점

전화상담은 대면상담에 비해 장점도 있지만, 다음과 같은 문제점도 갖고 있다.

1) 애매모호한 대면구조

대개 내담자의 주도권으로 진행되는 전화상담의 성격은 대면구조적으로 애매모호하고 허술하기 때문에 상담사로서는 다음과 같은 불안정성이나 어려움이 있다.

① 상담에 대한 예측이나 준비가 쉽지 않다.

② 내담자에 대한 배려나 공감적인 모습을 전달하는 것이 쉽지 않다.
③ 상담사가 일정한 자세로 관계를 유지하는 것이 어렵다.
④ 대개 내담자의 생각이나 상황에 의해 지배되는 경향이 있어서 상담사가 이에 얽매이기 쉽다.

2) 전화라고 하는 특성으로 인해 생기는 문제

이미 앞에서 언급했듯이 전화상담에는 비교적 중증의 심리적 문제를 갖고 있는 내담자가 불시에 연락을 하는 경우가 적지 않다. 그 이유로는 전화의 친밀성이라는 특성 이외에도 전화가 갖고 있는 마술성이나 기계성 등에 의한 효과도 무시할 수 없다. 즉, 버튼 조작 하나만으로 언제, 어디에서라도 상대방과 직접 대화할 수 있는 전화는 대상 항상성의 획득에 실패한 경계선 인격장애의 증상을 갖고 있는 사람에게는 상처를 주지 않고 항상 따뜻한 대상을 확인하게 해주는 마술적인 매력이 있다. 또한 전화는 하나의 기계이며 비인격적인 물체이기 때문에 직접적인 대인접촉에서 요구되는 감수성을 필요로 하지 않다는 점도 작용하고 있다.

이처럼 멀고도 가까운 전화의 애매모호한 구조와 경계선 장애나 조현병 환자가 갖고 있는 대인접촉에 있어서의 양가감정이 상당히 일치하기 때문에 이들 환자의 경우는 전화상담에 의존하는 경향이 강하다. 그러나 전화상담만으로 이들이 안고 있는 기본적 병리현상을 치료한다는 것은 거의 불가능하다. 물론 이들 환자의 입장에서는 전화라고 하는 것이 고독을 완화시켜 주고 대상의 항상성을 확보할 수 있다는 점에서 어느 정도 심리적 효과가 있을 수 있지만, 이런 점은 동시에 이들의 병적 의존성을 더욱 강화시키는 위험성도 있다. 그러므로 이들에 대한 접근은 그 증상의 종류나 정도에 따라 전화상담사가 적절한 상담 내지 치료기관을 어떻게 소개할 것인가가 하나의 중요한 과제가 된다.

전화상담에서는 음성 정보로부터 상대방을 판단하기 때문에 내담자가 머릿속에서 그리는 상담사에 대한 이미지와 실제 이미지 사이에는 차이가 있을 수 있다. 이러한 경우 전화상담에서 대면상담으로 바뀔 때 내담자는 이미지의 차이로 인해서 혼란을 경험할 수도 있다. 그러므로 전화상담사는 이러한 점에 대해서도 인지할 필요가 있다.

끝으로 전화상담의 익명성으로 인해 생길 수 있는 문제로서 장난전화나 텔레폰 섹스가 있다. 물론 이런 것은 상담이라고 할 수 없기 때문에 단호하게 거절하는 용기가 필요하다. 그러나 이런 전화를 하는 사람들 가운데는 성적 환상이나 욕구를 이런 형태로밖에 표현할 수 없는 병리성이 그 배경에 있는 경우가 적지 않다. 이런 경우 전화상담사는 내담자의 병리적 세계에 휘말리지 말고 적절한 대처와 개입을 해야 하는 역량이 요구된다.

4 전화상담의 대응법

전화상담에서의 내담자에 대한 대응방식은 기본적으로 대면상담의 경우와 크게 다르지 않다. 단지 전화에 의한 접촉이라고 하는 관계의 구조가 갖고 있는 특성으로 인해 전화상담사의 입장에서는 다음과 같은 점에 대해서 특히 유념할 필요가 있다.

1) 언어적 피드백의 중시

시각적 자극의 전달체계가 없기 때문에 상담사는 내담자의 이야기에 대해 수용이나 공감적으로 이해한 것을 대면상담 이상으로 적극적으로 언어를 통해 전달해야 한다.

2) 상담사의 역할과 한계 설정

대개 전화상담만으로는 소위 카타르시스적 효과를 빼고는 문제해결에 있어 큰 기대를 할 수 없다. 그러므로 내담자에게 전화로 도움을 줄 수 있는 부분과 없는 부분을 명확히 할 필요가 있다. 전화상담은 치료적인 것보다는 오히려 '지금, 여기'에 있어서의 일시적인 케어나 예방적, 교육적 관점에서의 관계형성을 위한 노력이라는 측면이 더 강하다. 전화상담사는 내담자의 문제에 따라서 적절한 사회적 자원, 예를 들어 대면상담사를 소개하는 등의 도움을 준다.

3) 상담시간의 문제

전화상담은 일회성 상담이라고 하는 특징과 함께 대면상담처럼 정해진 시간이 있어서 '오늘은 여기까지'라고 하는 방식으로 끝내기가 쉽지 않다. 그러나 경험적으로 볼 때 전화상담에서 상대방의 이야기를 이해하고 정리하는 데 필요한 시간은 대개 30분 정도이면 충분하다고 본다. 그러나 이 정도의 시간이 지나서도 상대방의 이야기가 정리되는 않은 경우는 긴급한 경우를 제외하고는 상담사의 대응에 문제가 있지 않는지를 생각해 보아야 한다. 예를 들어 종종 볼 수 있는 현상으로 내담자의 감정을 충분히 수용하거나 공감하지 않은 채 문제해결책을 서둘러서 끌어내려고 한다든지, 상담사 자신이 내담자의 페이스에 휘말려서 문제의 본질을 파악하지 못하고 혼란에 빠져버리는 경우 등이다. 어느 경우일지라도 시간이 길어지는 경우 "꽤 시간이 흘렀습니다만"이라고 두 사람이 놓여 있는 현재의 정황을 확인하고 내담자가 호소하고 있는 문제를 정리하고 확인한다.

5 전화상담의 진행방법

1) 전화상담의 시작

먼저 전화벨이 3~4회 울릴 때까지 기다린다. 내담자는 나름대로의 동기를 갖고 전화기에 손이 갔지만, 실제 상담이나 대화를 할 것인가 하는 것을 여전히 고민하면서 번호를 누르는 경우가 적지 않기 때문이다. 그래서 상담사가 곧바로 "예, 여기는 ~" 라고 전화를 받게 되면 너무 즉각적인 상대방의 반응에 당황하면서 결국 아무 말도 못하고 전화를 끊어버리는 경우가 있다. 그러므로 상대방이 상담의 기분을 최종적으로 준비할 수 있도록 하기 위해 전화벨이 3~4회 울릴 때까지 기다려서 전화를 받는 세심한 배려가 필요하다.

상담사가 전화를 받는 순간 "아, 잘못 걸었습니다"라고 말하면서 바로 끊어버리는 내담자도 있다. 보통 전화상담에서는 단순히 잘못 걸려온 전화는 극히 드문 현상이며, 대개 이런 식의 전화는 상대방과의 관계형성에 있어 어려움을 경험하고 있는 경계선 인격장애의 경우에 많이 보인다. 이런 경우의 바람직한 대응은 "몇 번으로 전화 걸려고 하셨습니까?" 또는 "하지만 제가 우연히 받게 되었네요. 제가 뭔가 도움을 드릴 수는 없을까요?"라고 하는 반응을 하게 되면 의외로 두 사람의 관계가 쉽게 형성되는 경우도 적지 않다.

전화상담에서는 상담사와 전화연결이 되면 대개 "~ 문제로 상담하고 싶습니다만" 하고 갑자기 상담내용을 제시하는 경우가 많다. 이때 상담사는 내담자의 이야기에 충분히 귀를 기울이면서 제기되는 문제의 핵심과 그 배경, 그리고 내담자의 특성에 대해서 파악해 나간다. 이 과정은 접수상담의 경우와 크게 다르지 않다. 만일 내담자의 이야기가 너무 단편적이거나 애매모호한 경우는 질문을 통해 확인해 나간다. 이때 유의할 점은 상담사의 확인이나 질문과정이 내담자의 이야기 흐름을 방해하거나 이야기의 주도권을 내담자로부터 빼앗는 상황이 되어서는 안 된다는 것이다.

2) 전화상담의 중반부

전화상담의 중반부에 들어서면 두 사람은 상담의 주요 문제에 대한 인식을 충분히 공유하면서 문제해결을 위한 전략과 가능성을 명확히 하게 된다. 여기서 유의할 점은 상담사가 내담자의 문제해결의 전략을 일방적으로 제시하는 방식보다는 어디까지나 내담자 자신이 스스로 문제해결의 방법을 생각하고 판단할 수 있도록 지원하는 형태로 상담을 이끌어 나가는 것이 바람직하다. 물론 문제에 따라서는 내담자 자신이 문제의 해결책을 찾지 못하는 심각한 상담의 경우도 있다. 이런 경우는 내담자의 이런 어려움과 고민을 충분히 수용하고 공감해 주는 것만으로 내담자의 심리적 안정을 기대할 수 있으며, 상담사가 무리하게 해결책을 찾는 것이 오히려 무의미한 경우가 많다.

3) 전화상담의 종반부

내담자의 문제가 두 사람의 대화과정에서 정리되고 내담자 자신이 나아가야 할 방향이 어느 정도 보이는 단계에 들어서면 대개 전화상담은 종료단계를 맞이하게 된다. 일반적으로 일회성의 전화상담에서는 상담사가 무리하게 결론적인 이야기를 할 필요가 없다. 그리고 만일 내담자가 내린 결론이 상담사의 내적 정보의 틀에 맞지 않을지라도 상담사 자신의 생각을 내담자에게 일방적으로 강요하지 않도록 하는 것이 중요하다.

제 4 장 장애아 상담

1 장애아 상담의 기본목표

장애아 상담은 대개 장애라는 문제가 일상생활에서 장애로써 작용하지 않도록 지원하는 데 초점을 맞추고 있다. 장애아 상담의 기본목표는 상담사가 상담을 통해서 장애에 대한 이해를 하면서 장애인의 잠재능력이 최대한 개발되도록 지원하고, 동시에 안정된 심리상태에서 생활할 수 있도록 도와주는 데 있다. 그러므로 장애아 상담은 단지 적응행동의 학습이나 훈련만이 아니라, 힘든 상황을 극복해 나갈 수 있는 강한 정신력 육성에도 초점을 맞춘다.

최근 임상심리학이나 이와 관련된 분야의 발달로 인해 장애 그 자체에 대한 심리적 측면에서의 효과적인 접근법이 개발되면서 장애의 경감이나 개선에 상당히 긍정적인 효과가 나타나고 있다.

2 장애에 대한 이해

장애아 상담에서는 그 무엇보다도 장애 그 자체에 대한 정확한 이해와 정보가 필요하다. 특히 장애아에 대한 이해에 있어서 이들의 증상이나 행동이 장애 그 자체로 인해 발생한 문제인지, 아니면 그 장애가 원인이 되어 이차적으로 발생한 적응장애인지, 또는 장애 그 자체와는 상관없이 생성된 심리적·정서적 측면에서의 부적응 행동인지에 대한 명확한 규명이 필요하다.

만일 장애아의 핸디캡이 다양한 원인에 의해 발생될 수 있다는 사실을 제대로 이해하지 못하면 일차적 장애로 간과해버리는 오류를 범할 수 있다. '언어발달의 지체' 문제로 상담실을 찾아온 한 아이의 사례를 예로 들어 보자. 상담사는 처음에 청각기능의 장애를 가정하지 않고 단지 심리적인 문제일 것으로 생각한 나머지 놀이치료적 방법으로 접근하였다. 이런 가운데 병원으로부터 아이의 언어문제는 심리적인 원인보다는 청각기능의 장애로 인한 문제일 것이라는 견해가 제시되면서 청력검사를 하게 되었다. 그 결과, 청각기능장애로 판명이 되면서 그 이후 보청기를 사용하게 되고 언어문제가 상당히 개선되는 모습을 보였다. 이로 인해 아이는 이전보다 밝은 표정을 보이면서 자신감을 갖고 생활할 수 있게 되었다. 이 사례에서 알 수 있듯이 놀이치료가 이차적으로 발생할 수 있는 스트레스나 열등의식 등 심리적인 문제의 완화에는 어느 정도 긍정적인 영향을 주었다고 할지라도 문제해결에는 근본적인 도움을 주지 못했다. 이처럼 상담사는 장애의 문제를 다면적으로 접근하여 그 원인을 정확히 파악하고 지원해 나가는 노력을 해야 한다.

3 장애에 대한 부모의 수용과정과 상담

장애아 상담을 배우고자 하는 사람은 장애아 가족, 특히 부모의 심리적 문제에 대해서 이해할 필요가 있다. 자녀에게 장애가 있다는 사실이 부모에게 전달되면 부모의 입장에서 처음에는 심리적으로 감당할 수 없는 쇼크와 함께 이 사실을 받아들일 수 없다는 기분, 그리고 한편으로는 인정할 수밖에 없다는 생각이 교차하게 된다. 그러나 결국 나중에는 전문가의 진단과 설명에 의해 자녀의 장애를 받아들일 수밖에 없다는 사실을 인정하게 되면서 깊은 슬픔과 고뇌의 나날을 보내게 된다. 어떤 경우는 장애 자녀에 대한 케어로 몸과 마음이 소진되고, 미래에 대한 절망적인 생각을 하면서 힘든 시간을 보내는 부모도 있다. 때로는 장애 자녀의 문제해결을 위해 어떤 도움도 줄 수 없다는 생각에 자기 자신이나 전문가에 대해서 분노의 감정을 느끼기도 한다.

한편 장애아를 출산했다는 것으로 인해 자기 자신에 대한 죄악감이나 수치심을 느끼면서 자녀를 거부하는 모습을 보이는 부모도 있다. 어떤 부모는 마음의 안정을 찾기 위해서 지나칠 정도로 장애자녀에 대해 과보호를 하거나 주위와의 관계를 단절해버리는 사람도 있다.

이런 힘든 시간을 보내는 가운데 장애아 부모는 두세 곳의 상담기관을 알게 되고 그곳에서 자신의 자녀와 유사한 문제로 찾아온 장애아와 그들 부모와의 만남을 경험하게 된다. 이를 통해 자녀의 장애가 자신만의 문제가 아니며, 다른 장애 아이들과 부모도 자신과 동일하게 힘들게 살아간다는 사실을 알게 된다. 이런 경험을 통해 자녀의 장애문제로 고민하는 부모들은 유사한 문제로 서로 협력하고 격려할 수 있는 동료가 내 옆에 있다는 생각에 마음이 가벼워지면서 막막했던 미래에 대해 희망의 불빛을 발견한다. 이제 부모의 모습이 점점 밝아지면서 동일한 문제를 갖고 있는 부모들의 모임에 참여하게 되고, 여기에서 이들과의 관계형성이 이루어지면서 서로를 격려하고 필요한 정보를 상호 공유하면서 어려운 상황을 극복해 나간다. 이처럼 유사한 문제로 힘들어하는 사람과 함께 함으로써 죄책감이나 고독감에서 해방되고 이들과의 정보교환을 통해 점점 심리적 안정을 찾아 나간다. 이런 과정을 통해 장애아 부모는 자녀에게 심리적 버팀목이 되며 앞으로 자녀와 함께 할 수 있다는 자신감을 갖게 된다. 이를 통해 이웃에 대해서도 마음의 문을 열고 어려움을 하나하나씩 극복하는 가운데 강한 인내심과 인간미 넘치는 부모로서 성장해 나가게 된다.

장애아 상담에서는 앞에서 언급한 과정 가운데 장애아 부모가 현재 어느 단계에 있는지를 정확히 파악하여 이에 맞는 적절한 조언과 상담, 그리고 지원전략을 생각해야 한다. 예를 들어 부모가 자녀의 장애를 부정하고 싶은 단계인 경우는 상담사의 조언이나 설득은 오히려 부정적인 효과를 초래할 수 있다. 이런 경우는 좀 더 시간을 두고 지켜보면서 구체적인 대응책을 생각해 보는 것이 바람직하다.

제 5 장 부모상담

1 부모상담의 필요성

아동의 문제나 증상은 부모나 그 주변 사람과의 관계의 질에 문제가 있는 경우가 많다. 특히 아동의 연령이 어릴수록 부모와의 관계에 문제가 있는 경우가 많으며, 이 경우는 아동만이 아니라 부모에 대해서도 상담 내지 치료적 접근을 하게 된다. 그래서 아동상담 내지 심리치료에서는 아동만이 아니라 부모에 대한 상담도 병행하는 경우가 적지 않다.

부모를 대상으로 상담할 때, 부모 자신은 그다지 의식하고 있지 않을지라도 상담사는 부모를 자녀와의 관계에서 문제를 갖고 있는 사람으로 보면서 상담의 대상으로 인식한다. 이런 인식은 반드시 비정상적으로 판단되는 부모에 대해서만 필요한 것이 아니다. 물론 부모들 가운데는 왜곡된 성격이나 정서적 장애, 인격장애 등의 문제로 상담 내지 심리치료를 받아야 하는 경우도 있지만, 대개 이런 유형의 문제가 두드러지게 나타나지 않거나 부모 자신이 심리적으로 문제가 없다고 생각하고 있다. 그러나 심리적으로 문제가 없다고 생각하는 부모일지라도 자녀와의 관계에서 자녀의 문제행동의 원인 제공을 하는 경우가 적지 않다. 부모들이 처음 상담실을 찾을 때는 이 문제에 대해 본인이 그다지 의식하거나 언어화하지 않기 때문에 표면화되지 않는다.

그러나 상담이 진행되는 가운데 부모의 마음이 열리면서 자녀문제와 관련된 자신의 문제를 의식하고 언어로 표현하게 된다. 부모상담에서 확인해야 할 문제들이 몇 가지 있으며, 이에 대해서 정리해 보면 다음과 같다.

① 아이 자신의 문제, 또는 아이에게 직접 관계가 있는 문제
② 모(부)자관계의 문제와 이에 의해 발생되는 자녀의 문제
③ 부모 자신의 문제, 또한 이것이 자녀문제나 모(부)자관계의 문제에 영향을 주고 있는 것
④ 부부간에 문제가 있으며, 이것이 자녀의 문제나 모(부)자관계의 문제에 영향을 주고 있는 것
⑤ 부모 자신의 성격문제
⑥ 현실적으로 스트레스를 받을 만한 상황이나 과제에 직면해 있으며 이로 인해 발생하는 부모 또는 자녀의 문제
⑦ 극히 가벼운 수준의 부모문제 또는 일시적 현실적 문제에 의해 발생하는 일과성의 자녀문제

상담사는 부모상담에서 이런 다양한 문제의 가능성을 생각하면서 핵심적인 측면을 놓치지 않고 파악하여 필요한 지원을 해나가야 한다. 이처럼 상담사는 부모상담에서 아이의 문제에만 초점을 맞추는 것이 아니라, 부모도 자신의 문제를 바라볼 수 있도록 지원함으로써 아동문제 해결의 실마리를 찾아 나간다.

어머니는 여성, 아내, 어머니라고 하는 세 가지 역할을 하고 있는 존재이며, 동시에 조부모, 시부모, 형제, 사촌, 친구, 직장 사람들과의 다양한 인간관계를 맺으면서 살아간다. 때문에 효과적인 부모상담을 위해서는 부모가 이런 다양한 인간관계의 영향을 받으면서 자녀를 양육하고 있다는 사실을 간과해서는 안 된다.

2 부모와의 커뮤니케이션

부모상담에서 얻을 수 있는 중요한 정보원 가운데 하나는 상담 장면 이외에서의 자녀행동에 관한 정보이다. 누구보다도 자녀를 항상 가까운 거리에 두면서 바라보고 있는 어머니는 가정에서의 자녀의 언행, 그리고 자신과의 관계에 대해서 풍부한 정보를 갖고 있다. 그러나 어머니가 말하는 자녀의 모습이나 자신과의 관계는 어디까지나 자신의 관점에서 말하는 경향이 강하기 때문에 비록 부모가 자신의 문제를 의도적으로 숨기려고 하는 의식은 없을지라도 부모의 인식이 왜곡되어 있거나 문제의 핵심을 파악하지 못하는 경우가 많다. 이런 점은 실제 모(부)자 사이에 대화를 나누어 보도록 함으로써 부모 자신이 이제까지 깨닫지 못했던 자녀의 기분이나 자녀와의 관계에 있어서 자신의 문제점이 무엇인지를 알게 되는 경우가 많다. 이와 관련된 사례를 들어 보자.

사례 1: 고집만 부리는 자녀의 행동으로 인해 힘들어하는 어머니가 "그러다간 사람들에게 조롱거리만 돼!"라고 꾸중한다.

사례 2: 방 안에 어지럽게 널려져 있는 장난감을 치우지 않고 있는 아이에게 혼을 낸다. 그때서야 슬슬 장난감을 치우기 시작하는 아이를 향해 어머니가 "혼을 내니까 장난감을 치우는구나, 넌 역시 어쩔 수 없구나" 하며 또 혼을 내기 시작한다.

이 사례들은 평소 어머니들의 양육행위에서 종종 볼 수 있다. 그런데 이런 식의 대응을 꼼꼼히 따져보면 뭔가 이상하다는 느낌이 든다. 먼저 사례 1에서 실제는 어머니 자신이 "그러면 안 돼!"라고 꾸중하고 싶은 마음이 본심이지만, 이 본심은 교묘하게 타인의 시선이나 생각으로 위장되어 나타나면서 자녀의 행동을 간접적으로 통제하려고 하는 것을 알 수 있다. 사례 2의 경우는 자녀가 모처럼 정리 정돈을 하려고 하는데 어머니는 그 행동 자체에 대해서도 꾸중을 하고 있다. 이럴 경우 아이는 정리

정돈을 하든, 하지 않든 결국 어머니에게 혼이 나는 상황이 되어 버리는 이중구속적인 상황이 된다. 만일 어머니의 이런 태도를 일상적으로 경험하고 있는 양육환경에서 자라고 있는 아이라고 한다면 그 아이는 심리적 혼란과 함께 자립심이나 주체성의 발달에 부정적인 영향을 받게 될 것이다. 이처럼 일상생활에서 흔히 발견할 수 있는 어머니의 이런 모습이 아동의 심리적 발달에 미치는 부정적인 영향의 문제를 간과할 수 없으며, 이런 문제를 부모상담 시에 어떻게 도와줄 것인가는 상담사의 또 하나의 중요한 과제라고 할 수 있다.

제 6 장 집단상담

1 집단상담의 특성과 효율성

집단상담(group counseling)은 개인상담과는 달리 집단 특유의 기능이나 특성을 활용한 상담이며, 최근 집단의 이런 효과를 활용한 상담이 널리 행해지고 있다. 처음으로 오늘날의 집단상담이나 집단심리치료에 가장 가까운 형태로 집단을 활용한 사람은 미국의 내과의사인 프래트(Pratt, J. H.)였다. 그는 결핵환자들에 대한 위생강연을 통해서 환자들이 단지 이야기를 듣는 것만으로도 건강회복에 긍정적인 효과가 있다는 사실을 발견하였다. 이 효과는 마치 연극을 보거나 음악을 듣거나 할 때 느낄 수 있는 일종의 카타르시스와 비슷하며, 의사와 직접 이야기를 하지 않아도 동일한 병이나 고민으로 힘들어하는 사람들끼리 함께 하는 그 자체만으로도 치료나 심리적 건강에 도움이 된다는 사실을 알게 된 것이다.

한편 정신분석가들 가운데 정신분석적 심리치료를 집단으로 실시하는 것에 대해 의미를 발견한 사람도 있다. 자유연상을 집단으로 실시하면 다른 사람의 이야기를 듣는 가운데 자신의 갈등을 직시하게 되면서 자신을 발견하게 되고 이제까지 힘들었던 자유연상을 보다 쉽게 할 수 있다는 사실을 발견하게 된다. 이것이 바로 집단의 특성이 갖고 있는 독자적인 의미와 효과라고 할 수 있다. 그러나 정신분석적 심리치료는 그 초점이 어디까지나 개인에게 있으며 개인의 심리치료나 성장을 위해 집단을 수단으로 활용한 것에 지나지 않는다.

그러나 집단에 대한 연구가 본격적으로 이루어지면서 집단은 집단으로서의 고유 특성을 갖고 있으며, 또한 집단은 개인이 모인 단순한 집합체가 아니라는 사실이 밝혀졌다. 즉, 집단 자체가 개인의 집합을 초월한 독자적 효력을 갖고 있으며, 집단 그 자체가 집단으로서의 기능과 성장으로 인해 치료적 효과를 만들어 낸다는 사실을 확인한 것이다. 이런 관점은 가족치료의 기본적 생각과 맥락을 같이 하고 있다. 집단을 집단구성원의 상호작용의 총체로서 이해하고, 집단의 이런 기능과 특성을 활용한 심리치료에 대한 관심이 오늘날 점점 커지고 있다. 인간은 세상에 태어나서 죽을 때까지 타인과의 상호작용의 틀 안에서 살아가야 하는 존재이기 때문에 집단에 대한 분석이나 집단 그 자체를 치료대상으로 삼는 것이 보다 현실적인 접근이라고 할 수 있다. 그리고 집단상담에서 상담사나 심리치료사는 집단구성원 간의 관계를 조정해 나가기 때문에 합창부의 지휘자 역할과도 같다고 할 수 있다.

한편 상담이나 심리치료에 있어 개인이나 집단 중 어느 쪽에 초점을 맞출지라도 각각의 장단점은 있기 때문에 어느 것이 보다 효과적이라고 하는 판단은 쉽지 않다. 어쨌든 자연스럽게 생성되는 집단의 프로세스를 중요시하는 방법과 집단 프로세스 그 자체를 치료적으로 이용하려고 하는 방법은 현재 집단치료 내지 상담에 있어 큰 흐름을 형성하고 있으며, 또한 그 통합적 접근도 이루어지고 있다.

2 집단상담의 구조

집단상담 구조의 특징은 대개 집단을 평균 6~7명으로 구성하며, 여기에는 촉진자(facilitator) 또는 심리치료사(therapist)로 불리는 스태프가 한 명 또는 두 명이 있다. 이들은 개인의 심리적 역동, 즉 마음의 갈등이나 균형의 과정을 이해할 수 있어야 하며 동시에 집단역할, 즉 집단 내외의 상호작용 과정이나 집단 전체를 이해하는 능력이 필요하다. 물론 이를 위해 이론학습과 기법의 습득이 불가결하다. 진행은 대개 한 섹션에 90분 정도 이야기를 나누게 되며 구성원들의 상호작용이나 이야기를 통해 자기이해, 타인이해, 인간관계의 이해, 치료 등이 이루어지게 된다.

집단은 유사한 문제나 고민을 갖고 있는 사람의 모임인 경우가 많기 때문에 타인과 동일한 고민을 함께 나누는 가운데 자신의 모습을 재발견하게 되고, 타인과의 마음의 접촉이나 깊은 인간적, 인격적 만남을 체험할 수 있는 장이 되기도 한다. 물론 집단구성원들은 처음에는 타인과의 관계형성에 대한 어려움을 경험하게 되지만, 서로에게 도움을 주는 과정을 통해 1 : 1 상담에서 얻을 수 없는 다이내믹한 인간관계를 체험하게 된다. 이러한 집단상담은 외국의 경우를 보면 대학의 상담실이나 병원의 정신과 등에서 이루어지고 있다. 집단상담은 대개 다양한 멤버로 집단이 구성되어 있으며, 동일한 증상을 갖고 있는 사람들로 집단을 구성하여 치료적 접근을 하는 경우도 많다. 한편 한 명의 내담자가 개인상담(치료)과 집단상담(치료)을 병행해서 받는 경우도 있으며, 그 치료적 효과를 인정받고 있다.

제 7 장 부부상담

1 부부상담의 필요성

부부간에 심리적인 대립이나 갈등이 없는 가정은 그리 많지 않을 것이다. 오히려 부부간의 문제라고 하는 것은 필연적이라고 보는 것이 보다 현실에 가까운 모습일지도 모른다. 이제까지 자라온 과정이나 생활경험도 다르고 성(性)도 다른 두 사람이 한 지붕 아래에서 함께 생활하는 상황에서 서로의 생각이나 욕구가 부딪히는 경험을 한다는 것은 어쩌면 당연할지 모른다. 대개 부부간의 대립 원인은 생각이나 신념의 차이에서부터 요리의 맛에 대한 차이까지 정말 다양하다. 예를 들어 남편이 자신의 부모에만 너무 신경을 쓰거나 배려하고, 아내 쪽의 부모에 대해서는 무관심하다면 언젠가 부부간에 문제가 발생할지도 모른다. 이로 인해 느끼는 스트레스나 불안을 극복하지 못하거나 현실적인 해결방법을 찾지 못할 경우, 신체적으로나 정신적으로 다양한 증상이 나타나기도 하고 폭력이나 불륜 등의 이탈행동으로 표출되기도 한다.

부부간의 갈등은 일반적이어서 대개의 부부들은 갈등상황에 직면하게 되면 적절하게 대응하면서 부부간에 독자적인 관계형성의 룰을 만들어 나간다. 부부간의 갈등에 대한 대응방식에 따라서는 오히려 부부간의 친밀감을 증대시키면서 인간적 성장을 촉진시키기도 한다. 대개 관계가 좋은 부부의 경우는 둘 사이에 불협화음이 생성되더라도 정도를 넘어선 상태로 발전하거나 억압의 형태로 마무리되지 않고, 현실적 대응을 하면서 해결해 나간다.

외부에서 볼 때 관계가 좋은 부부라고 할지라도 반드시 사이가 좋은 부부라고 할 수 없는 경우도 있다. 이런 부부는 타인에게 사이가 좋은 부부의 모습을 보이기 위해 부부의 어느 한쪽이 자신의 솔직한 부정적 감정을 억압하고 있는 경우가 많다. 표면적으로 안정되고 평화스러운 모습을 보이지만 둘 사이의 불일치나 긴장상태의 실체를 감추고 있는 모습이다. 이런 부부의 경우, 자녀가 성장해서 독립하게 되면 주저없이 이혼하여 주위를 놀라게 하기도 한다. 요즘 증가하고 있는 황혼이혼의 배경에는 이런 이유가 적지 않다.

불일치나 갈등이 전혀 없는 부부관계라고 하는 것은 현실적으로 불가능하며 신화에 지나지 않는다. 부부간에 대립이나 갈등이 있을지라도 대개는 즉각적으로 결혼생활의 파탄으로 이어지는 위기요인으로 작용하지 않으며, 오히려 현실적 관계를 보여주는 건강하고 필연적인 모습이라고 하는 증거가 되기도 한다. 중요한 것은 부부간의 갈등이나 대립에 대해 어떻게 대처하는가 하는 것이다. 대처방법에 따라서 부부간의 관계를 발전시켜 각각의 인간적 성장을 촉진시키는 힘이 되기도 하고, 부부간의 관계에 균열을 생성시켜 이혼으로 발전하기도 한다. 또는 무감정이나 무감각의 동거생활을 지속시키는 경우도 있다.

2 부부갈등의 요인

부부간의 대립이나 갈등을 생성하게 하는 요인은 다양하다. 여기서는 상담의 대상이 될 수 있는 심리적인 측면의 갈등의 주요 요인에 대해서 알아보자.

첫째, 신혼부부는 대개 배우자가 자신을 실망시키지 않을 것이라고 믿고 있거나 상대방에 대한 기대나 희망에 부풀어 있는 경우가 일반적이다. 그러나 인간은 어디까지나 인간이며 신이 아니기 때문에 결혼한 지 얼마 되지 않아 자신의 기대는 깨어지고 실망과 후회로 괴로워하는 시간을 보내는 경우가 적지 않다. 그런데 이런 실망이나 후회에 대한 대처방법이 이후의 결혼생활에 적지 않은 영향을 미치게 되며, 이 문제를 효과적으로 처리하지 못하는 경우 상담실을 찾게 된다.

둘째, 상대방은 나와 함께 생활하고 있기 때문에 모든 상황을 나와 동일하게 보거나 판단하고 있음에 틀림없다고 생각한다. 인간의 지각상의 준거틀은 그동안의 생활사(生活史)에 의해 형성된 가치관이나 기대에 바탕을 두고 있기 때문에 배우자가 동일한 준거틀을 갖고 있다고 생각하는 것은 착각이다. 사실 부부가 서로 상대방의 견해를 충분히 이해한다고 하는 것은 거의 불가능에 가깝다고 할 수 있다. 그래서 서로의 관점이나 견해차이를 사랑의 힘으로 극복할 수 있다고 생각했던 부부는 자녀출산과 함께 다양한 현실적인 문제에 부딪히게 된다. 이때 둘이서 도저히 해결할 수 없는 경우, 상담실을 찾는다. 특히 부부간에 아동관이나 자녀양육에 대한 견해차이로 부부갈등이 생성되고 이로 인해 상담실을 찾아오는 경우도 적지 않다. 이런 사례의 경우는 재적응을 위한 상담을 통해 원만하게 해결단계에 들어서거나, 아니면 이혼상담으로까지 발전하는 경우도 있다. 부부간에 견해나 판단의 차이가 크면 클수록 상호 협력적인 관계를 맺어나가는 것은 쉽지 않으며, 경우에 따라서는 약자 쪽이 자기주장을 포기하고 복종하는 형태로 종속되는 왜곡된 부부관계를 맺기도 한다. 이런 사례는 부부상담을 하는 경우가 거의 드물며, 결국 이런 부부 사이에 발생된 자녀의 정신병리 현상이 가족상담을 하게 만드는 경우가 종종 있다.

셋째, '부부는 가능한 함께 있어야 하고, 어떤 사건이나 상황에 대해 동일하게 느끼고 생각하는 태도가 중요하며, 이런 모습은 서로에 대해 사랑하고 있다는 증거이다'고 하는 신념, 즉 부부는 일심동체(一心同體)라고 하는 신념의 문제이다. 물론 신혼시절에는 그럴 수도 있으나, 부부가 너무 밀착하고 있다는 것은 각자의 개성이나 주체성을 방해하는 요인이 되기도 한다. 또한 부부간의 지나친 밀착은 다른 사람과의 만남이나 관계, 일을 통해 느낄 수 있는 즐거움이나 성장의 기회를 박탈하는 경우도 있을 수 있다. 이렇게 되면 권태감이 슬며시 시작된다든지, 또는 아내가 남편에게 모든 것을 의지하게 되거나 남편이 아내의 여가까지 간섭하는 등의 문제가 발생할 수 있다. 그러면 표면상으로는 두 사람은 일체감의 모습을 보이지만, 언젠가는 그동안 참아왔던 자신의 욕구불만을 폭발시키면서 둘 사이가 급속도로 무너지는 상황이 전개될 수도 있다. 부부간의 바람직한 모습은 허구적이거나 일방적인 사랑의 관계가 아닌, 부부 각자가 자립하면서 취미나 오락 등 관심의 차이에 대해 상호 존중과 함께 배우자의 성장이나 경험을 공유하는 것이다. 이럴 때 비로소 자신도 성장해 나가는 것이다. 이것은 부부상담의 주요 목표이기도 하다.

3 부부갈등 해소의 지원

'부부상담'은 부부를 통합체로 보고 상담을 해나가면서 부부간의 갈등이나 문제를 서로가 적절하게 대처하여 극복해 나갈 수 있도록 지원하는 데 그 목적이 있다. 부부라고 하는 것은 발달적으로 필연적인 위기에 직면하기도 하고 실직이나 질병 등으로 우발적 위기상황에 직면하면서 다양한 갈등이나 문제에 부딪히기도 한다. 그런데 이런 다양한 갈등이나 문제를 부부간의 노력만으로는 해결할 수 없는 경우, 상담실을 찾게 된다.

부부간의 갈등에 대한 심리적 지원방법에는 여러 가지 대처방법이 있으며, 이 가운데 특히 가족발달 단계이론에 근거하여 부부의 발달과제가 달성되도록 지원하는 기법이 많이 활용되고 있다. 예를 들어 자신의 부모로부터 아직 심리적으로 독립하지 못한 신혼부부의 경우는 자신이 태어나고 자란 가족으로부터의 자립과 함께 부부로서의 새로운 역할이 가능하도록 지원하게 된다.

참고문헌

제 1 부

곽금주 (2002). 『아동 심리평가와 검사』. 학지사.

김태련 · 서봉연 · 이은화 · 홍숙기(1976). 『한국판 아동용 회화 통각검사』. 이화여자대학교 인간발달연구소.

임창재 (2000). 『유아심리측정』. 학문사.

전경원 (2001). 『유아의 심리검사와 측정』. 양지출판사.

현정환 · 후쿠시마 오사미 (2002). 『상담심리 그리고 이론』. 창지사.

Bellack, A., & Hersen, M. (1980). *Introduction to clinical psychology*. New York: Oxford University Press.

Bellak, L. (1975). *The TAT, CAT, and SAT in clinical use*. 3rd ed. New York: Grune & Stratton.

Bellak, L., & Bellak, S. S. (1949). *Children's Apperception Test.* C.P.S. Co.. P.O. Box 42, Gracie Sta.

Bellak, L., & Small, L. (1965). *Emergency psychotherapy and brief psychotherapy*. New York: Grune and Stratton.

Capuzzi, D., & Gross, D. R. (Eds.). (1991). *Introduction to counseling: Perspectives for the 1990s*. Nedam Heights, MA: Allyn & Bacon.

Corey, G., Corey, M. S., & Callanan, P. (1993). *Issues and ethics in the helping professions*. Pacific Grove, CA: Brooks/Cole Publishing.

Corey, M. S., & Corey, G. (1989). *Becoming a helper.* Pacific Grove, CA: Brooks/Cole Publishing.

Morgan, W. G. (1973). Non necessary condition or useful procedures in desensitization: A reply to Wilkins. *Psychological Bulletin, 79*, 373-375.

Murray, E. J. A. (1956). Content-analysis method for studying psychotherapy. *Psychological Monographs, 70*(13, Whole No. 420).

Patterson, C. H. (1986). *Theories of counseling and psychotherapy.* 4th ed. New York: Haper Collins.

Rogers, C. R. (1975). Empathic: An unappreciated way of being. *The counseling psychologist,*

5(2), 2-10.

Rychlak, J. F. (1981). *Introduction to personality and psychotherapy*. 2nd ed. Boston, MA: Houghton Mifflin.

Sahakian, W. S. (Ed.). (1976). *Psychotherapy and counseling: Technique in intervention.* Rand Mc. Nally.

Terman, L. M. (1916). *The measurement of intelligence.* Houghton, Mifflin and Company.

Weiner, I. B. (1975). *Principles of psychotherapy.* John Wiley & Sons.

Wolowitz, L. (2002). The changing face of the ideal therapist. In P. R. Breggin & F. Bemak (Eds.), *Dimensions of empathic therapy*. New York: Springer.

青柳肇・中村淳子・山際勇一郎・周愛保・玄正煥(2013). 3歳から就学前までの子育てアドバイス「東アジアこども発達スケール」つき、竹井機器工業株式会社開発.

平木典子 (1997).『カウンセリングとは何か』朝日選書.

平木典子 (2000).『カウンセリングの話』朝日選書.

水流惠子 (1994).『検査者の養成」関係学会 編『関係学ハンドブック』関係学研究所.

佐治守夫 (1988).『カウンセリング』日本放送出版協会.

佐治守夫・飯長喜一郎 編 (1983).『ロジャース・エンカウンター中心療法』有斐閣.

田中教育研究所 編 (1987).『田中ビネー知能検査法』田研出版.

水島恵一・岡堂哲雄・田畑治 編 (1998).『カウンセリングを学ぶ』有斐閣選書.

氏原寛・成田善弘 編 (2004).『カウンセリングと精神療法: 心理治療』培風館.

前田重治 編 (2002).『カウンセリング入門: カウンセラーへの道』有斐閣選書.

山口真人 (1989).『Tグループ』心理臨床 2(4) 星和書店.

ロジャース, C. R. (畠瀬直子 訳) (1982).『エンカウンター・グループ』創元社.

제 2 부

현정환 (2019).『아동상담(개정판)』. 창지사.

Ackerman, J. M. (1972). *Operant conditioning techniques for the classroom teacher.* Scott. Foresman & Co.

Arntz, A., & Van den Hout, M. (1996). Psychological treatment of panic disorder without agoraphobia: Cognitive therapy versus applied relaxation. *Behaviour Research and Therapy, 34*, 113-121.

Axline, V. M. (1947). *Play therapy*. Boston: Houghton Mifflin.

Bandura, A. (1971). *Psychological modeling: Conflicting theories*. Aldine Atherton.

Bandura, A. (1977). *Social learning theory*. Prentice-Hall.

Bandura, A. (1982). Self-efficacy mechanism in human agency. *American Psychologist, 37,*

122-147.

Beck, A. T. (1976). *Cognitive therapy and emotional disorders*. New York: International Universities Press.

Beck, A. T. (1983). Cognitive therapy of depression: New perspectives. In P. J. Clayton & J. E. Barrett (Eds.), *Treatment of depression: Old controversies and new approaches*. New York: Raven Press.

Beck, A. T. et al. (1992). Focused cognitive therapy for panic disorder: A crossover design and one year follow-up. *American Journal of Psychiatry, 147*, 778-783.

Beck, J. S. (1995). *Cognitive therapy: Basics and beyond*. New York: The Guilford Press.

Beech, H. (1969). *Changing man's behavior*. Penguin Books.

Berry, K., & Cook, V. (1980). Personality and behavior. In H. Rie & E. Rie (Eds.), *Handbook of minimal brain dysfunction*. New York: Wiley.

Blackman, D. E. (1974). *Operant conditioning: An experimental analysis of behavior*. London: Methuen.

Boniwel, I. (2012). *Positive Psychology In A Nutshell: The Science Of Happiness*. Open University Press(ポジティブ心理学が一冊でわかる本. 成瀬まゆみ監訳、国書 刊行会、2015).

Bowen, M. (1985). *Family therapy in clinical practice*. New Jersey: Jason Aronson.

Carr, A. (2004). Positive psychology: New worlds for old. *Irish Psychologist, 30*(11), 278-279.

Clark, D. M. et al. (1994). A comparison of cognitive therapy, applied relaxation and imipramine in the treatment of panic disorder. *British Journal of Psychiatry, 164*, 759-769.

Clark, D. M. et al. (1997). *Science and practice of cognitive behaviour therapy*. In D. M. Clark & C. G. Fairburn (Eds.). New York: Oxford University Press Inc.

Cowen, E. L., & Kilmer, R. P. (2002). Positive psychology: some pluses and some open issues. *Journal of Community Psychology, 30*, 449-460.

Durham, R. C. (1995). *Cognitive therapy, analytic psychotherapy and anxiety management training for generalized anxiety disorder: Relative efficacy at one year follow-up and determinants of outcome*. In the World Congress of Behavioural and Cognitive Therapy. Copenhagen.

Ellis, A. (1973). Definition of rational-emotive therapy. In B. B. Wolman (Ed.), *Dictionary of behavioral science* (pp. 716). New York: Van Nostrand Reinhold.

Ellis, A. T. (1975). *How to live with a neurotic: At home and at work.* Crown.

Eysenck, H. J. (1960). *The structure of human personality.* 2nd ed. London: Methuen & Co. Ltd.

Eysenck, H. J. (1976). The learning theory model of neurosis: A new approach. *Behaviour Research and Therapy, 14*, 251-267.

Fairburn, C. G. et al. (1993). Psychotherapy and bulimia nervous: The long-term effects of interpersonal psychotherapy, behaviour therapy. *Archives of General Psychiatry, 50,* 419−428.

Fredrickson, B. L. (2001). The Role of Positive Emotions in Positive Psychology: The broaden and build theory of positive emotions. *American Psychologist, 56*(3), 218−226.

Fredrickson, B. L. (2002). Positive emotions. In C. R. Snyder & S. J. Lopez (Eds.), *Handbook of positive psychology* (pp. 120−134). Oxford University Press.

Freedheim, D. K. (Ed.). (1993). *History of psychotherapy: A century of change*. Washington, D.C.: American Psychological Association.

Freud, S. (1917). *Introductory Lectures on Psychoanalysis.* The Standard Edition of the Complete Psychological Works of Sigmund Freud(Vol.16). London: Hogarth Press.

Freud, S. (1993). *New Introductory Lectures on Psychoanalysis*. The Standard Edition of the Complete Psychological Works of Sigmund Freud (Vol.22), London: Hogarth Press.

Fujita, C. (1985). *Morita psychotherapy*. Tokyo: Igaku Shoin.

Glasser, W. (1998). *Choice therapy: A new psychology of personal freedom*. New York: Haper Perennial.

Hart, J. T. (1961). The evolution of client-centered psychotherapy. *The Psychiatric Institute Bulletin, 1(1),* University of Wisconsin.

Hollon, S. D., & Beck, A. T. (1995). Cognitive and cognitive behavioral therapies. In S. L. Garfield & A. E. Bergin (Eds.), *Handbook of psychotherapy and behavior change.* 4th ed. New York: Wiley.

Hulse, S. H., Egeth, H., & Deese, J. (1980). *The psychology of learning.* 5th ed. McGraw-Hill Kogakusha, Ltd.

Jung, C. G. (1956). *Symbols of Transformation,* C. W. 5. Princeton University Press, 313.

Jung, C. G. (1961). *Freud and Psychoanalysis,* C. W. 4. Routledge & Kegan Paul, 151-156, 295.

Kalff, D. M. (1996) Sandspiel, Seine Therapeutische wirkung ayuf die Psyche, Rascher, Zurich & Stuttgart.

Kanfer, F. H., & Philips, J. S. (1970). *Learning foundations of behavior therapy.* John Wiley & Sons.

Lazarus, A. A. (1992). Multimodal therapy: Technical eclecticism with minimal integration. In J. C. Norcross & M. R. Goldfreid (Eds.), *Handbook of psychotherapy integration* (pp. 231-263). New York: Basic Books.

Lazarus, R. S. (2003a). Does the Positive Psychology Movement Have Legs? *Psychological Inquiry, 14*(2), 93-109.

Lazarus, R. S. (2003b). The Lazarus Manifesto for Positive Psychology and Psychology in General.

Psychological Inquiry 14(2), 173-189.

London, P., & Rosenhan, D. (1968). *Foundation of abnormal psychology*. New York: Holt.

McGoldrick, M., & Gerson, R. (1985). *Genograms in family assessment*. New York: W. W. Norton.

McMullin, R. E. (2000). *The new handbook of cognitive therapy techniques*. Revised ed. New York: Norton.

Moreno, J. L. (1964). *Psychodrama*. vol. 1. Beacon House.

Morris, R. J. (1976). *Behavior modification with children*. Winthrop Publishers Inc.

Niltenberger, R. (1997). *Behavior modification: Principles and procedures*. ITP.

Norem, J. K. (2008). Defensive pessimism, anxiety, and the complexity of evaluating self-regulation. *Social and Personality Psychology Compass, 2*, 121-134.

Palmer, S., & Whybrow, A. (2007). *Handbook of Coaching Psychology*. Routledge.

Passmore, J., & Oades, L. (2014). Positive Psychology Coaching, *The Coaching Psychologist, 10*(2), 68-70.

Perls, F. (1969). *Gestalt therapy verbatim.* Real People Press.

Perls, F. (1973). *The Gestalt approach & eye witness to therapy*. New York: Bantam Books.

Persons, J. B. (1989). *Cognitive therapy in practice: A case formation approach.* W. W. Norton & Company, Inc.

Peterson, C., & Seligman, M. E. P. (2004). *Character strengths and virtues: A handbook and classification.* Washington, DC: American Psychological Association; New York: Oxford University Press.

Reivich, K., & Shatte, A. (2015).『レジリエンスの教科書: 逆境をはね返す世界最強トレーニング』. 宇野カオリ(訳)草思社.

Rogers, C. R. (1951). *A theory of personality and behavior*. In "Client centered therapy", 481-533, Houghton Mifflin Co.

Rogers, C. R. (1957). The necessary and sufficient conditions of therapeutic personality change. *J. Consult. Psychol., 21*, 95-103.

Rogers, C. R. (1963). The concert of the fully functioning person. *Psychotherapy: Theory, Research and Practice, 1,* 17-26.

Rogers, C. R. (1975). Empathic: An unappreciated way of being. *The Counseling Psychologist,* 5(2), 2-10.

Salkovskis, P. M. (Ed.). (1996). *Trends in cognitive and behavioral therapies.* John Wiley & Sons.

Seaburn, D., Landau-Stanton, J., & Horwitz, S. (1995). Core techniques in family therapy. In R. H. Mikesell, D. Lusterman, & S. H. McDaniel (Eds.). *Integrative family therapy: Handbook of family psychology and systems theory*. Washington, D.C.: American Psychological Association.

Seligman, M. E. P. (1991).『オプティミストはなぜ成功するか』(山村宣子 訳). 講談社.

Seligman, M. E. P., & Csikszentmihalyi, M. (2000). Positive psychology: An introduction. *American Psychologist, 55*, 5-14.

Skinner, B. F. (1957). The experimental analysis of behavior. *American Scientist, 45,* 343-371.

Spiegler, M. D., & Guevremont, D. C. (1997). *Contemporary behavior therapy*. ITP.

Sullivan, H. S. (1947). The interpersonal theory of psychiatry. New York: W. W. Norton.

Tedeschi, R. G., & Calhoun, C. G. (1996). The Posttraumatic Growth Inventory: Measuring the positive legacy of trauma. *Journal of Traumatic Stress, 9*, 455-471.

Tedeschi, R. G., & Calhoun, C. G. (2004). Posttraumatic growth: Conceptual foundations and empirical evidence. *Psychological Inquiry, 15*, 1-18.

Thoresen, C. E., & Mahoney, M. (1974). *Behavioral self-control.* Holt, Rinehart & Winston.

Von Bertalanffy, L. (1968). *General System Theory: Foundations, Development*. New York: George Braziller.

Weiner, J. P. (1975). *Principles of psychotherapy*. New York: Wiley.

Westphal, M., & Bonanno, G. A. (2007). Posttraumatic growth and resilience to trauma: Different sides of the same coin or different coins? *Applied Psychology: An International Review, 56*(3), 417-427.

Williams, J. M. G. (1996). Depression and the specificity of autobiographical memory. In D. C. Rubin (Ed.), *Remembering our past: Studies in autobiographical memory* (pp. 244-267). Cambridge University Press.

Winnicott, D. W. (1971). *Therapeutic consultation in child psychiatry*. Horgarth Press.

Wolpe, J. (1958). *Psychotherapy by reciprocal inhibition.* Stanford, CA: Stanford University Press.

Wolpe, J. (1990). *The practice of behavior therapy*. 4th ed. New York: Pergamon Press.

Wulbert, M. et al. (1973). The efficacy of stimulus fading and contingency management in the treatment of elective mutism: A case study. *Journal of Applied Behavior Analysis, 6*, 435-441.

大谷彰 (2004).『カウンセリングテクニック入門』二瓶社.

岡堂哲雄 (2000).『家族カウンセリング』金子書房.

水野修次郎 (2002).『カウンセリング練習帳: 人間関係システム視点』ブレーン出版.

河合準雄 (2004).『カウンセリングの実際問題』誠信書房.

松村茂治・福島脩美 (1977). 行動変容の立場からの学習場面の分析 ー 相互コントロールとしての教師・児童交渉ー. 東京学芸大学紀要, 28集, 66-70.

松山佽子・松山俊夫 編 (1994).『子どもの臨床心理』北大路書房.

村瀬孝雄 編 (1997).『ロジャースのクライエント中心療法』こころの科学, 74.

上里一郎 編 (1967).『行動療法』福村出版.

河合伊六 (1986).『子どもの保育と行動分析, 困った行動の治し方と望ましい行動の形成』川島書店.
増田末雄 外 5人 (1996).『心理学ー人間行動の基礎的理解』福村出版.
滝本孝雄・鈴木乙史・清水弘司 編 (1985).『性格の心理』福村出版.
祐宗省三・春木豊・小林順一 編 (1972).『行動療法入門』川島書店.
田中熊次郎・福島脩美 編 (1996).『幼児期・児童期の問題と治療的カウンセリングの実際』明治図書.
原野広太郎 (1989). 非社会的問題行動をめぐって (原野広太郎 編)『行動療法ケース研究7 非社会的問題行動』岩崎学術出版社.
平木典子 (1996).『個人カウンセリングと家族カウンセリングの統合』カウンセリング研究 29(1).
平木典子 (1998).『家族との心理臨床』垣内出版.
平木典子 (2004). (新版) カウンセリングの話. 朝日選書.
拓 香菜子 (2006).『PTGの可能性と課題』金子書房.
パールズ゛F. (倉戸ヨシヤ 監訳) (1990).『ゲシュタルト療法ーその理論と実際』ナカニシャ書店.
エリス、A・ハーバーR. A. (国分康孝・伊藤順康 訳) (1981).『論理療法ー自己説得のサイコセラピー』川島書店.
ロジャース, C. R. (伊東 博 編訳) (1967).『パースナリティ理論』岩崎学術出版社.

제 3 부

Barrett-Lennard, G. T. (1997). The recovery of empathy: Toward other and self. In A. C. Bohart & L. S. Greenberg (Eds.), *Empathy reconsidered*. Washington, D.C.: American Psychological Association.
Brammer, L. M. (1973). *The helping relationship: Process and skills*. Prentice-Hall.
Butler, S. F., Strupp, H. H., & Binder, J. L. (1992). Time-limited dynamic psychotherapy. In S. H. Budman, M. F. Hoyt, & S. Friedman (Eds.), *The first session in brief therapy* (pp. 59-86). New York: Guilford Press.
Corey, G. (2001). *Theory and practice of counseling and psychotherapy*. 6th ed. Belmont, CA: Brooks/Cole.
Cormier, L. S., & Cormier, W. H. (1998). *Interviewing strategies for helpers: Fundamental skills and cognitive behavioral interventions*. 4th ed. Pacific Grove, CA: Brooks/Cole.
Cormier, S., & Nurius, P. S. (2003). *Interviewing strategies for helpers: Fundamental skills and cognitive behavioral interventions*. 5th ed. Pacific Grove, CA: Brooks/Cole.
Deurzen-Smith, Emmy van. (1988). *Existential counseling in practice*. Newbury Park, CA: SAGE.
Egan, G. (1988). *The skilled helper: A problem-management approach to helping*. 6th ed. Pacific Grove, CA: Brooks/Cole.
Egan, G. (1990). *The skilled helper: A systematic approach to effective helping*. 4th ed. Pacific

Grove, CA: Brooks/Cole.

Flemons, D. (2001). *Of one mind: The logic of hypnosis, the practice of therapy.* New York: Norton.

Friedman, M., & Rosenman, R. H. (1974). *Type A Behavior and Your Heart.* New York: Alfred A. Knopf.

Gelso, C. J., & Carter, J. A. (1985). The relationship in counseling and psychotherapy: Components, consequences, and theoretical antecedents. *The Counseling Psychologist, 13*, 155-243.

Greenberg, L. S., & Elliott, R. (1997). Varieties of empathic responding. In A. C. Bohart & L. S. Greenberg (Eds.), *Empathy reconsidered.* Washington, D.C.: American Psychological Association.

Greenberg, L. S., & Paivio, S. C. (1997). *Working with emotions in psychotherapy.* New York: Guilford Press.

Greenberg, L. S., Watson, J. C., & Goldman, R. (1998). Process-experiential therapy of depression. In L. S. Greenberg, J. C. Watson, & G. Lietaer (Eds.), *Handbook of experiential psychotherapy.* New York: Guilford Press.

Hall, R. V., Axelrod, S., Foundopoulos, M., Shellman, J., Campbell, R. A., & Cranston, S. S. (1971). The effective use of punishment to modify behavior in the classroom. *Educational Technology, 11*, 24-26.

Havens, L. (1986). *Making contact: Uses of language in psychotherapy.* Cambridge, Mass: Harvard University Press.

Hill, C. E. (1986). *An overview of the hill counselor and client verbal response modes category systems.* In L. S. Greenberg & W. M. Pinsof (Eds.).

Hill, C. E. (Ed.). (2001). *Helping skills: The empirical foundation*. Washington, D.C.: American Psychological Association.

Hill, C. E., & O'Brien, K. M. (1999). *Helping skills: Facilitating exploration, insight, and action*. Washington, D.C.: American Psychology Association.

Ivey, A. E. (1994). *Intentional interviewing and counseling: Facilitating client development in a multicultural society*. 3rd ed. Pacific Grove, CA: Brooks/Cole.

Ivey, A. E., Ivey, M. B., & Simek-Morgan, L. (1987). *Counseling and psychotherapy: Skills, theories, and practice.* 2nd ed. Englewood Cliffs, N.J.: Prentice-Hall.

Kohut, H. (1959). *How does analysis cure?* Chicago: University of Chicago Press.

Lazarus, R. S. (966). *Psychological Stress and the Coping Process.* New York: McGraw-Hill.

Morris, R. J. (1976). *Behavior modification with children: A systematic guide.* Winthrop Publishers.

Nagle, D. P., Hoffman, M. A., & Hill, C. E. (1995). A comparison of verbal response modes used by master's-level career counselors and other helpers. *Journal of Counseling and Development, 74,* 101-104.

Rubin, J. (2002). Empathy is not enough. In P. R. Breggin, G. Breggin, & F. Bemak (Eds.), *Dimensions of empathic therapy*. New York: Springer.

武田建 (1987).『カウンセラー入門』誠信書房.

中西信男ほか (1983).『カウンセリングの進め方』有斐閣.

中河原子ほか (1986).『カウンセリング入門』有斐閣.

福島脩美 (1998).『カウンセリング演習』金子書房.

平木典子 (2003).『カウンセリング・スキルを学ぶ』金剛出版.

ロジャース, C. R. (西園寺二郎 訳) (1962).『カウンセリングの訓練』岩崎書店.

제 4 부

현정환 · 후쿠시마 오사미 (2002).『상담심리 그리고 이론』. 창지사.

Cormier, L. S., & Cormier, W. H. (1998). *Interviewing strategies for helpers: Fundamental skills and cognitive behavioral interventions* (4th ed.). Pacific Grove, CA: Brooks/cole.

Cormier, S., & Nurius, P. S. (2003). *interviewing and change strategies for helpers: Fundamental skills and cognitive behavioral interventions* (5th ed.). Pacific Grove, CA: Brooks/Cole.

Fredrickson, B. L. (2004). The Broaden-and-Build Theory of Positive Emotions. *Philosophical Transactions of the Royal Society B: Biological Sciences, 359*, 1367-1377.

Havens, L. (1989). *A safe place: Laying the groundwork of psychotherapy*. Cambridge, MA: Harvard University Press.

Hill, C. E., & O'Brien, K. M. (1999). *Helping skills: Facilitating exploration, insight, and action*. Washington, DC: American Psychological Association.

Morris, R. J. (1976). *Behavior modification with children: A systematic guide*. Winthrop Publishers.

Seligman, M. E. P., Rashid, T., & Parks, A. C. (2006). Positive psychotherapy. *American Psychologist, 61*(8), 774-788.

Seligman, M. E., Steen, T. A., Park, N., & Peterson, C. (2005). Positive psychology progress: empiricalvalidation of interventions. *American Psychologist, 60*(5), 410-421.

福島脩美 (1998).『カウンセリング演習』金子書房.

福島脩美 (2005).『自己理解ワークブック』金子書房.

前田重治 (1976).『心理面接の技術』慶応通信.

前田重治 (1978).『心理療法の進め方一簡易分析の実際』創元社.

国分康孝 (1979).『カウンセリングの技法』誠信書房.

氏原 寛 (1975).『カウンセリングの実際』創元社.

제 5 부

Clements, S., & Peters, J. (1962). Minimal brain dysfunction in the school age child. *Archives of General Psychiatry, 6*, 185-197.

Fisher, L. (1976). Dimension of family assessment: A critical review. *Journal of Marriage and Family Counseling*, 367-382.

Friedman, M., & Rosenman, R. H. (1974). *Type A Behavior and Your Heart*. New York: Alfred A. Knopf.

Ginott, H. G. (1961). *Group psychotherapy with children*. McGraw-Hill.

Guerin, P. Jr., Fogarty, T. F., Fay, L. F., & Kautto, J. G. (1996). *Working with relationship triangles: The one-tow-three of psychotherapy.* New York: The Guilford Press.

Hall, R. V., Lund, D., & Jackson, D. (1968). Effect of teacher attention on study behavior. *Journal of Applied Behavior Analysis, 1*, 1-12.

Jernberg, A. M. (1979). *Theraplay. A new treatment using structured play for problem children and their families.* Jossey-Bass Publishers.

Lazarus, R. S. (1993). From psychological stress to the emotions: A history of changing outlooks. *Annual Review of Psychology, 44,* 1-21.

Toman, W. (1994). *Family constellation: Its effects on personality and social behavior.* Northvale, N.J.: Jason Aronson.

Wahler, R. G., Winkel, G. H., Peterson, R. F., & Morris, D. C. (1965). Mother as behavior therapists for their own children. *Behavior Research and Therapy, 4,* 79-84.

Winett, R. A., & Winkler, R. C. (1972). Current behavior modification in the classroom: Be still, be quiet, be docile. *Journal of Applied Behavior Analysis, 5,* 499-504.

Zeilberger, J., Sampen, S. E., & Sloane, H. N. Jr. (1968). Modification of a child's problem behaviors in the home with the mother as therapist. *Journal of Applied Behavior Analysis, 1,* 47-53.

播磨俊子・佐藤眞子・澤田瑞也 (2003).『カウンセリングを学ぶ人のために』世界思想社.

松村康平 (1988).『集團精神療法の理論と技法』集団精神療法 4(2). 星和書店.

水島恵一・岡堂哲雄 編 (1988).『集團心理療法』金子書房.

佐藤泰正 編 (1976).『障害幼児の指導』日本文化科学社.

福島脩美 (1979)『教育相談における漸進的達成経験』佐藤正編, 子どもから大人へ, 第14章, 学芸図書.

繁永芳巳 (1985).『障害幼児の心理と教育』若井邦夫編, 乳幼児の発達と心理, 三晃書房.

国分康孝 (1987).『カウンセリング・マインドとは何か』児童心理 41(8).

国分康孝・米山正信（1996).『学校カウンセリング』誠信書房.
田中富士（1982).『付論・わが国おける電話相談活動』レタスー´D/ ブロコップ, G・W. 編(多田治夫・田中富士 監訳)『電話カウンセリングの技法と実際』川島書店.
石井完一郎（1979).『電話相談活動』村山正治・上理一郎 編『セルフ・ヘルプ・カウンセリング』福村出版.
入江建次（1983). 障害児を持つ親の心理, 教育と医学, 30(10).
精神薄弱児育成会（1952).『手をつなぐ親たち－精神薄弱児をまもるために』国土社.
水島恵子・岡堂哲雄 編（1988).『集団心理療法』金子書房.
村山正治（1998). あとがき. 氏原 寛・村山正治 編『今なぜスクールカウンセリングなのか』ミネルヴァ書房.

찾아보기

[인명]

[내용]

ㄱ

ㄴ

ㄷ

ㅇ

ㅈ

ㅊ

ㅋ

ㅌ

ㅍ

ㅎ

현 정 환(玄正煥)

경남 밀양 출생. 임상심리 및 아동심리 전공(심리학 박사), 동경가꾸게이대학대학원(임상심리학), 동경도립대학대학원(심리학), 히로시마대학대학원(유아심리학) 졸업. 서울신학대학교 명예교수.

주요 저서로는 『아동상담』, 『아이들의 자유』, 『영유아발달』, 『엄마의 해방』, 『우리는 아이를 착각하고 있다』, 『상담심리학』, 『인간심리의 이해』, 『아이사육시대에 잃어버린 아이학 이야기』, 『누구라도 그렇게 되는 것은 아니지만 누구라도 그렇게 될 수 있다』 등이 있다.
해외출판 저서(공저)로서는 『乳幼児発達検査尺度』, 『The role of the father in child development (Fourth Edition)』, 『Handbook of Cultural Developmental Science』, 『The Role of The Father in Child Development(Fifth Edition)』, 『Childhood and Adolescence: Cross-Cultural Perspectives and Applications』, 『Grandparents in Cultual Context』 등이 있다.

제5판

상담이론 · 실제 · 연습 **상담심리학**

1판 1쇄 발행 2007년 3월 10일
1판 4쇄 발행 2010년 8월 10일
2판 1쇄 발행 2013년 1월 31일
2판 4쇄 발행 2018년 2월 10일
3판 1쇄 발행 2019년 1월 10일
3판 3쇄 발행 2023년 3월 10일
4판 1쇄 발행 2024년 1월 30일
4판 2쇄 발행 2024년 8월 30일
5판 1쇄 발행 2026년 2월 20일

지 은 이 | 현정환
발 행 인 | 박철용
발 행 처 | 양서원
주 소 | 경기도 파주시 직지길 522 파주출판도시
전 화 | 031-955-8000(代)
팩 스 | 031-955-8005
홈페이지 | www.yswpub.co.kr
이 메 일 | yswgroup@naver.com
출판등록 | 1987년 11월 24일 제 406-2003-037 호

ISBN 978-89-994-1642-2

정가 25,000원